经济管理实验实训系列教

U0519419

创业综合模拟实训教程

The Tutorial on Entrepreneurship Simulation and Practical Training

主编　张永智　罗勇

副主编　黄先德　詹铁柱

西南财经大学出版社
Southwestern University of Finance & Economics Press

经济管理实验实训系列教材
编　委　会

总 序

高等教育的任务是培养具有创新精神和实践能力的高级专门人才。"实践出真知"，实践是检验真理的唯一标准，也是知识的重要源泉。大学生的知识、能力、素养不仅来源于书本理论与老师的言传身教，更来源于实践感悟与体验。大学教育的各种实践教学环节对于培养学生的实践能力和创新能力尤其重要，实践对于大学生成长至为关键。

随着我国高等教育从精英教育向大众化教育转变，客观上要求高校更加重视培养学生的实践能力。以往，各高校主要通过让学生到企事业单位和政府机关实习的方式来训练学生的实践能力。但随着高校不断扩招，传统的实践教学模式受到学生人数多、岗位少、成本高等多重因素的影响，越来越无法满足实践教学的需要，学生的实践能力培养越来越得不到保障。有鉴于此，各高校开始探索通过校内实验教学和校内实训的方式来缓解上述矛盾，而实验教学也逐步成为人才培养中不可替代的途径和手段。目前，大多数高校已经普遍认识到实验教学的重要性，认为理论教学和实验教学是培养学生能力和素质的两种同等重要的手段，二者相辅相成、相得益彰。

相对于理工类实验教学而言，经济管理类专业实验教学起步较晚，发展滞后。在实验课程体系、教学内容（实验项目）、教学方法、教学手段、实验教材等诸多方面，经济管理实验教学都尚在探索之中。要充分发挥实验教学在经济管理类专业人才培养中的作用，就更需要深化实验教学研究和推进改革，加强实验教学基本建设的任务更加紧迫。

重庆工商大学作为具有鲜明财经特色的高水平多学科大学，高度重视并积极探索经济管理实验教学建设与改革的路径。学校经济管理实验教学中心于 2006 年被评为"重庆市高校市级实验教学示范中心"，2007 年被确定为"国家级实验教学示范中心建设单位"。经过多年的努力，我校经济管理实验教学改革取得了一系列成果，按照能力导向构建了包括学科基础实验课程、专业基础实验课程、专业综合实验课程、学科综合实验（实训）课程和创新创业课程五大层次的实验课程体系，真正体现了"实验教学与理论教学并重、实验教学相对独立"的实验教学理念，并且建立了形式多样、以过程为重心、以学生为中心、以能力为本位的实验教学方法和考核评价体系。努力做到实验教学与理论教学结合、模拟与实战结合、教学与科研结合、专业教育与创业教育结合、学校与企业结合、第一课堂与第二课堂结合，创新了开放互动的经济管理实验教学模式。

为进一步加强实验教学建设，展示我校实验教学改革成果，由学校经济管理实验教学指导委员会统筹部署和安排，计划陆续出版"经济管理实验教学系列教材"。本套丛书力求体现以下几个特点：一是系统性，该系列教材将涵盖经济学、管理学等大多数学科专业的"五大层次"实验课程体系，有力支撑分层次、模块化的经济管理实验教学体系；二是综合性，该系列教材将原来分散到若干门理论课程的课内实验项目整合成一门独立实验课程，尽量做到知识的优化组合和综合应用；三是实用性，该系列教材所体现的课程实验项目都经过反复推敲和遴选，尽量做到仿真，甚至全真。

感谢该系列教材的撰写者。该系列教材的作者普遍具有丰富的实验教学经验和专业实践经历，个别作者甚至是来自相关行业和企业的实务专家。希望读者能从中受益。

毋庸讳言，编写经济管理实验教材是一项具有挑战性的开拓与尝试，加之实践本身还在不断地丰富与发展，因此本系列实验教材可能会存在一些不足甚至错误，恳请同行和读者批评指正。我们希望本系列教材能够推动我国经济管理实验教学的发展，能为培养具有创新精神和实践能力的高级专门人才尽一份绵薄之力！

重庆工商大学校长、教授、博士生导师

2011 年 5 月 10 日

前　言

创业教育研究和实践较早开始于欧美国家，其创业教育相关课程的开设及政府为创业所颁布的法律、法规和政策相对成熟和完善。美国的创业学教育已经形成了一个完备的体系，涵盖了从初中、高中、大学本科直到研究生的正规教育。在许多一流商学院，创业学已经成为工商管理硕士的主修或辅修专业。美国创业教育的发展及其创业精神的倡导对美国经济的迅猛发展起到了不可估量的作用。

我国创业教育起步较晚，始于20世纪90年代初期。1990年，国家教育委员会基础教育司牵头，成立了"提高青少年创业能力的教育联合革新项目"国家协调组，进行创业教育的实验和研究。知识经济与经济全球化浪潮加快了我国高等教育大众化的发展步伐，高等教育大众化要求我国大学创新人才培养模式，转变单一的专业人才的教育目标定位，大力推进以培养学生综合素质为基础的创新、创业教育。我国经济和社会发展竞争力的提升与就业压力的缓解也迫切需要大学培养出一批批的创业者。

党的十七大提出"提高自主创新能力，建设创新型国家"和"促进以创业带动就业"的发展战略。随后，国家和地方相继出台了许多政策和措施鼓励技术创新和促进创业。教育部《关于大力推进高等学校创新创业教育和大学生自主创业工作的意见》指出：在高等学校开展创新创业教育，积极鼓励高校学生自主创业，是教育系统深入学习实践科学发展观，服务于创新型国家建设的重大战略举措；是深化高等教育教学改革，培养学生创新精神和实践能力的重要途径；是落实以创业带动就业，促进高校毕业生充分就业的重要措施。

教育部要求，创新创业教育要面向全体学生，融入人才培养全过程。要在专业教育基础上，以转变教育思想、更新教育观念为先导，以提升学生的社会责任感、创新精神、创业意识和创业能力为核心，以改革人才培养模式和课程体系为重点，大力推进高等学校创新创业教育工作，不断提高人才培养质量。要加强创新创业教育课程体系建设，把创新创业教育有效纳入专业教育和文化素质教育教学计划和学分体系，建立多层次、立体化的创新创业教育课程体系。突出专业特色，创新创业类课程的设置要与专业课程体系有机融合，创新创业实践活动要与专业实践教学有效衔接，积极推进人才培养模式、教学内容和课程体系改革。加强创新创业教育教材建设，借鉴国外成功经验，编写适用和有特色的高质量教材。

重庆工商大学高度重视大学生创新创业教育工作。2009年成立"重庆工商大学创业教育领导小组"，全面负责学校大学生创新创业教育工作。2010年，经济管理实验教学中心下设"创新创业实验教学分中心"，专门负责创新创业实践教学工作。同时，中心利用中央财政支持地方高校专项资金，建成了"经管类专业创新创业实训基地"。目前，中心面向全校学生开出了创新思维训练、创业模拟实训等课程，学生选修相当踊跃。

在总结我校创业教育实践的基础上，根据国家发展创业教育的有关精神，结合兄弟院校创业教育的经验，我们组织有关专家编写了《创业综合模拟实训教程》。本书的主要内容包括三部分：

第一部分："认识创业"。通过认识创业，了解创业相关的基础知识，为创业作好各方面的准备；通过创业论坛交流，为学生提供一个学习交流平台，以及创业故事和感悟的分享平台；通过创业思维训练以及创业经典案例分析，拓展学生创业思路，为创业潜在问题和困难做好充分的思想、心理准备。

第二部分："创立我的企业"。一是创业项目调研与选择。通过创业项目信息收集分析，创业者通过实训项目的实践，能够真实地比较分析项目优劣，正确选择项目。二是撰写创业计划书。三是创业企业注册，了解公司怎样选择注册地、企业命名原则和技巧，开办公司的程序，注册公司需要的法律问题。

第三部分："经营我的企业"。初创企业如何经营管理？本部分对企业创业初期的经营管理、人员招聘管理、财务管理和日常管理进行学习和模拟。同时，从未来企业家的角度，综合模拟创业中运营、管理的问题，在竞争的环境中和同类公司博弈，锻炼分析决策等管理能力。另外，通过网上开店模拟训练，掌握网上注册网店的流程和经营技巧。

本书是重庆工商大学经济管理实验实训系列教材之一。全书由张永智担任主编，黄先德、詹铁柱担任副主编。各章的具体分工如下：第一章由黄先德撰写；第二章、第三章、第五章由张永智撰写；第四章由詹铁柱撰写；第六章由胡晓、张永智撰写；第七章由辛世伟、张永智撰写；第八章由李虹撰写。全书由重庆工商大学经济管理实验教学指导委员会常务副主任罗勇教授审定。

本书得以出版，要感谢重庆工商大学经济管理实验教学指导委员会及其各位专家的支持，感谢经济管理实验教学中心同人的帮助，感谢北京溢润伟业软件科技有限公司的技术支持，感谢西南财经大学出版社的辛勤劳动！

由于编者水平和时间有限，书中难免有疏漏甚至错误之处，请读者不吝指正。

编者

2011 年 7 月　重庆

目　录

　　附录一：教育部关于大力推进高等学校创新创业教育和大学生自主创业工作的意见（网址：http：//emc. ctbu. edu. cn/创新创业）

附录二：创业计划书案例（网址：http：//emc. ctbu. edu. cn. /）

附录三：重庆市微型企业创业扶持管理办法及其内容解读（网址：http：//emc. ctbu. edu. cn. /）

第一章　认识创业

创业教育是为了培养具有开拓性的个人。对于培养个人的首创和冒险精神，创业和独立工作的能力以及技术、社交、管理技能非常重要。创业是推动经济发展的秘密武器，我国非常重视创业这方面政策支持，提出大力技术创新相关政策，鼓励进行创业，为培养企业家和企业家精神建立了良好的经济和社会环境。在这一章中，我们将学习创业基本概念，了解创业发展历史，学习一些创业成功者的经验，这是全书学习的起点。

第一节　什么是创业

联合国教科文组织在 1999 年发表的《21 世纪高等教育：展望与行动世界宣言》中就提出："必须将创业技能和创业精神作为高等教育的基本目标。"与普通高校学术性基础教育、职业教育相比，创业教育已经成为大学生的"第三护照"，并正在成为全世界教育界努力的目标。"大学生不应该只是就业者，更应该成为就业岗位的创造者。"由此可见，创业教育作为一种新的教育模式，不仅可提升学生的创业意识和创业能力，而且能对培养广大学生的自主性、开创性精神起到积极作用。

（一）创业的定义

创业是当今的最热门词汇之一，在百度上搜索"创业"一词，找到相关结果有上亿条。要搞清楚创业及创业教育的问题，一定得先搞清楚创业的真正含义，即创业的定义问题。

"创业"的内涵极其丰富，1999 年再版的中国最具权威的辞书——《辞海》对"创业"一词的定义是：创立基业。商务印书馆 2001 年修订版的《新华词典》的定义是：开创事业。从"创业"这个词的汉语用法来看，人们一般在以下三种情况下使用：①强调开端和初创的艰辛和困难；②突出过程的开拓和创新意义；③侧重于在前人的基础上有新的成就和贡献。在王同亿主编的《英汉辞海》中给出了这样几种解释：①计划或设想，对于干一件事情的计划或设想；②冒险（事业）、事业、工程，尤指艰巨复杂的或有很大风险的事业；③企业（单位），尤指工商业组织，如小型独立企业；④有一定目的的活动或活动方式；⑤探索精神、事业心、进取心、胆量。关于"创业"的定义，英文对"创业"一词的定义是：Start an under taking, Do pioneering work，即开始一项全新事业，做一种前所未有的工作。

创业是跨越多学科的一个多面现象，涉及变革、创新、技术与环境的变化、新产品开发、小企业管理、企业与创业家个体和产业发展等问题，研究学科主要包括心理学、社会学、经济学、管理学和历史学等，如今的创业变成了一个非常宽泛的名词，对创业现象和创业理论进行研究的学者来自各个领域。长期以来许多学者也曾就"创业"的定义提出过许多说法。综观这些不同角度的创业理论，大致可以分成三种不同的类型，分别从行为的过程方面、行为目的性方面及行为方式方面进行了不同的阐述。

行为过程：指创业是一个发现和捕获机会并由此创造出新颖的产品、服务或实现其潜在价值的过程；并且是创造出某种有价值的新事物的过程。

目的性：创业，顾名思义，就是"开创事业"的意思。创业是指创立基业或创办事业，也就是自主地开拓和创造业绩与成就。创业有广义和狭义之分。狭义的创业是指创业者的生产经营活动，主要是开创个体和家庭的小业。广义的创业是指创业者的各项创业实践活动，其功能指向是成就国家、集体和群体的大业。

存在的行为方式：创业是一种劳动方式，是一种无中生有的财富现象，是一种需要创业者组织、运用服务、技术、器物作业的思考、推理、判断的行为。根据杰弗里·蒂蒙斯所著的创业教育领域的经典教科书《创业学》中的定义：创业是为机会所驱动的一种思考、推理和行动的方式。它为机会所驱动、需要在方法上全盘考虑并拥有和谐的领导能力；创业是通过创新获取收益的行为方式。

通过对这些定义内容中关键词出现的频率来揭示创业定义，出现频率最高的关键词主要包括：开创新事业，创建新组织；创造资源的新组合，创新；捕捉机会，风险承担，价值创造。但总体来看，创业是指开创新业务，创建新组织；利用创新这一工具实现各种资源的新组合；通过对潜在机会的发掘而创造价值。所谓大学生创业是指大学生中的创业者发现机会、整合资源最终实现自己的创业目的一系列创业活动。

（二）创业的本质

创业的本质是创造。创业活动的本质可以归纳为七种创造活动：财富的创造、企业的创造、创新的创造、变革的创造、雇用的创造、价值的创造、增长的创造。创业是富有创业精神的创业者与机会结合并创造价值的活动。

创业主要有以下几个特点：

（1）创业是创造具有"更多价值的"新事物的过程。

（2）创业需要贡献必要的时间，付出极大的努力。

（3）承担必然存在的风险。包括财务、精神、社会领域及家庭等。

（4）创业报酬、金钱、独立自主、个人满足。

创业模拟实验项目是指学生通过创设的实验项目达到创业模拟的目的；它具有科学性、系统性、创新性、可操作性、实验技术可支撑性等特性。

（三）创业的类型

创业类型的选择与创业动机、创业者风险承受能力密切相关，也会影响创业策略的制定。现依照其对市场和个人的影响程度可分为如下四种类型：

1. 复制型创业

复制原有公司的经营模式，创新的成分很低。例如，某人原本在餐厅里担任厨师，后来离职自行创立一家与原服务餐厅类似的新餐厅。新创公司中属于复制型创业的比率虽然很高，但由于这类型创业的创新贡献太低，缺乏创业精神的内涵，不是创业管理主要研究的对象。这种类型的创业基本上只能称为"如何开办新公司"，因此很少会被列入创业管理课程中学习的对象。

2. 模仿型创业

模仿型创业对于市场虽然也无法带来新价值的创造，创新的成分也很低，但与复制型创业的不同之处在于，创业过程对于创业者而言还是具有很大的冒险成分。例如某一纺织公司的经理辞掉工作，开设一家当下流行的网络咖啡店。这种形式的创业具有较高的不确定性，学习过程长，犯错机会多，代价也较高昂。这种创业者如果具有适合的创业人格特性，经过系统的创业管理培训，掌握正确的市场进入时机，还是有很大机会可以获得成功。

3. 安定型创业

安定型创业，虽然为市场创造了新的价值，但对创业者而言，本身并没有面临太大的改变，做的也是比较熟悉的工作。这种创业类型强调的是创业精神的实现，也就是创新的活动，而不是新组织的创造，企业内部创业即属于这一类型。例如研发单位的某小组在开发完成一项新产品后，继续在该企业部门开发另一项新品。

4. 冒险型创业

冒险型创业，除了对创业者本身带来极大改变，个人前途的不确定性也很高；对新企业的产品创新活动而言，也将面临很高的失败风险。冒险型创业是一种难度很高的创业类型，有较高的失败率，但成功所得的报酬也很惊人。这种类型的创业如果想要获得成功，必须在创业者能力、创业时机、创业精神发挥、创业策略研究拟定、经营模式设计、创业过程管理等各方面，都要有很好的搭配。

第二节　创业教育

一、国外创业教育的发展

创业教育最早产生于 1947 年的美国，以哈佛大学商学院教授迈尔斯·梅斯（Myles Mace）创设以工商管理硕士（master of business administration，MBA）学员为对象，含有职业训练目的的创业课程——新企业管理为肇始。这期间有很多国家开展了创业教育。现以美英日俄为例，逐一介绍。

（一）美国的创业教育

1947 年，首个 MBA 创业课程——"新企业管理"的设立标志着创业教育在美国高校的兴起。20 世纪 80 年代，有 300 所学校开设了关于创业和小企业的课程，而到 20 世纪 90 年代，开设创业课程的学校增加到 1 050 所，到 2005 年为止，美国共有 1 600

多个学院开设了 2 200 多种的创业课程，并且建立了 100 多个训究中心，创业教育的发展在这一时期取得了巨大的成就。1990 年以来，美国每年都有 100 多万个新公司成立，即平均每 250 个美国公民就有一个新公司。美国"考夫曼企业家领袖中心"在 1999 年6 月的一份研究报告中显示，每 12 个美国人中就有一个期望开办自己的企业；91% 的美国人认为，创办自己的企业是一项令人尊敬的工作。据麻省理工学院 1999 年的一项统计，该校毕业生已经创办了 400 家公司，仅 1994 年这些公司就雇用了 110 万人，创造了 23 220 亿美元的销售额。

（二）英国的创业教育

英国高校的创业教育遵循的是一条自上而下的发展道路，创业教育发展的主要驱动力不仅仅是需求的驱动，还有很大程度上是政治力量的驱动，创业教育不仅有法律保障，还有充足的资金保障，完善的组织管理保障，课程建设保障，文化环境保障，因此创业教育政策发挥着关键作用。英国大学生创业教育的经验表明，创业教育由于其较强的实践性，决定了它必须外借社会力量，使企业、学校及国家共同成为创业教育的主体。通过这些力量的支持，既可以给学生相关的感性认识甚至亲自体验创业的机会，而且有助于解决当前比较棘手的师资、经费等问题。

（三）日本的创业教育

日本于 20 世纪 90 年代开始对大学生开展创业教育，在近 20 年的时间里，通过大量的研究和实践，在官产学密切配合的社会支持体系下，逐步形成系统的创业教育体系，摸索出具有本土化特点的创业教育模式。在吸收美国创业教育的精髓，并借鉴了欧洲的创业教育模式后，日本高校逐渐形成"以创业精神培养"为主线的创业教育概念，认为创业教育是培养学生具有勇于面对社会挑战能力和冒险精神的资质能力，使学生通过创业课程和创业实践，唤起创业意识，掌握创业技能的素质教育。从目前日本高校提供的创业教育课程来看，存在以下四种典型的创业教育模式：以培养实际管理经验为主的创业家专门教育型，以培养系统的经营知识、技能为主的经营技能综合演习型，创业技能专业型，以培养创业意识、创业精神为主的企业家精神涵养型。形成一个从高到低，从专业到普及的创业教育课程体系。

（四）俄罗斯的创业教育

为了改变就业市场的状况，俄罗斯采取了多方面的措施，其中尤为突出的是高度重视教育在促进就业、推动社会发展方面的作用，坚持进行了"以就业为导向"的教育体系改革。从目前状况来看，俄罗斯就业创业教育有许多值得借鉴的地方，尤其在就业创业教育目标设定、课程安排、社会合作、指导与咨询等方面都给我们以启示。第一，目标设定关注现实；第二，课程安排追求实用；第三，创业教育实践重视合作；第四，创业教育咨询指导力求专业。简言之，俄罗斯就业创业教育在咨询指导方面是很专业的，不仅具有专业的机构设置，还有专业的咨询指导队伍。

二、国外高校创业教育

美国创业教育已经有六十多年的历史，有些学校甚至以专注创业领域的研究教学作为学校的策略中心及竞争优势。它们重视理论联系实际，突出个性化教育，这些都直接或间接地促进了新型创业教育的发展，形成了富有特色的人才培养模式。

（一）百森商学院（Babson School of Business）

　　百森商学院是美国的一所私立学校，创业学领域的领导者，在创业管理教育方面为世界所公认。百森商学院的创业教育主要由创业教育研究中心承担，该中心共有8名专职教师专门教授创业课程，还有4名助理教师和5名全职职员，每年大约有25%的本科毕业生被授予创业学学士学位。中心的宗旨是全力帮助学生发展创业式的思维方式、进取心、灵活性、创造力、冒险的愿望、抽象思维能力以及视市场变化为商机的能力。该校通过设计一个著名的创业课程教学大纲、独一无二的外延拓展计划以及共同资助世界上最著名的一个学术研究会来支撑创业教育、倡导创业精神。创业课程教学大纲中的必修课程有新生管理体验、新企业创立、成长型企业管理和创业企业融资；选修课程主要有连锁经营、授权和分销途径、组织内部的创业、家庭企业管理学、经营和税务、管理收购、创业企业营销、风险投资和成长资本、创业领域专题学习和研究（主要是在教师指导下从事创业教育课题研究的一门实践性课程）等。许多课程极富特色和创意，如新生管理体验课程，新生班级被分成若干团队（小组），在教师指导下制订出创业计划，以团队的形式贷款3 000美元作为原始资本启动一家新公司，公司在学年结束时必须返还本金和利息，超过原始资本的利润成为大一年级学生开办慈善事业的基金。到目前为止，每个学生小组学年末都有赢利。外延拓展计划包括百森种子基金、百森孵化器、创业者日（著名创业家与教师、学生、校友欢聚日）等。学术研究则有创业研究协会（entrepreneurship research confraternity，ERC）和世界著名的百森学院考夫曼创业研究基金会等。

（二）哈佛大学（Harvard University）

　　哈佛大学商学院将"创业精神"定义为"追求超越现有资源控制下的机会的行为"。他们认为，创业精神代表一种突破资源限制，通过创新来创造机会的行为。创业精神隐含的是一种创新行为，而不是一个特别的经济现象或个人的特质表现。截至2001年年底，哈佛大学共开设了15门创业管理课程，最具代表性的有创业财务、创业管理、创业营销、创业服务公司、企业的经营与成长、创业精神、创造性与组织、风险投资与个人股权、开创新企业等课程。哈佛的优势在于针对创业管理建立完整的资料和案例库，为研究者提供良好的学习和研究环境，比较其他高校而言，哈佛是唯一为创业管理与创业教育研究发行期刊的院校。

（三）仁斯里尔理工学院（Rensselaer Polytechnic Institute）

　　仁斯里尔理工学院是一所私立大学。1995年，经美国国家企业孵化器协会确认，仁斯里尔理工学院孵化基地是全美大学中最好的孵化基地；据《成功》杂志评选，2000年该校创业教育排在全美第六位。早在1980年，该校就开始建立企业孵化器，1983年开发大学科技园，1985年正式开设了创业原理课程，1988年建立了创业中心。创业中心在商学院、企业孵化器、大学科技园、创业家网络以及仁斯里尔友人之间建立起广泛联系的桥梁，其主要任务是培养未来的企业领导者。该校创业教育的特色是技术创业，并已探索出一套将创业教育贯穿于始终的课程教学大纲。

三、我国高校创业教育

与发达国家相比，我国的创业教育起步较晚。2000 年，联合国教科文卫组织到中国考察，发现中国的中学和大学普遍缺乏创业教育。我国的创业教育开始于 20 世纪末一些高校自发性的创业教育探索。以北京航空航天大学为代表的几所高校分别为在校生开设了与创业相关的课程，清华大学则首开中国大学生创业计划大赛的先河。正是这些创业教育课程和活动，拉开了中国创业教育事业的序幕。2002 年教育部在全国选择 9 所高等院校进行"创业教育"试点工作。这 9 所高等院校是：中国人民大学、清华大学、北京航空航天大学、黑龙江大学、上海交通大学、南京经济学院（现南京财经大学）、武汉大学、西安交通大学、西北工业大学。回顾十多年来的创新创业教育工作，可以分成三个发展阶段：

（一）2002 年之前——高校自发探索阶段

1997 年开始，许多高校对创新创业教育做了有益的、自发性探索，如清华大学以学生创业计划竞赛为载体的创业教育探讨与实践，复旦大学教学生创业基础知识和基本技能，华东师范大学尝试开设"创业教育课程"，武汉大学实施"三创"教育（创造、创新、创业教育），北京航空航天大学科技园等机构对学生创业给予注册、资金支持等。

（二）2002 至 2010 年——教育行政部门引导下的多元探索阶段

2002 年 4 月，教育部在清华大学、北京航空航天大学等 9 所大学开展创新创业教育试点工作，这标志着我国高校创新创业教育由自发探索阶段进入到教育行政部门引导下的多元探索阶段。

2008 年，教育部通过"质量工程"项目，又立项建设了 30 个创业教育类人才培养模式创新实验区，经过一年多的实践，已经取得了较好的预期成果。

在试点和试验过程中，各高校分别通过不同的方式，探索开展创新创业教育实践，形成了三种模式：

一是以课堂教学为主导开展创新创业教育的模式。如中国人民大学强调重视培养学生的创业意识，构建创业知识结构，将第一课堂、第二课堂结合起来，开设"企业家精神"、"风险投资"等创新创业课程。

二是以提高学生创业意识、创业技能为重点的创新创业教育模式。如北京航空航天大学专门成立"创业管理培训学院"；设立创业种子基金，为学生在校期间创业直接投入资金 500 万元；还通过建立大学生创业园，指导学生创业。

三是以创新教育为基础，为学生创业提供实习基地、政策支持和指导服务等综合式创新创业教育模式。如上海交通大学基于"三个转变"（专才向通才转变、教学向教育转变、传授向学习转变），实施"三个基点"（素质教育、终身教育和创新教育）的人才培养模式。如黑龙江大学建立了课程体系、实践体系、管理保障体系，为学生提供创新创业教育的个性化指导。

这些试点和试验的成功经验，为在全国高校全面推进创新创业教育起到了重要的示范作用。

（三）2010 年 4 月 23 日以后——教育行政部门指导下的全面推进阶段

以 2010 年 4 月 23 日教育部召开视频会、下发《教育部关于大力推进创新创业教育和大学生自主创业工作的意见》为标志，建立了高教司、科技司、学生司、就业指导中心四个司局联动机制，形成了创新创业教育、创业基地建设、创业政策支持、创业服务"四位一体、整体推进"的格局。

2010 年 4 月，教育部与中国教育电视台合作，举办创新创业教育与大学生自主创业电视讲座，在晚上黄金时段"职场中国"栏目中播出特别节目"创业有道"系列电视讲座，请创业教育专家、成功创业者和大学生互动讲解，简明、系统介绍创新创业教育的核心理念和要素。5 月，教育部成立了由知名企业家、企事业单位专家、高校教师、有关部门负责同志参加的"教育部高等学校创新创业教育指导委员会"（以下简称"创指委"），像创新工场的李开复、阿里巴巴的马云、用友软件的王文京、新东方的俞敏洪等知名创业型企业家，都被邀请为创指委成员。创指委是在教育部的领导下，对高校创新创业教育工作进行研究、咨询、指导、评估和服务的专家组织，主要职能是：组织开展创新创业教育的理论和实践研究；指导高校创新创业教育的课程建设、教材建设和创业实践活动；组织开展创新创业教育师资培训、经验交流，宣传推荐创新创业教育优秀成果。

四、创业教育的意义

教育部颁布的《国家中长期教育改革与发展纲要》明确指出，要大力推进高等学校创业教育工作。在高校大力推进创新创业教育具有重要的现实意义和长远的战略意义。

建设创新型国家，高校发挥着重要作用。高校是国家创新体系不可或缺的重要组成部分，是知识创新的主力军、科技创新的生力军、制度创新的重要方面军。高校是创新的重要源头之一，不仅传承、传播科技文化知识，而且创造新技术、新文化、新知识。

创新创业教育既是适应经济社会发展和高等教育自身发展需要应运而生的一种教育理念，也是融创新教育于人才培养全过程的一种教育模式。

在高等学校大力开展创新创业教育，有助于大学生树立创立事业、成就事业，服务于社会主义现代化建设的人生观和价值观；有助于提高大学生服务国家人民的社会责任感、勇于探索的创新精神和善于解决问题的实践能力；有助于激发大学生的学习兴趣和创业热情；有助于促进大学生个性化发展和综合素质的提高。

高等教育要努力培养大批具有创新精神和创业能力的高素质专门人才，主动适应国家经济社会协调发展和人的全面发展需要。

第三节 创业政策

党的十七大报告中提出：实施扩大就业的发展战略，促进以创业带动就业。大力鼓励学生创业，这是缓解当前就业艰难局面的重要途径，是高校大学生就业取得成效的重要之策。将扩大就业提升到战略高度，把创业作为带动就业的核心动力，完善支持自主创业、自谋职业政策，使更多劳动者成为创业者。为了减少创业障碍，改善创业环境，促进创业活动，推动经济增长，给予创业更广泛的支持和重视，从中央到地方制定了一系列的法规和优惠政策。

一、国家创业优惠政策

（一）国家立法鼓励创业

为贯彻落实党的十七大提出的"实施扩大就业的发展战略，促进以创业带动就业"的总体部署，2007 年 8 月 30 日，十届全国人大常委会第二十九次会议表决通过了《中华人民共和国就业促进法》（以下简称《就业促进法》），该法于 2008 年 1 月 1 日起实施。

《就业促进法》共有六十九条，主要由第一章总则、第二章政策支持、第三章公平就业、第四章就业服务和管理、第五章职业教育和培训、第六章就业援助、第七章监督检查、第八章法律责任、第九章附则等组成。

作为一部与民众利益密切相关的法律，《就业促进法》受到社会各界的广泛关注，是一部促进就业、发展和谐劳动关系、推动经济发展与扩大就业良性互动、实现社会和谐稳定的重要法律。禁止就业歧视、扶助困难群体、规范就业服务和管理……诸多人们关心的就业问题在这部法律中都有体现。

2008 年 9 月 26 日，国务院办公厅转发了人力资源社会保障部等 11 个部门"关于促进以创业带动就业工作指导意见"。指导意见提出，当前及今后一个时期，我国就业形势依然严峻，促进以创业带动就业，有利于发挥创业的就业倍增效应，对缓解就业压力具有重要的现实意义。指导意见提出完善扶持政策，改善创业环境，放宽市场准入，加快清理和消除阻碍创业的各种行业性、地区性、区域性壁垒。改善行政管理，强化政策扶持，拓宽融资渠道；强化创业培训，提高创业能力。建立满足城乡各类劳动者创业的创业培训体系，提高培训质量，建立孵化基地。健全服务体系，提供优质服务，根据城乡创业者的需求，组织开展项目开发、方案设计、风险评估、开业指导、融资服务、跟踪扶持等"一条龙"创业服务，建立创业信息、政策发布平台，搭建创业者交流互助的有效渠道；加强组织领导，推动工作开展。强化政府责任，完善工作机制，营造全民创业的社会氛围。要求各地区、各有关部门要结合实际，研究制定贯彻本意见的具体办法。

（二）教育行政部门鼓励创业

1. 成立高等学校创业教育指导委员会

为了全面贯彻落实科学发展观，积极推进大学生创新创业教育，教育部制定了促进高等学校创新创业教育和大学生自主创业工作相关的文件。

2010年5月13日，教育部成立了高等学校创业教育指导委员会，委员会在教育部领导下，对高校开展创业教育进行指导、咨询工作。明确了将创新创业教育面向全体大学生，纳入教学主渠道，结合专业教育，贯穿于人才培养全过程，将创新创业教育作为教育教学改革重点内容，深化课程体系、教学内容和教学方法改革。同时要加强创新创业教育实践教学，积极开展以创新创业教育为主要内容的第二课堂活动。

2. 教育部指导创业的政策

2010年5月，教育部出台了"关于大力推进高等学校创新创业教育和大学生自主创业工作的意见"，打造全方位创新创业教育和促进学生自主创业支撑平台，进一步落实和完善大学生自主创业的政策扶持，实施"创业引领计划"。

2010年4月，教育部办公厅、科技部办公厅印发了"高校学生科技创业实习基地认定办法（试行）"的通知，加大了对高校学生科技创业实习基地建设的支持力度，引导和帮助高校学生进行科技创业实践。

2010年12月，教育部办公厅出台了"关于做好核发《高校毕业生自主创业证》有关工作的通知"，落实了扶持大学生创业的相关优惠政策，鼓励大学毕业生以创业促就业。

主要内容如下：

《高校毕业生自主创业证》发放对象和创业税收优惠政策享受流程

（一）《高校毕业生自主创业证》发放对象是毕业年度内在校期间创业的高校毕业生。其中，高校毕业生是指实施高等学历教育的普通高等学校、成人高等学校毕业的学生；毕业年度是指毕业所在自然年，即1月1日至12月31日。

（二）毕业年度内高校毕业生在校期间创业的，可持《高校毕业生自主创业证》向创业地县以上人力资源和社会保障部门提出认定申请，由创业地人力资源和社会保障部门核发"就业失业登记证"，一并作为当年及后续年度享受创业税收扶持政策的管理凭证。

毕业年度内高校毕业生离校后创业的，可凭毕业证书直接向创业地县以上人力资源社会保障部门提出认定申请。县以上人力资源社会保障部门在对有关情况审核认定后，对符合条件毕业生核发"就业失业登记证"，并注明"自主创业税收政策"。

（三）对持"就业失业登记证"（注明"自主创业税收政策"或附着"高校毕业生自主创业证"）毕业生从事个体经营（除建筑业、娱乐业以及销售不动产、转让土地使用权、广告业、房屋中介、桑拿、按摩、网吧、氧吧外）的，在3年内按每户每年8 000元为限额依次扣减其当年实际应缴纳的营业税、城市维护建设税、教育费附加和个人所得税。

《高校毕业生自主创业证》的申领程序和监督管理

（一）毕业年度内高校毕业生在校期间创业的，注册登录教育部大学生创业服务网（网址：http：//cy.ncss.org.cn），按照要求在网上提交"高校毕业生自主创业证"申请。

（二）所在高校对毕业生提交的相关信息进行审核，通过后注明已审核，并在网上提交学校所在地省级教育行政部门审核。

（三）高校所在地省级教育行政部门依据学生学籍学历电子注册数据库对高校毕业生的身份、学籍学历、是否是应届高校毕业生等信息进行复核并予以确认。税务部门、人力资源社会保障部门、高校和学生本人都可随时查询。

（四）工作流程建议。应届毕业生在网上提交申请后，所在高校应在3~5个工作日之内完成网上审核；省级教育行政部门在接到高校提交的申请后3~5个工作日内完成审核；由高校自行打印并发放。原则上应在高校毕业生提交申请后10个工作日之内办结。

（五）规范管理。"高校毕业生自主创业证"由国家教育行政部门统一样式并印制（带防伪标志），按毕业生比例下发至各省级教育行政部门。省级教育行政部门负责分发到高校并在网上审核确认。"高校毕业生自主创业证"采用实名制，限本人使用；若遗失或损毁，高等学校应依申请及时补发、换发。

3. 国家各部委颁布的鼓励创业的政策

国务院各部委和地方政府相继出台了一系列创业贷款、税收等各种优惠政策。2010年11月，国家税务总局和财政部等部门制定了《关于支持和促进就业有关税收政策具体实施问题的公告》，推行大学生自主创业享受的税收减免优惠政策，主要从个体经营税收政策申请、审核程序，企业吸纳税收政策申请、审核程序，监督管理三个方面规定和审核管理阐述。

为扩大就业，鼓励以创业带动就业，2010年10月，财政部和国家税务总局制定了《关于支持和促进就业有关税收政策的通知》，其中规定对持"就业失业登记证"（注明"自主创业税收政策"或附着"高校毕业生自主创业证"）人员"从事个体"经营（除建筑业、娱乐业以及销售不动产、转让土地使用权、广告业、房屋中介、桑拿、按摩、网吧、氧吧外）的，在3年内按每户每年8 000元为限额依次扣减其当年实际应缴纳的营业税、城市维护建设税、教育费附加和个人所得税等优惠政策。

二、地方政府创业优惠政策

各地方政府结合地区实际，研究制定贯彻党中央和政府出台一系列优惠政策、意见的具体办法。

北京市制定了应届生创业免公司注册费、小额贷款额度、反担保优惠、应届生创业可住宅经商等优惠政策。重庆市2010年制定了《关于开展创建市级创业带动就业孵化基地工作的通知》，2011年启动实施"重庆市创建创业型城市工作方案"，出台了一系列政策措施鼓励劳动者自主创业。

以上政策的制定与实施，进一步完善了扶持政策，改善了创业环境，放宽市场准入，加快了清理和消除阻碍创业的各种行业性、地区性、区域性壁垒；改善行政管理，强化政策扶持，拓宽了融资渠道；强化创业教育和培训，提高创业能力，营造了全民创业的良好社会氛围。

第四节 创业实训软件平台介绍

创业模拟实训主要培养创业能力和经营公司能力。在培养经营公司能力方面，让学生通过身临其境的操作，获得真实的工作环境中所需要的各种技能；在培养学生的创业能力方面，注重对学生进行独立生存能力、自学与掌握信息的能力、动手操作能力、独立思维和判断能力以及其他相关的能力的培养。在进行真正创业之前，模拟实训为学生运用所学知识提供了很好的锻炼机会，大大提高创业的成功率。目前国内主要用于创业实训教学或竞赛的软件平台主要有如下几种。

一、创业之星

创业之星是由杭州贝腾科技有限公司开发的一款在电脑上运行的模拟创业软件，运用计算机软件与网络技术，结合严密和精心设计的商业模拟管理模型及企业决策博弈理论，模拟真实企业的创业运营管理过程。学生在虚拟商业社会中完成企业注册、创建、运营、管理等所有决策。

创业之星涵盖了从计划、准备到实施的创业全过程。主要包括四大部分功能模块：创业测试、创业计划、创业准备、创业实践。

二、创业实习网

创业实习网（http：//www. china‐sxw. net），是一个依托互联网，以远程创业培训、就业实习为主要功能，集公共信息服务、远程培训实习、线下实训基地、创业与就业服务为一体的大型的公共服务平台。开发构建了两个互动关联的平台：一个是"校际间互动化实习实训平台"；一个是"校企间互动对接平台"。"校际间互动化实习实训平台"上已经实施了由三种实习方式、四个实习环节和九大实习岗位构成的完整配套的实习方式、实习体系和实习流程。具体如下：

（一）三种实习方式

1. 自主创业（模拟人生）实习方式

这种实习方式是学生个人自主创业（模拟人生）体验性的仿真平台。在这里，学生以"自然人"的身份展开实训、体验。

2. 校际间"模拟公司"互动化实习方式

这种实习方式是由众多高校的"模拟公司"与"中国创业实习网"的"公共服务平台"共同组成。各院校组织学生创建若干个"模拟公司"，中国创业实习网架构一个公共服务平台，在各院校"模拟公司"之间形成一种互动化商务环境，为各院校经管类专业毕业生提供一种新型的实习方式。

在这里，学生以"企业法人"的身份展开实训、体验。

3. 岗位技能自助式实习方式

这种实习方式是同"校际间'模拟公司'互动化实习方式"相配套的、开展岗位技能自助式的实训实习平台。

在这里，学生以"职业人"的身份展开实训、体验。

(二) 四个实习环节

(1) 企业策划创建；

(2) 企业注册登记；

(3) 企业经营管理；

(4) 企业运营总结。

由四个实习环节完成对企业全部运营过程、业务流程以及相应岗位技能的实训。让学生们在创业、经营、管理的实习过程中，增长创业与就业的才干和技能。

(三) 九大实习岗位

在"中国创业实习网"的实训体系中，参照现代企业组织架构和岗位设置的一般规则，设计出九大高端岗位、高端职位，规范其职责与职能，要求每个学生选择一个岗位参与实习；同时还可以轮换岗位和在岗位技能自助式实习方式中进行多种管理身份的互动式的实战性操作、实训。

九大实习岗位是：

首席执行官（Chief Executive Officers，CEO）；首席运营官（Chief Operating Officer，COO）；首席信息官（Chief Information Officer，CIO）；

首席财务官（Chief Financial Officer，CFO）；首席技术官（Chief Technical Officer，CTO）；人力资源总监（Chief Humanresource Director，CHD）；

首席物流官（Chief Logistics Officer，CLO）；首席营销官（Chief Marketing Officer，CMO）；首席制造官（Chief Production Officer，CPO）。

三、创业之旅

创业之旅是由北京溢润伟业软件科技有限公司推出的一款大学生创业模拟实战平台，模拟现实创业的全过程。系统应用了计算机虚拟市场仿真技术（虚拟市场模拟器 virtual market generator）、模拟抽样调查技术（simu survey）、仿真市场博弈技术（simulation marketing game），仿真模拟了虚拟市场、市场调查和创业实战的市场竞争。系统应用成熟的经济学模型来计算模拟市场的变化，如市场需求反应模型、价格模型、广告促销市场反应模型、离散事件博弈模型等，使得利用此平台能够真正仿真模拟真实的创业过程。

学生在创业之旅实训室下模拟真实企业的创立过程，完成创业计划书、办理工商税务登记注册、对创立企业进行运营管理等管理决策。通过对真实创业环境的逼真模拟，帮助学生掌握在真实企业创业过程中可能遇到的各种情况与经营决策，并对出现的问题和运营结果进行分析与评估。

本教程主要以创业之旅模拟实战软件为平台，着重介绍了创业模拟实训的过程。

四、华普亿方大学生创业实训系统

2008 年，北京华普亿方软件科技有限公司承担了中国高等教育学会的"中国高校创新创业教育的理论与发展研究"2008 年度重点专项规划课题——创业实训计算机模拟仿真平台研究。华普亿方公司推出的"大学生创业实训系统"是该项课题的研究成果。

"大学生创业实训系统"是在充分调研当前经济社会对创业人才需求的基础上，汲取国内外著名创业训练课程的精髓而设计的，符合我国高校创业教育的实际需要。华普亿方公司将模拟实践教学与信息技术成功结合并应用到该平台中，成功打造了系统化、集成化的大学生创业实训平台。

"大学生创业实训系统"将让大学生得到所需的各种创业能力的系统训练，全面培养大学生的创业素质，为创业做好充分的准备，使当代大学生成为有智慧、有能力的创业者。

五、其他相关网站介绍

创业网作为网络中创业的基地，提供的是千千万万创业者所渴望的创业信息，同时提供了千千万万自主创业、自主就业的机会。

（一）全国大学生创业服务网（http：//cy. ncss. org. cn/）简介

为了进一步推进大学生创新创业教育和学生自主创业工作，在教育部高校学生司的指导下，教育部全国高等学校学生信息咨询与就业指导中心创建开通了大学生创业门户网站——"全国大学生创业服务网"。

全国大学生创业服务网（cy. ncss. org. cn）作为教育部唯一一个专门宣传、鼓励、引导大学生创业的网站，是教育部发放"高校毕业生自主创业证"的官方网站。在充分整合学校、社会、政府等多方资源基础上，网站为大学生提供创业资讯、创业指导、项目展示、创业项目对接、线上素质测评、在线模拟创业、创业大赛等服务。

（二）中国大学生创业网（www. chinadxscy. com）简介

2004 年 9 月成立的中国大学生创业网，是各省会城市、全国高校深度共建的大型综合服务类门户网站。

针对大学生创业过程中面临的不了解政策、缺乏项目、技能不足、缺少资金等困难，中国大学生创业网陆续搭建了资讯平台、项目平台、培训平台、资金平台、孵化平台等大学生创业综合服务平台，从大学生创业政策的宣传、创业意识的培养、创业技能的训练、创业项目的开发到创业资金的提供、创业孵化的落实，已形成完备的产业链条。

资讯平台依托中国大学生创业网站联盟，目前开通了创业政策、创业指导、创业故事、创业资金、创业项目、创业大赛、创业园区、创业家园、创业论坛、职业生涯规划、人才频道、家教兼职等版块，依托互联网的信息传播优势，为更多的热血青年宣扬创业理念，提供创业项目、资金、指导方面的资讯信息，同时开通了以互动交流为主的创业家园，广大的创业爱好者、大学生、创业导师可在此交流。

（三）大学生创业网（http：//www.studentboss.com/）简介

大学生创业网成立于 2004 年 9 月 27 日，是中国大学生创业的综合门户网站，其宗旨是"全心全意为大学生创业和就业服务"。中国大学生创业网的目标是实现"111"工程：用十年的时间帮助 1 万名大学生创业，支持 10 万名大学生就业，帮助 100 万名大学生进行职业生涯规划。针对大学生创业过程中面临的一系列问题，大学生创业网陆续打造了资讯平台、项目平台、培训平台、资金平台、孵化平台等大学生创业综合服务平台。

大学生创业网组织了三届大学生创业之星评选、"百名企业家、百名专家进校园"活动，累计举行 500 多场大学生就业创业报告会；截至 2009 年 11 月底，大学生创业网在北京、上海、河南、江西、山西、陕西、烟台、南通、重庆等 27 个省市都发展了联盟站点，各分站目前运营良好，同时英国留学生创业网、西班牙留学生创业网的开通也标志着中国大学生创业网开始走出国门，取得更广阔的发展空间；大学生创业网每日在线交流用户超过 2 万名，拥有 100 多万大学生会员，1 万多家企业会员，累计帮助 500 多名大学生成功创业。

思考与讨论

1. 我们为什么要自己创业？创业的目的是什么？
2. 理解创业精神和技能对适应社会发展和提升竞争优势的作用。
3. 怎样理解创业机遇就在你身边？
4. 从你的亲戚朋友或新闻媒体中列举出创业成功或失败的案例，并分析其原因。

第二章 创业能力培养与测评

创业是极具挑战性的社会活动，是对创业者自身智慧、能力、气魄、胆识的全方位考验。创业能力是一种特殊的能力，这种特殊能力往往影响创业活动的效率和创业的成功。创业能力包括决策能力、经营管理能力、专业技术能力与交往协调能力组成。一个人要想获得创业的成功，必须具备基本的创业素质。创业基本素质包括创业意识、创业品质、创业精神、竞争意识、创业能力。

第一节 创业者应该具备的能力

创业者是由单个独立的个体组成，由于他们的生存环境、学习工作经历、文化背景的差异较大，创业的动机和个性特征不同，决定了他们在创业中的路能走多远。我们经过分析和调研成功的创业者，他们都具有一些共同的特征。

一、创业者应具备的品质

创业是一项充满艰辛和幸福的人生选择，对每个创业者都有很高要求，所需的个人素质和能力，对于创业成功至关重要。

（一）有理想、有抱负

对于创业者来说，有理想和抱负落实到具体内容上就是要确立好创业目标。只有创业活动而无创业目标是盲目的；反之，只有创业目标而没有创业活动，其目标是虚无的。因此，创业者既要选准创业目标，同时，还要及时制定周密计划，付诸行动，以早日实现创业目标。确定创业目标的依据，创业目标的确立既要考虑到个人的兴趣、爱好和实际能力，同时，很大程度上还要充分考虑一些客观因素，努力使自己的创业志向与社会发展趋势相一致。只有这样才有可能使自己的创业活动得到顺利进行，也才可能实现确立的创业目标。

创业小故事

丁建勋——创业让他实现价值

2008 年，丁建勋获得上海大学生科技创业基金会 30 万元的资助（当时最高额），创立了上海乐程影像技术有限公司。公司自主研发获得 4 项影像产品专利，提供了二百六十余个就业岗位。世博会期间，公司承担了在长达 2 千米多的上海外滩影像服务工作，公司获得了上海世博会先进集体，十多名员工获得上海世博会先进个人称号。

他的创业事迹曾受到教育部部长袁贵仁、上海市市长韩正、副市长杨雄的高度肯定。他就是东华大学毕业生丁建勋。

立志创业

丁建勋最大的希望是通过自己的努力，使人生更有意义。还在大学期间，丁建勋就对创业和创新充满了热情，他说："我有一颗不安分的心，不适合做一成不变的工作，我希望自己的人生能经历更多的挑战，在创业的过程中实现自己的人生价值。"

创业的梦想由来已久，为了实现心中的梦想，丁建勋在读书期间曾经多次试图创业，但由于诸多原因，他的创业几度停滞，无果而终。在困难面前，他没有放弃，而是把这些失败的经历当成一笔"宝贵的财富"，从失败的经历中去积累更多的经验。丁建勋慢慢明白，要创业首先要目标明确，要认识到："自己是谁，想干什么，能干什么？我有哪些资源，我有哪些不足？"

正是对这些问题的追问，让丁建勋第一次把创业和实现人生的价值联系在了一起。工夫不负有心人，经过多年的研究，运用在东华大学攻读硕士期间所学的相关理论知识，丁建勋在2007年提出了"快速影像自助服务"创业项目。该项目新颖独特，虽然源于传统行业，但具有"小生意，大市场"的特征，是具有高起点的创业项目。丁建勋所办的公司是一家科技型创业企业，他没有走企业先搞技术研发、产品设计制造然后再进行市场推广这种"技、工、贸"的常规套路。如果采用这一传统经营模式，从产品开发定型，到推广销售形成一定市场规模，至少需要2~3年时间，所需资金至少数百万元，项目很有可能因为许多不确定的因素半途而废，看不到创业成功的"黎明"。

为了创业成功，丁建勋带领公司对所处的环境做了细致分析，特别对2010上海世博会的商机作了详细研究，决定改变传统的经营思路和商业模式：利用现有技术先一步进军影像服务业，直接进行运营服务。这样可以不必等产品定型就进入市场运营服务，大大缩减产品开发时间和成本，较快实现正现金流；还可以稳定和锻炼团队，及早发现产品的问题，且符合国家"发展新兴服务业"相关产业政策，把创新融入传统服务行业，创造出新的需求，从而尽快形成效益，创业企业也会得到迅速发展。

用好两件"法宝"披荆斩棘

创业之路上遍布着风险和荆棘，创业中没有坦途，只有承受住别人不能承受之重，才能走出一条路来。如何战胜重重困难，坚持到胜利的一刻？丁建勋认为，乐观积极的态度、顽强的拼搏精神和秉持"创新至上"的理念是团队"克敌制胜"的有效法宝。正是凭借着这两件"法宝"，在激烈的市场竞争中，丁建勋和他"小团队"生动上演了一场场"小蛇吞象"的商业剧。做外滩服务项目时，丁建勋的团队曾经雄心万丈，但这个注册资金只有100万元的年轻公司，很快面临资金、人员和经验匮乏的困境。"很难想象当时一个三十多人的初创小公司，如何吃下长达2千米多的上海外滩影像经营权，要知道一旦签约就意味着公司会立即膨胀到两百多人。"丁建勋自己也曾一度对这个项目产生疑惑，连家人也不赞同他的冒险，认为这次"赌"得风险太大。就在丁建勋准备放弃这个项目的时候，公司的员工们主动找他商量对策，鼓励他勇敢去面对挑战。团队成员的乐观让丁建勋看到了成功的希望。几次会开下来，大家一致觉得不应该临阵退缩，要乐观地看问题："办法总比问题多，为什么不试一试？"为此，这个三十多人的小团队一心扑在研发项目上，他们每天工作十多个小时，没有休息日拼命地工作，并且在短时间内解决了资金紧缺和"用工荒"的难题。正是依靠攻坚克难、顽强拼搏的精神，丁建勋的团队成功研制了大容量锂电池解决供电的难题并开发图片下载网站和 ERP 管理系统，拿下了项目最重要的一环。

"我的项目能够在竞争对手中脱颖而出靠的就是创新。例如，我们研发的无线影像传输技术可以保证从拍摄到打印照片 10 秒之内完成，还可以根据顾客要求设置场景，简单便捷。目前，我们正是依靠这项技术和影像自助技术，已经在外滩、东方明珠、上海科技馆等地标景观为游客服务。"丁建勋深有感触地说，公司成立至今，能够不断战胜风险，超额扩大资产规模，靠的就是"这股子创新劲儿"。2010 年 12 月 2 日，教育部部长袁贵仁参观上海市大学生科技创业基金会时，对丁建勋这种注重"创新"的理念表示了肯定。目前，在政府的关心和支持下，丁建勋的公司通过统一化管理，运用创新的经营模式和技术，基本解决了一直困扰外滩摄影的管理问题，服务质量与效益一步步提高。

外滩上的"小红豆"

2010 年上海世博会给丁建勋的团队带来了新的难得机遇。这一次，他们的任务是通过摄像机把宣传上海世博和宣传新外滩、展示新外滩相结合，让更多的游客通过上海世博的窗口来接触上海、了解上海。为了圆满完成任务，早在世博试运行阶段，丁建勋就带领团队做了充分的准备。公司的员工虽然大多数是大学生，但是有志愿者经历的却不多，员工们对如何为游客提供周到优质的服务大多一知半解。为此，丁建勋带领团队跑遍了上海各大高校，招聘了多名多媒体专业的毕业生，公司还发挥地缘优势，主动与上海高校合作，举办了"先为志愿者，后做营业员"的专题培训，开展了"心系浦江，情牵两岸"等专题讲座。通过前期的充分准备，丁建勋硬是让全体员工变身为服务世博的编外"志愿者"，他们对外滩景观的历史渊源了然于胸，对万国建筑群的历史文化如数家珍，为游客更全面地了解外滩、了解上海提供帮助。

上海世博会期间，为了保证服务质量，丁建勋的团队克服了天气高温、人流量巨大等种种困难，接待了一批又一批的中外游客。2010 年七八月间，外滩高峰时段客流量一度达到百万人次，公司摄影机柜的移动更是艰难。为了克服这个难题，丁建勋和他的团队决定避开客流的高峰时段上下班。由于下班时间晚，公司很多员工无法回家，丁建勋就和大家一起住到外滩附近一个租来的小房子里面，从而确保了工作按时保质完成。在上海世博会期间，丁建勋和他的团队为外滩上的中外游客提供了大量影像咨询、道路引导、语言翻译等服务，得到游客们一致认可和好评，这些身穿"红马甲"的公司员工成为外滩一道道靓丽的风景线，被游客亲切地比喻为上海外滩的"小红豆"。

据不完全统计，上海世博会期间，丁建勋和他的团队仅外滩摄影部就接待国内外游客三百余万人次，打印照片 150 万张，免费照片下载 147 304 次，接待电话咨询21 332次。由于在上海世博会期间的突出表现，丁建勋所办的公司获得了上海世博会先进集体的称号，公司有十余名员工荣获上海世博会先进个人称号。

真诚回报社会

在创业路上坚定前行的丁建勋，一直将无私奉献、服务社会作为公司的发展准则，力求实现公司的商业利益和社会利益的充分结合。目前，丁建勋所办的公司从最初的10个人迅速扩大到两百多人，拥有上海外滩景区独家经营权，并在东方明珠、上海科技馆、上海欢乐谷、西安兵马俑、毛主席纪念堂等多家景区广泛参与经营，预计2011年营业额近五千万元。回想起自己的创业路，丁建勋深知自己的事业能起飞，离不开学校和社会的帮助。

"2007年我刚进东华大学时就想创业，当时学校非常支持我，不但有专业的老师指导我写项目计划书，还把我的项目推荐给上海市大学生创业基金会，由此我获得了30万元启动资金，2009年我又获得了科技部的国家创新基金，除了资金支持，国家在政策上也给我大开绿灯。此外，学校的老师非常关注我的事业，经常给我出谋划策，没有这些支持，我肯定没有今天的事业。"滴水之恩当涌泉相报，为了回报曾经帮助过自己的母校和社会，丁建勋下决心要以创业带动就业，主动承担应当承担的社会责任。大学生就业是社会高度关注的热点问题，也是政府和高校工作的难点之一。

从2008年开始，丁建勋所办的公司就开始招收高校应届毕业生，公司250多名员工，绝大部分是高校毕业生，虽然自己的事业也刚起步，但丁建勋仍想以一己之力为社会做点事。2010年丁建勋所办的公司招收了20名应届毕业生，在公司的招人计划中，2011年将再次招收应届毕业生20名。"这些刚从学校出来的年轻人将成为公司的绝对主力，我们会为他们提供良好的平台和有竞争力的待遇，我也会带着他们一起创业，作为一个走在前面的人，理应带领有创业梦的年轻人一起同行。"

在公益事业上，作为上海市科普协会理事的丁建勋向学校捐赠了价值3万多元的教学设备，同时协助母校东华大学开展勤工助学工作，为母校的学弟学妹们提供了诸多的勤工助学岗位。此外，他还热心参与母校的创新创业教育事业，多次为母校和松江大学城多所高校的创业创新培训班做讲座，和大学生们一起分享创新创业的经验，受到广大学子的欢迎。

如今，公司的运营已步入正轨，在市场上也占据了一席之地。回顾这一切，丁建勋说："正是创业，让我们实现了人生的价值！我希望通过自己的奋斗，在创业的道路上不断前行，以自己的实际行动回报社会！"

丁建勋的价值观：不羡慕，不炫耀，不证明，不占有

丁建勋的价值观是他写在笔记本首页上的四不："不羡慕，不炫耀，不证明，不占有。"对于创业，他深有感悟："不要太关注结果，不紧不慢，多体验创业的过程，无论成功或者失败，对于你而言都是财富，人生就是体验和感悟的历程。对于企业管理，与其说是门科学，不如说是门艺术，没有一定的套路，掌握节奏，脚踏实地去实践就是最好的办法。"

丁建勋的创业团队有他们自己的追求，在丁建勋的办公室墙上，有这么十六个字：公司利益，客户利益，员工利益，股东利益。

作为大学生创业企业，丁建勋这样总结他们企业的特点："创新和创意是我们公司发展的助推器，对于影像行业，我的观念是：创新源于传统，创意源于生活。商机就

在我们身边。注重社会责任和企业形象，是我们企业的生存之本。我们的工作场地往往都是一个城市的名片和人流比较大的地方，服务对象来自世界各地；合作共赢，注重校企合作，这是大学生创业的资源和优势，也可以带动其他同学的创业；打造学习的组织，进行民主科学管理也是我们企业所倡导的。"

（摘自《东华大学新闻网》2011 年 04 月 29 日）

（二）诚信和谦虚

诚实和谦虚是我们中华民族的美德。诚信是做人的基本道德准则，具有普世价值。人无信则不立，没有人愿意与不讲诚信的人打交道，这样的人，也难以立足于世。因此提高人的整体素质，讲诚信也是社会发展的基石，是创建和谐社会不可缺少的保障。谦虚对于为人诚实、可靠公平至关重要。

创业小故事

"一诺万金"故事

1904 年，陈嘉庚父亲所营企业破产，欠下债主哈利二十多万元巨款。按照新加坡的法律"父债子免还"，况且陈父当年便因破产而抑郁成疾不幸去世，但以信誉为重的陈嘉庚虽然经济拮据，却宣布"立志不计久暂，力能做到者，决代还清以免遗憾也"。白手创业的陈嘉庚艰苦奋斗了 4 年时间，终于有些赢利，他便不顾亲友反对，花了许多时间和精力找到债主，连本带利还清了父亲所欠的债务。当时曾有人说他"傻"，但他说："中国人取信于世界，决不能把脸丢在外国人面前！""我们中国人一向言必信，行必果。"陈嘉庚"一诺万金"的信誉迅速传遍了东南亚。此后，人们十分相信陈嘉庚的商业道德和信誉，都愿意与他做生意。可以说，陈嘉庚之所以能在家业衰败后艰苦创业 10 年左右成为百万富翁，与他"一诺万金"的诚信商誉有着密不可分的关系。1946 年 3 月，尼赫鲁访问新加坡，陈嘉庚在欢迎会上致词，题为《领袖与诚信》，指出无论商界政界，"诚信"都是无价之宝，是成功的保证。

"君子必诚其意"，嘉庚先生无论经商还是做其他事，历来铁骨铮铮，永不毁诺。如今，集美的不少商铺都在讲求诚信，以"诚"命名的庭院或店铺，如诚园等举目可见，还有不少商家打出"诚实经营"、"诚信是金"等标语；集美的学堂也在讲授诚信，1918 年，先生和胞弟陈敬贤亲自将"诚毅"二字定为集美学校的校训。陈嘉庚先生一生崇尚的诚信美德，正在集美薪火相传、发扬光大。

资料来源：www.baidu.com。

诚实守信是市场经济最基本的道德要求。市场经济是竞争经济，竞争需要规则和秩序，市场经济的健康运行和发展，靠的就是诚实和信用。遵守承诺、注重信誉作为市场经济的规范要求，正是诚信的道德内涵之体现。离开了信用，市场经济秩序就会混乱，甚至直接导致市场失灵。

谦虚意味着不为个人的欲望所动，坚持做正确的事。谦虚意味着不吹嘘，不骄傲，不贬低别人抬高自己。谦虚要求我们牢牢记住"人生来就是平等的"。

（三）热情与责任感

所谓热情，就是对创业的热爱，把创业当成是一件快乐的事。只有对创业充满热情才能认真地去把身边的，属于自己的工作做好。没有创业热情去工作是枯燥无味的，是使人感到身心疲惫的。责任感源于创业热情，就是对创业的热爱，对工作认真负责。古人云："在其位，谋其事。"我们要对创业负责，对岗位负责，全身心投入到创业之中。

创业小故事

李开复：创新工场助学子成就创业梦想

李开复有明星效应。在他创业开办天使投资机构——创新工场后，明星效应成了他和他投资的初创企业的一种财富。创新工场旗下有了第一家"毕业"的企业，也就是获得了外来的风险投资的注资。这家企业正式运作不到 1 年，估值已达数千万美元。李开复说，今年内他旗下的"毕业"企业会有 10 家。

李开复先后在 3 家明星公司——苹果、微软和谷歌担任高管，有过出色业绩。他还持续不断地以写公开信、办校园讲座等方式与大学生对话，分享人生和从业心得，为自己赢得了睿智、儒雅、平和的公众形象。种种相加，他成了许多理工科男生的"标准梦想"。在新浪微博拥有最多粉丝的前 10 位博主中，他是唯一的非文艺圈也非体育圈的明星，在腾讯微博更高居第二。两者相加，他一共有 1 800 万粉丝。

2009 年 9 月他从谷歌中国离职创办创新工场，明星效应或者说个人魅力成了他可自由支配的一笔财富。李开复首次透露了创新工场 1 年多来的成绩：如果以得到外部风投为成功标准，那么他首批投资的成功率为 75%。一般而言，天使投资投 10 家，9 家会死。李开复的创新工场拥有经验丰富的团队，在手机、互联网、云计算等领域筛选苗子。他们投资于创业团队最早期的萌芽阶段，所谓团队，这时往往只有一两个人，不少是刚出校门的学生。在他们的孵化环境里，创业者只需专注做产品，不擅长的事情，创新工场都会出面解决。李开复说，这种模式在硅谷很成熟。国内虽已有很多自称孵化器的地方，但很少能提供足够的创业支持。

在创新工场，创业者可以随时找李开复聊天，借他的经验和洞察力一用。李开复主导着创新工场筛选苗子的指向：他看好移动互联网，所以首轮投智能手机的基础性平台——操作系统、应用商店、同步工具等；第二轮则投应用，包括游戏、社交工具。至今，他总共投资了二十多家企业。李开复不讳言用自己在行业内外的名声为旗下企业开道。他承认，身为拥有数百万粉丝的"大 v"（微博名人），只要他着力推荐，不知名的微博一天就能增加数万粉丝。创新工场投资的一款手机软件，尽管被一部分人批评"创意一般、有抄袭他人的成熟产品之嫌"，但丝毫没有影响其在微博上的人气，借此赢得了一大批试用者。他投资的一款手机操作系统，借助李开复的人脉，创业者见到了许多公司高层，目前已与夏普、宏基等 8 家厂商签约。但李开复说，自己不会对旗下企业施加过分的影响，他只是提建议，绝不会代替做判断。他希望创业者从自己这儿"毕业"后，能越来越少受他个人的影响。明星效应，最重要的是对人才，包括国内一流大学学生的吸引力。李开复说，来创新工场的许多大学生本来能进成熟的大企业，拿可观的薪水，但他们投到了他的旗下。

李开复转过一条微博："世界上两件事最难：一是把自己的思想装进另一个人的脑袋，二是把别人的钱装进自己的口袋。前者成功了叫老师，后者成功了叫老板。"他点评说:"大家叫我老师,不叫我老板,现在知道为什么了。"

李开复开办天使投资机构——创新工场,凭借自己的明星效应,毫不吝惜地与大学生分享创业经验,让大学生创业者在他们的孵化环境里,专注做产品,其他不擅长的事情,创新工场都会出面解决,实实在在为有着创业梦想的大学生一步一步地实现他们的理想。这是一个创业成功者以自己的实际行动引领创业,是最好的以创造创业型社会为己任的对社会的回报。

——摘自《文汇报》,2011 - 3 - 30

(四) 克制和忍耐

人皆有七情六欲,遇到外界的不良刺激时,难免情绪激动、发火、愤怒,这是人的一种自我保护的本能和心理反应。但这种激动的情绪不可放纵,因为它可能使我们丧失冷静和理智,使我们不计后果地行事。因此,我们在遇到事情时,在面对人际矛盾时,要学会克制,学会忍耐,不要像炮捻子,一点就着,而应该像俗话说的那样:"忍一忍心平气和,退一步海阔天空。"如果你忍不住别人的刺激又快要如火山一样爆发,就试试美国前总统杰弗逊所教的方法:"生气的时候,开口前先数到十;如果非常愤怒,先数到一百。"生活中我们常见到当事人因不能克制自己,而引发争吵、打架,甚至流血冲突的情况。有时仅仅是因为你踩了我的脚,一句话说得不恰当,就引起冲突;在乘地铁时争抢座位,在公交车上挨了一下挤,都可能成为引爆一场口舌大战或拳脚演练的导火索。在社会治安案件中,相当多的案件都是由于当事人不能冷静处理事情而发生的。

(五) 公道正派

所谓"公道",就是公平、客观、合理,遵循事物发展和人类社会关系中的基本法则,尊重事物的本来面目;所谓"正派",就是作风、品行要规矩、光明、严谨,要符合社会大众的道德意识、思维方式和行为方式。以"公"为"道",不偏不倚;持"正"为"派",不歪不斜,才称得上"公道正派"。公道正派是为人处世的基本道德准则和行为规范,是人们普遍认同的处世态度和价值取向,它具有一定的社会历史性和阶级性,在不同的历史时期,有着不同的表现形式,具有鲜明的时代特征。公道正派是世人所推崇的做人哲学和传统美德,是维系人们正常社会交往和社会稳定的一项最基本的品质要求和行为准则。

二、创业者的心理素质

创业者成功需要很好的心理素质,创业心理品质对创业实践起调节作用。

(一) 创业者的心理准备

1. 有积极、乐观、自信的心态

要有积极、乐观、自信的心态,战略上藐视敌人,战术上重视敌人。创业也许很顺利,也许是一条艰难和充满风险的道路。但不管怎样,对于一个创业者来说,首先要自信,要相信自己的选择是正确的,相信自己能成功。自信是人生和事业成功的基础,如果你对自己的选择一点都没信心,不如干脆放弃。当然自信不是盲目的自信,

而是建立在理性分析基础上的自信。

2. 要有吃苦的心理准备

自己创业，意味着没有休息日，意味着没有固定的休息时间，加班变成一种常态。也有可能你必须什么活都做，重的，轻的，精通的，不熟悉的，你都要能拿得起。创业的时候，没有老板的约束，你必须克服你身上的惰性，学会自己约束自己。

3. 要有独立分析和决策的心理准备

当你选择了自己创业，一切都要靠你自己，你必须对自己负责，父母和朋友只能起辅助作用，甚至根本无法依靠。这时你必须培养独立的分析能力和决策能力。你必须自己给自己制定工作计划，学会时间和事务管理。你必须自己决定经营和发展方向，自己决定怎样调配资源。

4. 要有承受压力和挫折的心理准备

因为是自己的事业，你会面临很多压力，经营处于低潮怎么办，客户纠纷怎么处理，员工工作不称职怎么办，工商税务怎么对付，现金流中断怎么办，遇见突发事件怎么办。这一切都会让你产生压力感和挫折感，让你痛苦，让你辗转难眠。同时创业还面临一定的风险，你也有可能失败，甚至辛辛苦苦筹集的资金都打了水漂，让你第一次创业遭受沉重的打击。

（二）创业者应该具备的心理素质

创业是一项目艰苦的工作，而好的心理因素是实现目标的重要因素。研究表明，下列几种心理品质对创业实践影响较大。

1. 独立思考、判断、选择、行动的心理素质

创业既为社会积累物质财富和精神财富，又是谋生和立业。创业者首先要走出依附于他人的生活圈子，走上独立的生活道路。因此，独立性是创业者最基本的个性品质。这种品质主要体现在：一是自主抉择，即在选择人生道路，选择创业目标时，有自己的见解和主张；二是自主行为，即在行动上很少受他人影响和支配，能按自己主张将决策贯彻到底；三是行为独创，即能够开拓创新，不因循守旧，步人后尘。

当然，我们提倡创业者具有独立性的人格，但这种独立性并不等于孤独，也不是孤僻，因为，创业活动尽管是个体的实践活动，但其本质是社会性的活动，是在人与人之间的交往、配合、协调中发生、发展并且取得成功的。因此，创业者具有独立性品质的同时还应具有善于交流、合作的心理品质。

2. 善于交流、合作的心理品质

在创业道路上，必须摒弃"同行是冤家"的狭隘观念，学会合作与交往。通过语言、文字等多种形式与周围的人们进行有效的交流与沟通，可以提高办事效率，增加成功的机会。在创业过程中，需要与客户和顾客打交道，与公众媒体打交道，与外界销售商打交道，与企业内部员工打交道，这些交往、沟通，可以排除障碍，化解矛盾，降低工作难度，增加信任度，有助于创业的发展。

3. 敢于行动、敢冒风险、敢于拼搏、勇于承担行为后果的心理品质

在市场经济大潮中，机会与风险共存。只要从事创业活动，就必然会有某种风险伴随，且事业的范围和规模越大，取得成就越大，伴随的风险也越大，需要承受风险的心理负担也就越大。立志创业，必须敢闯敢干，有胆有识，才能变理想为现实。只要瞄准目标，判断有据，方法得当，就应敢于实践，敢冒风险。对瞄准的目标敢于起步，选定的事业敢冒风险的心理品质又称敢为性。

敢为的人对事业总是表现出一种积极的心理状态，不断地寻找新的起点并及时付诸行动，表现出自信、果断、大胆和一定的冒险精神；当机会出现的时候，往往能激起心理冲动。敢为不是盲目冲动、任意妄为，不能凭感觉冲动冒进，而是建立在对主客观条件科学分析的基础上的。成功的创业者总是事先对成功的可能性和失败的风险性进行分析比较，选择那些成功的可能性大而失败的可能性小的目标。创业者还要具备评估风险程度的能力，具有驾驭风险的有效方法和策略。

4. 敢于克服盲目冲动和私利欲望的心理品质

在创业过程中，创业者要善于克制，防止冲动。克制是一种积极的有益的心理品质，它可使人积极有效地控制和调节自己的情绪，使自己的活动始终在正确的轨道上进行，不会因一时的冲动而引起缺乏理智的行为。

创业者在创业过程中要自觉接受法律的约束，合法创业、合法经营、依法行事；自觉接受社会公德和职业道德的约束，文明经商、诚实经营、互助互利。当个人利益与法律和社会公德相冲突时，要能克制个人欲望，约束自己的行为。

5. 坚持不懈、不屈不挠、顽强努力的心理品质

创业者需要百折不挠、坚持不懈的毅力和意志。能够根据市场的需要和变化，确定正确而且令人奋进的目标，并带领员工战胜逆境实现目标。创业者必须有一颗永远持之以恒的进取心，三心二意，知难而退，或虎头蛇尾，见异思迁，终将一事无成。

创业者的恒心、毅力和坚忍不拔的意志，是十分可贵的个性品质。遇事沉着冷静，思虑周全，一旦做出行动决定，便咬住目标，坚持不懈。创业过程是一个长期坚持努力奋斗的过程，立竿见影、迅速见效的事是极少的。在方向目标确定后，创业者就要朝着既定的目标一步步走下去，纵有千难万险，迂回挫折，也不轻易改变初衷，半途而废。

6. 善于进行自我调节、适应性强的心理品质

面对市场的变化多端，竞争激烈，创业者能否因客观变化而"动"，灵活地适应变化，成为创业成功的关键所在。因而，创业者必须以极强的信息意识和对市场走向的敏锐洞察力，瞄准行情，抓住机遇，不失时机地、灵活地进行调整。在外部环境和创业条件变化时，能以变应变。善于进行自我调节，能用积极态度看待来自工作和生活的压力，冷静分析，找出原因，缓解压力，甚至消除压力。能够保持良好的心理，勇敢地面对压力，力争将不利变有利，将被动变主动，将压力变动力。具有较强的适应性，还应做到胜不骄，败不馁。

在创业之初，就应做好失败的准备。要善于总结和吸取失败的教训，承认暂时的失败，做出适当的调整和"退却"，为将来的"进攻"积蓄力量。准备失败，认识失败，承认失败，利用失败，在困难和挫折中前进，才能步步为营，转败为胜。在创业中，面对取得的成绩和阶段性的成功，要善于总结，看到存在的问题，明确今后努力

的方向，找出保持成功势头和继续不断发展壮大的成功经验，避免骄傲自满，方能做到"善胜者不败"。

三、融洽的人际关系处理能力

在我们身边不难发现这样的人，他们能说会道，人脉相当广泛。良好的沟通能力是建立广泛人际关系的关键所在。人是一种很奇特的"群居动物"，他们无时无刻不需要语言或肢体的沟通来表达情感。一个懂得沟通的人，不仅是位出色的信息传播者，也是一位优秀的信息收集者。他可以清楚地表达个人的想法，可以快速地收集到行业信息，可以客观地对信息做出正确选择，能够顺畅地向合作者传达信息，也能从大众身上得到有效的反馈。

（一）人际关系

人际交往亦称社会交往，简称交往或社交，是指人与人之间通过一定方式进行接触，从而在心理上和行为上发生互相影响的过程。马克思明确指出：交往的动力归根到底来自人们的需要。需要是人的本性，没有需要就没有生产，就没有相关的各种交往。人的需要推动着人们不断从事新的生产活动，调整社会关系和人际关系。在现实的社会中，交往从某种意义上推动了历史的发展，而人际交往就是其中的一个重要的组成部分。人际关系是社会生活中人与人之间的交往关系，是人们在交往过程中结成的心理联系。它表现为个体所形成的对其他个体的某种心理倾向及其相应的行为。人际交往的过程实际上是完成人际关系的过程。人际关系对创业活动具有深远的意义。

（二）形成良好的人际关系原则

1. 平等尊重

人都有友爱和受人尊敬的需要，都希望得到别人的平等对待和受到对方的尊重。与人交往只有以平等的姿态出现，不盛气凌人，不高人一等，给别人以充分的尊敬，才能形成人与人之间的心理相容，产生愉悦、满足的心境，出现和谐和长久的人际关系。

2. 真诚信用

中华民族历来强调信用。儒家把"信"作为"仁、义、礼、智、信"的重要美德之一。孔子说"民无信则不立"、"与朋友交，言而有信"。可见在人际交往中，信用的重要。自古以来，讲信用的人会受到人们的欢迎和赞颂，言而无信则受到人们的斥责和唾骂，随着我国社会主义市场经济体制的逐步完善，在社会生活的各个方面信用越来越重要。

3. 互利互惠

互利互惠是指的人们在交往中考虑双方的共同价值和共同利益，满足共同的心理需要，使彼此都能从交往中得到实惠。在人们的行动中，大多数的交往是互利互惠的。互利有三个方面：一是物质互利，如物品交换。二是精神互利，如相互尊重、相互安慰，这包括思想、情感、文化等方面的交流。三是物质、精神互利，即在交往中，一方从物质上得到，一方从精神上得到。

4. 宽容忍让

让是为人处世的较高境界。在现实生活中，每个人由于其家庭环境、教育、经历、社交环境等不同，形成了每个人独具特色的鲜明个性。在社交活动中，每个人所要求达到的具体利益会有所不同。如果完全让对方服从你的观念和要求，完全地和你"心往一处想、劲儿往一处使"，势必会引起对方的反感，产生对抗情绪，影响彼此间的友谊。

(三) 形成良好人际关系的方法

正确的人际关系是推动你事业发展的重要因素，那么怎样建立良好的人际关系呢？我们从以下几方面做。

1. 建立良好而深刻的第一印象

第一印象指的是在与陌生人交往的过程中所得到的关于对方的最初印象。最初印象很重要，直接影响着以后的交往。要给人好的第一印象全在于自己平时的自我修养，第一印象的构成不仅有外表形象的表现，而且更重要的是自身素质的体现。如谦恭诚恳、热情大方的形象，使人乐于接受，愿意与之交往。容貌化妆、装束穿戴等，不仅要符合自己的年龄、身份，还要根据交往的对象、场合的不同而有所区别。所以交往中应重视我们的仪表和风度。此外给人好的第一印象还要学会微笑，因为微笑所表达的是一种感情，一种吸引力，同时也是一个人内在素质的外现。微笑虽然无声，但它是一种高级含蓄的语言，它表达出了许多的意思，如高兴、欢悦、同意、赞许、尊敬、同情等，大家一定记住，在人际交往中千万莫忘从微笑开始。

2. 运用适当的沟通方法

沟通是人际交往中最主要的形式，而沟通的方法可以分为两大类：语言沟通和非语言沟通。在人际交往中，语言沟通是最准确、最有效的沟通方法，也是运用最广泛的沟通方法。精练而准确的语言表达，不仅能使交往中的信息得到准确的传递，而且能够增强对方的信任感。非语言沟通也能给人留下深刻的印象，甚至是"无声胜有声"，比语言沟通能传达更多更深更广的信息。"言为心声"，语言是交际的基本工具，精练而准确的表述，热情而真诚的话语，都能为我们塑造文明优美的形象，为人际交往创造融洽的气氛。

例如，运用礼貌语言。在交往中，用"您好"、"对不起"、"谢谢"、"再见"等，传达了你对别人的尊重和友情，蕴涵了你的修养。例如，把握语言的分寸。在交往中，语言表达要准确，带有情感色彩。注意不同场合的语音、语调和语速。如求人办事，要用探询的口气，不应强人所难。与异性或同事交谈，应注意分寸，开玩笑不过火。正确使用"谢谢"，会产生意想不到的效果。例如，注意文字表达的水平。书面语的使用，是一项基本功，要字体工整，用词准确，文采飞扬。另外，还要会熟练使用各种文字交往的格式，如借条、海报、通知、招聘启事，尤其是书信。非言语交往，是通过使用不属于语言的所有方法来传递情感和交流信息的过程。它是借助于非语词符号，如姿势、动作、表情、体态等实现的交往。非言语交往的实现有三种形式：一是通过动态无声的目光、表情动作、手势语言和身体运动等实现交往。二是通过静态无声的身体姿势、空间距离及衣着打扮等实现交往。这两种是身体语言的交往。三是通过非语词的声音，如重音、声调的变化、哭、笑、停顿等来实现交往。非语词的声音符号被心理学家称为副语言。

3. 学习社交中的国际惯例

随着国际交往的日益发展，与国际友人接触增多，在发扬具有中国特色的优良交往传统的基础上，借鉴国际交往的文明方式，也能开阔眼界，充实自己。

以相见为例：一般而论，相见之礼有区别。第一，中外有别。实际上中国人跟外国人的相见礼节，是不太一样的。比如目前在国际社会，最通行的相见礼节是拥抱，还有亲吻，而中国人一般不这样。

第二，外外有别。不同的国家的礼仪是不一样的，就如欧美国家，有些国家喜欢拥抱亲吻，有些国家对此也不太讲究，比如美国人对这个拥抱，有时候能接受，亲吻有的时候不太接受。阿拉伯世界比较通行的礼节，是所谓的按胸礼，而中国古代流行的传统礼节是拱手礼，现在在一些中华文化比较通行的地区，比如说中国台湾地区，中国香港地区，中国澳门地区，以及有一些华人聚居的东南亚地区，像新加坡、马来西亚、泰国、加拿大等，拱手礼在老辈人里还是比较流行。另外，韩国、朝鲜、日本鞠躬礼比较流行。

4. 正确对待竞争与合作

在现代社会生活中，人际交往面临着一个共同的课题，即竞争与合作。竞争是一种普遍的社会心理现象，竞争是互动的双方为了达到某种目的，在社会同一领域里与对方展开的竞赛争胜。创业者要具备团结协作精神、组织协调能力，注意培养友好合作、互帮互学的优良品格。这是因为：合作是人类社会得以形成的根基，合作产生个体的力量所无法比拟的人的群体力量即社会力量；合作是人生力量的源泉，人与人之间需要融洽、和谐，互相帮助。良好的合作使人拥有面对困难的勇气和战胜困难的力量；合作是事业成功的土壤，现代科学辉煌成就的取得，充分证实了成功合作的必要。学会合作，既需要树立正确的合作观念，认识个人和集体相互合作对人类进步、社会发展和事业发达的重要意义；也需要培养真诚合作的精神，加强群体意识，不争个人名利；还需要积极与人交往，提高与人合作的能力，善于与人交流，善于处理复杂的人际关系。

5. 珍惜友谊

友谊是人与人之间一种美好而又亲密的情谊，是一种崇高的道德力量，是激励人前进、促进人的全面发展的精神力量。或者说，友谊是以个人之间在情感上的互相依恋为前提，建立在思想、志趣、爱好、利益等一致的基础上的个人之间关系的一种形式，是人的一种永恒的需要。良好人际关系离不开真挚的友谊。古罗马哲学家西塞罗说："没有友谊，世界仿佛失去了太阳。"古希腊作家斯托贝说："财富不是朋友，而朋友却是财富。"这些至理名言说明了人类具有一种共同的需要——友谊。交往产生友谊，友谊加深交往。交往和友谊，皆源于人的情感生活。

第二节　创业能力培养与测评实训

创业能力是逐渐形成的，实训能提升创业者的技能，为创业者指出学习和努力的方向。而创业能力可以通过创业实训来获得。

一、实训目的

实训系统通过创业潜质测评、创业能力测评、创业心理测评、创业九型人格测评、创业综合测评、创业成功指数测评等方面的测评，能全面反映测评者各方面能力、基本素质和特长，为创业者指出了学习和努力方向。让学生体验创业的具体操作，增强感性认识，提升综合素质。

二、实训准备

（一）实训管理者

在第一次使用测评软件系统时，要进行院系、班级、任课教师的设定，具体操作请参考软件提供者的说明。系统管理员是平台的总体管理者，一般由机房的管理员或者教研室主任担任。管理员主要负责学院和教师用户的管理。管理员功能分为学院管理、教师管理、学生管理、系统管理、个人专区。图2.1为管理员操作界面：

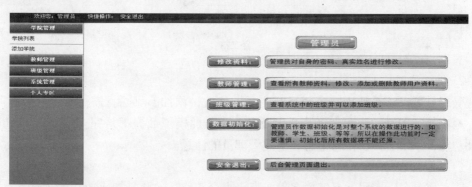

图2.1

1. 学院管理
（1）添加学院

具体操作步骤：点击"添加学院"后，显示新建学院信息的窗口如下，管理员填写学院的名称和简介，点击提交保存，学院即建立完毕（图2.2）。

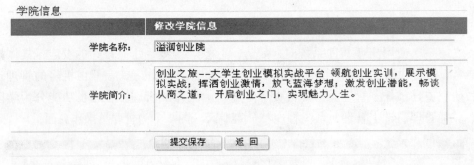

图 2.2

（2）修改学院

具体操作步骤：点击学院列表，显示列表下的所有学院，选中要修改的学院，点击修改按钮，显示修改学院信息，将正确的学院信息填写完毕后，点击"提交保存"按钮，学院信息即修改成功（图 2.3）。

学院信息

修改学院信息
学院名称：	溢润创业院
学院简介：	创业之旅--大学生创业模拟实战平台 领航创业实训，展示模拟实战；挥洒创业激情，放飞蓝海梦想；激发创业潜能，畅谈从商之道； 开启创业之门，实现魅力人生。

提交保存　　返 回

图 2.3

2. 教师管理

管理员可以对教师用户资料进行查看、修改，添加、删除。需注意：如果删除教师，则该教师所属的所有班级、学生及学生所做的模拟数据都将完全删除，请谨慎使用此功能，系统会弹出警告信息，引起管理员的注意。

（1）添加教师

输入登录名、密码、真实姓名等，点击提交按钮，教师添加成功（图 2.4）。

（2）修改和删除功能

在教师列表中即可进行。操作步骤同学院的修改和删除，在此不再详述。

3. 班级管理

管理员可以在系统中对班级进行查看、修改、删除，班级名称添加后不能修改；操作步骤：点击"班级管理"模块下的"添加班级"，系统会显示以下界面，将信息填写完毕后点击"提交"按钮，班级信息添加成功（图 2.5）。

（二）教师端使用

在第一次使用时，通过实验管理者分配的用户名和密码从教师入口登录。

在登录首页面，教师根据管理员提供的初始用户名和密码进行登录，进入教师端

图2.4

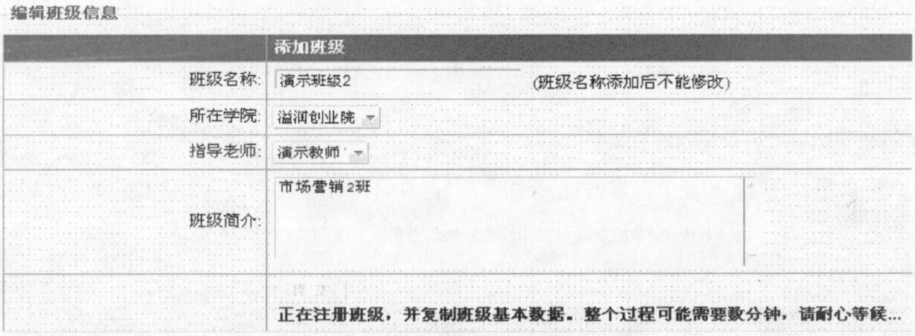

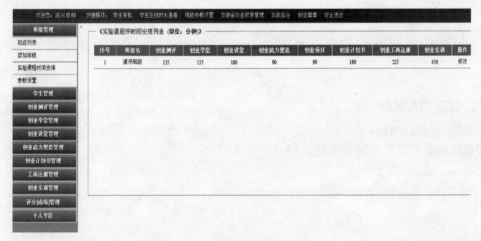

图2.5

页面（图2.6）。

图2.6

1. 班级管理

教师可以在班级管理中添加、修改、删除班级，班级名称添加后不可做修改，添加时应注意操作。

操作步骤：点击"班级管理"下的"班级列表"，即可显示所有班级的列表，点击"修改"按钮,即可显示以下界面,将修改的信息填写完毕后,点击"提交"按钮,则修改成功(图2.7)。

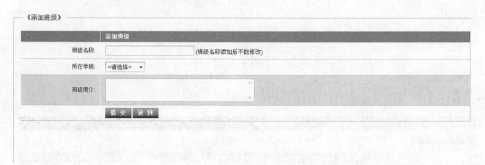

图2.7

2. 添加班级

点击"班级管理"下的"添加班级",显示以下界面,输入相应的班级信息,点击"提交"按钮,即可实现班级的添加(图2.8)。

图2.8

3. 实验课程时间安排

教师可以查看自己制定的课时安排,也可在此模块下对参数以及课时进行修改,方便教师根据实际教课需要进行调整(图2.9)。

《实验课程序时间安排列表(单位:分钟)》

序号	班级名	创业测评	创业学堂	创业讲堂	创业能力塑造	创业项目	创业计划书	创业工商注册	创业实训	操作
1	演示班级	135	135	180	90	90	180	225	450	修改

图2.9

点击"修改"按钮,即可显示以下界面:教师点击"开启",学生才可以在该班级下进行注册,教师可以根据教学的需要,在自己将在课堂上讲解的模块点"√",学生便可根据教师的讲解进行实训,其他未打"√"的模块,学生则不可使用。教师可以修改自己的课时安排的时间、修改评分的标准。

4. 班级参数设置

此功能模块便于控制学生依据教师课时安排进行操作。教师可以任意开启或关闭学生端操作模块，并可以进行课时和评分参数的设置。

5. 学生查询

在教师端左侧学生管理模块下，教师可以对学生进行查询，并了解到所在班级的学生人数，以及学生的状态（图2.10）。

图 2.10

教师可以在该页面查看学生的登录名、真实姓名、密码及其他个人信息，点击"修改"按钮，即可对学生信息进行修改。若不需要修改，点击学生信息页面的"返回"按钮，返回学生用户列表页面。

6. 学生审核

教师可以在后台对学生的状态进行查询；教师要对学生注册用户进行审核，审核后的学生才能在系统中进行实战演练；图2.11为学生审核界面：对未审核的学生，直接点击"审核"按钮，即可完成对学生的审核。

图 2.11

7. 单个添加、批量添加、批量导入学生

教师既可对学生进行单个添加、也可批量添加，如果教师有自制的 Excel 表格，也可以批量导入。以下为三种添加方式的视图：

单个添加：将学生的信息填写完毕，点击"提交"按钮，即完成了学生用户的添加（图 2.12）。

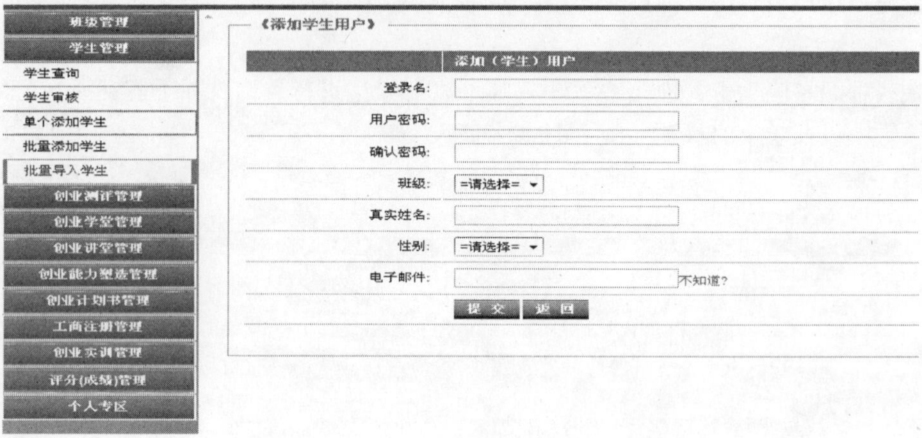

图 2.12

批量添加：选择要添加学生所在的班级，用户名前缀，可以采取"stu"（学生的英文缩写），后缀长度根据教师要添加的人数来确定所填的数字，如此处填"1"，则生成的学生人数为"01 - 0××"，若填写"2"，则生成的学生人数为"001 - 00××"，生成学生人数即是本次要添加的学生总数（图 2.13）。

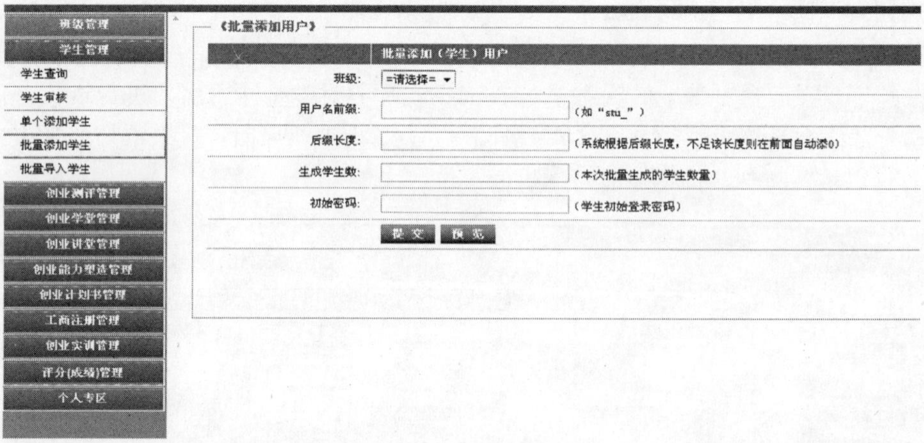

图 2.13

批量导入：选择要添加学生所在的班级，点击"预览"按钮，导入要添加的学生的 Excel 表格。

三、实训内容

创业能力测评实训操作步骤

1. 创业之旅登录界面

登录创业模拟实训平台（图 2.14）。

图 2.14

2. 创业之旅学生注册界面

注册学生相关信息，登录名、密码、性别、出生年月、身份证号码、电子邮件等相关信息（图2.15）。

图 2.15

3. 人物头像选择

选择人物头像，也可以自己设计自己的头像。

4. 创业潜质测评

进入创业潜质测评系统（图2.16）。

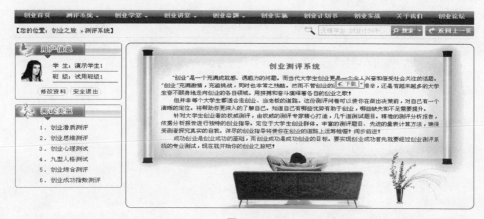

图 2.16

系统以 Flash 画轴方式展开测评过程：

第一步：性格偏向（图2.17）

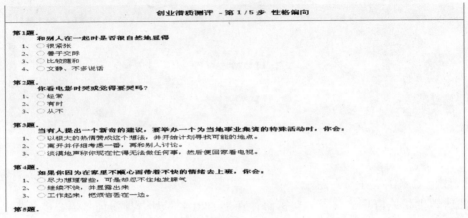

图 2.17

第二步：知识水平测试（图2.18）。

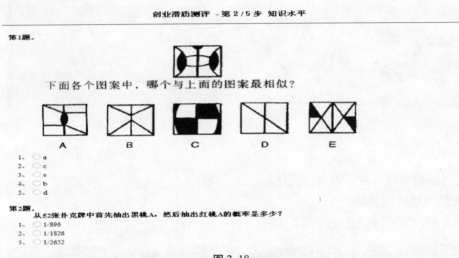

图 2.18

第三步：学习能力测评（图2.19）。

创业潜质测评 - 第3/5步 学习能力

第1题.
美国人曼昆在《比较优势的应用》一文中谈到：乔丹应该自己修剪草坪吗？答案显然是否定的。即使他灵活的身体可以比别人修得更快更好也不经济，因为他在篮球场上同样的时间可以获得更好的经济报酬。反映的经济学道理是
1、○ 在市场经济条件下，一切都应当作为商品来对待
2、○ 商品生产必须注重提高资源的利用率
3、○ 等价交换原则是商品经济的基本原则
4、○ 作为明星应该把自己的经济利益放在适当的位置

第2题.
企业经营者要有良好的素质。某企业家坚决反对制假售假、投机欺诈，在2003年春季防"非典"药物价格高、销路畅情况下仍把质量、信誉放在首位。可见该企业家具有()
1、○ 较好的心理、身体素质
2、○ 良好业务素质
3、○ 较高思想政治素质
4、○ 良好职业道德

第3题.
美国人曼昆在《比较优势的应用》一文中谈到：乔丹应该自己修剪草坪吗？答案显然是否定的。即使他灵活的身体可以比别人修得更快更好也不经济，因为他在篮球场上同样的时间可以获得更好的经济报酬。给予我们的启示是
1、○ 只要把握价值规律，就能在商品竞争中处于有利地位
2、○ 无论做什么，只要有利于提高资源的利用率都是无可厚非
3、○ 要面向市场调整经济结构，生产供不应求的商品
4、○ 商品生产必须发挥比较优势，努力提高经济效益

图2.19

第四步：创业思维测评（图2.20）。

创业潜质测评 - 第4/5步 创业思维

第1题.
你有没有为自己的优柔寡断找借口说"做事得慎重考虑，怎能轻易下结论呢？"
1、○ 很少
2、○ 经常
3、○ 有时
4、○ 从来不。

第2题.
是否为了赚钱而牺牲个人娱乐？
1、○ 否
2、○ 是

第3题.
您被分到一个单位当领导，想提出一些解决工作中烦难问题的好方法。这时候，您第一件要做的是什么呢？
1、○ 采用一种创造性地发表意见的形式，鼓励每一个人说出此时进入他脑子里的任何想法，而不管该想法有多疯狂
2、○ 给人们一定的时间相互了解
3、○ 起草一个议事日程，以便充分利用和大家在一起讨论的时间
4、○ 让每一个人说出如何解决问题的想法

第4题.
假若你来自普通家庭，现在为了一百万的奖金，参加了一次大赛，以下几种比赛项目你会接受哪一种？
1、○ 生吃剥皮辣椒一百条
2、○ 徒手劈砖瓦一千片
3、○ 生吞两百颗鸡蛋
4、○ 堆砌一万片拼图
5、○ 高空弹跳八十次

图2.20

第五步：可塑性（图2.21）。

创业潜质测评 - 第5/5步 可塑性

第1题.
　　如果你迫切需要充电时，你的女（男）朋友要与你约会，你会怎么选择？请根据你的意愿选择下面两幅图（这两幅图代表着与女友或男友约会、在家给自己充电）中的一幅。

1、○

2、○

第2题.
　　来到度假胜地，住到预先订好的旅馆房间后，轻松地喘了口气，试着打开窗户时……你会看到什么样的景色呢？
1、○ 窗外是广大的阳台，上面种着五颜六色的花草
2、○ 可以看见远方有一座岛
3、○ 看到海边，还可以看见在那里玩的人们
4、○ 可以看见旅馆的游泳池和人群

图2.21

测评结果（图2.22）。

图2.22

5. 创业思维测评（图2.23）。

【您的位置：创业之旅 »测评系统 »创业思维测评】　　　　关键字如"创业计划书"　🔍搜索▾　🔄返回上一页

用户信息

学　生：演示学生1
班　级：试用班级1

修改资料　安全退出

测试类型

1. 创业潜质测评
2. 创业思维测评
3. 创业心理测试
4. 九型人格测试
5. 创业综合测评
6. 创业成功指数测评

共404条记录 41页，每页10项 当前第1页 第1-10项 [《首页] [上一页] [下一页] [末页》]

1. 穷人发财致富的最大秘诀！
　测试次数：5　>>进入测试

你知道穷人为什么会穷吗？你知道穷人发财致富的最大秘诀吗？你知道富人为什么富吗？现在，我们就给诸位分析这内在的奥秘，想成为富人，就不能不知道这些让穷人变成富人的秘密档案！

2. 小本创业怎样当上大老板
　测试次数：5　>>进入测试

对于我们普通老百姓，创业只能从小本生意着手，但小有小的做法，懂得经营策略，小买卖一样成就大老板。

3. 揭密温州人暴富的原因
　测试次数：5　>>进入测试

大家都知道，温州人是最会做生意的，然而，他们是怎样做生意的呢？又是怎样获得成功呢？本文将为你揭开温州人暴富的原因。

4. 为什么我们总是比别人赚钱少？
　测试次数：3　>>进入测试

为什么我们总是比别人赚钱少？为什么干活的总是拿得少的，拿得多的都是不干活的？这个问题曾经折磨了我们很久，现在，我们可以从"猎狗的故事"这篇文章中得出答案。

5. 穷到富的转变
　测试次数：3　>>进入测试

你知道你为什么会穷吗？你知道富人为什么会富吗？从穷到富转变，首先要转变的是什么呢？怎能才能真正实现致富的目

图2.23

6. 九型人格测评（图2.24）。

图2.24

测试结果（图2.25）。

九型人格测试

本测评问卷包含了144道二选一的测试题。

本测试中所回答的问题答案没有好与坏之分、没有正确与错误之别，它仅是反映你自己的个性和你的世界观。

本测评问卷将有助于你更好地了解自身的优势和弱点，并知道在何种情形下你的行动将更为有效。同时，你还可以通过测评结论知道他人是如何看待他们自己的，以及相互间又是如何相处相影响的。

为了使这份问卷对您有真实的帮助，请对自己负责，如实回答问题，真实展现自己！

[上一页] [下一页] [提交并查看答案]

图 2.25

7. 创业智商测评

共 39 题，采取 Flash 形式，系统自动出题，评分（图 2.26）。

经过测试，你的九型人格属于：

第四型：艺术型，自我型(Reformer/Perfectionist)

★【欲望特质】：追求独特

〖基本困思〗：我若不是独特的，就没有人会爱我。

〖主要特征〗：情绪化,追求浪漫,惧怕被人拒绝,觉得别人不明白自己,强烈占有欲,我行我素生活风格；爱讲不开心的事，易忧郁、妒忌，生活追寻感觉好；很珍惜自己的爱和情感，所以想好好地滋养它们，并用最美、最特殊的方式来表达。他们想创造出独一无二、与众不同的形象和作品，所以不停地自我察觉、自我反省，以及自我探索。

〖主要特质〗：易受情绪影响，倾向追求不寻常、艺术性而富有意义的事物、多幻想，认为死亡、苦难、悲剧才是极具价值和真实的生命、对美感的敏锐可见于独特的衣着，及对布置环境的品味显出他的独特性、极具创造力、过分情

图 2.26

测试结果（图 2.27）。

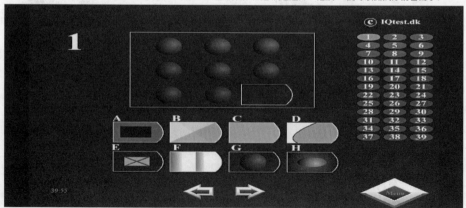

图 2.27

8. 创业心理测评之一

这是一份来自英国的权威测评，受测者数以亿计，其准确率之高超出想象（图2.28）。

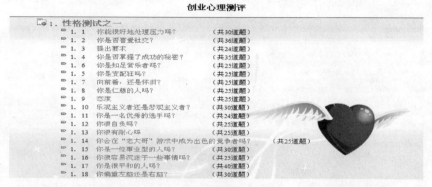

图 2.28

第一步：创业心理测评过程（图 2.29）

图 2.29

第二步：创业心理测评结果（图 2.30）。

创业心理测评—性格测试之一结果—1．1你能很好地处理压力吗？

测评分析 测评结果

测试用户：演示学生1．测试总分：60分．您的得分：26分

你的得分表明你遭受压力的消极影响。

由于社会行为规范禁止许多自然的发泄情绪的方式，例如暴力或者逃避。因此，压力可能会在你的思想中累积，而这是你最容易紧张的时候。

正是在这些时候，你倾向于出现脑海里许多事情处于杂乱无序的状态。但是，值得记住的是，你所担心的大多数事情根本不会发生，大多数压力都是短暂的，而且如果你能够有计划有组织地处理这些压力，那么就不会遭受太大的不良影响。毕竟，这些类型的压力并不是只发生在你一个人身上，有时，这些压力是世界上所有的人都会经历的。

你还有必要意识到的一个现实是：压力的确会导致紧张，而很多疾病都与紧张有关。

因此，当处于压力之下时，你可以退后一步并且审视你当前的处境，以及整个人生中的积极事情，这样的事情应当会有很多，无论是过去还是现在。

一般而言，请尽力培养一种积极的态度来对待所谓的现代压力，事实上，这种压力也以某种形式在过去的时代中存在过。实际上，现代研究应当让我们能够比过去更好地处理这些压力，至少我们现在已经认识到这种状况的危害性。

这种积极的方法包括分析和认识压力产生的原因，你对压力的反应以及处理压力的方式。另外，你还可以改变考虑压力的方式，改进做事的方法，例如，在工作环境中，去了解谁能够提供最好的帮助以及可以和谁谈心。

在面临压力时要照顾好你自己，这一点同样重要，不光是为了你自己的健康，还有了许多与你最亲近的人。这可以通过很多种办法实现，例如：

图2.30

第三步：测评分析（图2.31）。

创业心理测评—性格测试之一结果—1．1你能很好地处理压力吗？

测评分析 测评结果

测试用户：演示学生1

我们所有人都曾经在人生的某些特定时期，经历过不同程度的压力和紧张，但我们处理的方式各不相同。

相对而言，有些压力可能更容易处理一些。例如，参加学校考试是产生紧张的一种最常见原因。但是，由于我们事先就已经知道考试时间，因此不但可以从心理上做好准备，而且能够通过模拟考试和复习来提高成绩。

然而，现实生活中的考验往往不是那么容易预测的。下表罗列了可能产生紧张的常见事件和经历。当这些意外事件同时发生时（祸不单行），人们最容易出现紧张。

伴侣去世、离婚／离别／关系破裂、最亲密的亲人或朋友去世、个人疾病

挚爱的人生病、搬家、被裁员、大额抵押／负债、孩子离家、换工作—新工作、老板、同事关系

紧张的常见反应包括失眠、易怒、脾气急躁、担忧或与紧张相关的疾病。

处理紧张的反应可能会很困难，因为有些事情会使某人感到紧张或者压力，但是不会影响其他人，而且我们都以不同的方式对压力做出反应。

然而，一个好的开端可以增加我们对产生压力和紧张的主要原因的认识，因为这至少可以帮助我们发现可以做什么。

图2.31

9. 创业心理测评之二（2.32）。

创业心理测评

性格测试之二：包括17套试题，用来评估你个性的不同方面。每套试题中，包括25道问题或者陈述，用以探明你某一方面的个性特征，你只需要简单地回答是、不是，或者我不知道。

每道问题没有正确答案，而且这些试题没有时间限制。

请尽可能如实地回答问题或陈述，以便获得对你性格的准确评价。

在大多数情况下，你应当对每条陈述或问题给出是或者不是的回答。但是，对于少数你不能确定的问题，可以选择我不知道。

2.1	友善	（共25道题）
2.2	幽默	（共25道题）
2.3	羡慕／嫉妒	（共25道题）
2.4	无畏	（共25道题）
2.5	心不在焉	（共25道题）
2.6	公正	（共25道题）
2.7	友谊	（共25道题）

图 2.32

性格测试——你能很好地处理压力吗？（图 2.33）。

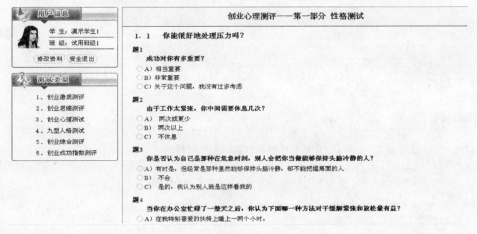

创业心理测评——第一部分 性格测试

用户信息
学生：演示学生1
班级：试用班级1
修改资料　安全退出

测试类型
1. 创业潜质测评
2. 创业思维测评
3. 创业心理测试
4. 九型人格测试
5. 创业综合测评
6. 创业成功指数测评

1.1 你能很好地处理压力？

题1
成功对你有多重要？
A）相当重要
B）非常重要
C）关于这个问题，我没有过多考虑

题2
由于工作太紧张，你中间需要休息几次？
A）两次或更少
B）两次以上
C）不休息

题3
你是否认为自己是那种在危急时刻，别人会当你做能够保持头脑冷静的人？
A）有时是，但经常是那种虽然能够保持头脑冷静，却不能把握局面的人
B）不会
C）是的，我认为别人就是这样看我的

题4
当你在办公室忙碌了一整天之后，你认为下面哪一种方法对于缓解紧张和放松最有益？
A）在我特别喜爱的扶椅上睡上一两个小时。

图 2.33

测评分析（图2.34）

测评分析	测评结果

测试用户：演示学生1

我们所有人都曾经在人生的某些特定时期，经历过不同程度的压力和紧张，但我们处理的方式各不相同。

相对而言，有些压力可能更容易处理一些。例如，参加学校考试是产生紧张的一种最常见原因。但是，由于我们事先就已经知道考试时间，因此不但可以从心理上做好准备，而且能够通过模拟考试和复习来提高成绩。

然而，现实生活中的考验往往不是那么容易预测的。下表罗列了可能产生紧张的常见事件和经历。当这些意外事件同时发生时（祸不单行），人们最容易出现紧张。

伴侣去世、离婚／离别／关系破裂、最亲密的亲人或朋友去世、个人疾病

挚爱的人生病、搬家、被裁员、大额抵押／负债、孩子离家、换工作—新工作、老板、同事关系

紧张的常见反应包括失眠、易怒、脾气急躁、担忧或与紧张相关的疾病。

处理紧张的反应可能会很困难，因为有些事情会使某人感到紧张或者压力，但是不影响其他人，而且我们都以不同的方式对压力做出反应。

然而，一个好的开端可以增加我们对产生压力和紧张的主要原因的认识，因为这至少可以帮助我们发现可以做什么。

下面提供了几个建议的步骤，帮助你克服紧张或者压力。

有时，最好的方法就是预防。通过分析从前让你感到压力的处境的类型，可以帮助你对将来可能出现的类似的境况保持警惕，并且认识到任何前兆都有可能使你进入类似的紧张状况。

当然，进行某种形式的练习以保持良好的状态也是很值得做的，尤其当处于压力之下时。

图2.34

测评结果（图2.35）。

测评分析	测评结果

测试用户：演示学生1，测试总分：60分，您的得分：30分

尽管你有时会发现自己处于压力之下或者感到紧张，这通常是偶然现象而不是惯例，而且，更重要的是，这种情况通常不会持久。

结果，你或多或少能够从中解脱，并且不会让自己受到太大影响。

你是那种在面临压力时能够照顾好自己的人，而且在必要的时候

能够对他人提出的无理要求说不。

图2.35

你是否喜欢社交？（图2.36）。

创业心理测评—第一部分 性格测试

1.2 你是否喜爱社交？
对于下面的每道题，选择你对该陈述的认同度或者适合你的程度。一共36道题。

题1
为了最有效地发挥他人的作用，你必须驱使他们而不是支持他们。
○ A. 最认同
○ B. 最认同
○ C. 不确定
○ D. 不认同
○ E. 最不认同

题2
我不是一位很好的听众。
○ A. 最认同
○ B. 最认同
○ C. 不确定
○ D. 不认同
○ E. 最不认同

题3
我宁愿独自一人走很长的路，也不愿和一大群人一起走路。
○ A. 最认同
○ B. 最认同

图2.36

10. 创业综合测评（图 2.37）。

图 2.37

创业成功指数测评（图 2.38）。

图 2.38

创业成功指数测评结果（图 2.39）

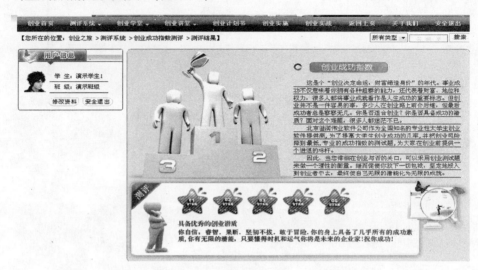

图 2.39

思考与讨论

1. 对个人心态、生活和工作方式及习惯等的调整，应怎样与你的实际日常生活和工作结合起来？请举例说明。

2. 如果你认为自己的心态、生活和工作方式及习惯等需要改善，你是否应该在开始创业之前完成这种调整和改善？是否需要一个期限？在弥补自己创业条件的不足方面，你是否也应该这样做？为什么？

3. 你的创业计划与你的亲人有哪些矛盾或冲突？请将它们列出来，并拟订化解这些矛盾或冲突的措施和行动，填入下表中。

可能的冲突方面	具体矛盾或冲突	拟订采取何种行动加以化解
资产抵押贷款		
与家人在一起的时间		
家庭工作分工		
家庭人际关系使用		
其他		

第三章 创业项目调研与选择

创业者对市场有一个全面的了解，能洞察先机，根据市场经济规律提出自己的创意项目，一个具有前瞻性和市场前景的项目是创业成功的关键。本章从创业项目信息收集分析、项目的选择、项目赢利模式等方面进行论述，创业者通过实训项目的实践，能够真实地比较分析项目优劣，正确选择项目。

第一节 创业项目调研

作为项目的选择者，成功的第一条就是完成信息收集、整理和分析，并依靠信息开展工作。应该对信息拥有高度灵敏的信息意识。同样一条信息，有的创业者立即会意识到它的巨大价值，而有的创业者则熟视无睹。因而有的创业者是把握了商机，做出了正确的决策，取得了好的业绩，而有的创业者则白白失去了一个又一个大好机会，这就是差异。

一、把握商机，分析创业信息

信息分析就是对信息的加工整理。只有分析研究的信息才能形成更有效更可靠的信息。只有掌握及时的、灵通的市场信息，为经营者提供决策方向、目标和依据，才能形成科学决策。

信息分析的类型也可以按照采用的方法来划分。一般可以分为定性分析方法和定量分析方法两种。定性分析方法一般不涉及变量关系，主要依靠人类的逻辑思维功能来分析问题；而定量分析方法肯定要涉及变量关系，主要是依据数学函数形式来进行计算求解。定性分析方法比如比较、推理、分析与综合等；定量分析方法比如回归分析法、时间序列法等。值得指出的是，由于信息分析问题的复杂性，很多问题的解决既涉及定性分析，又涉及定量分析，因此定性分析和定量分析方法相结合的运用越来越普遍。

（一）跟踪型信息分析

跟踪型信息分析是基础性工作，无论哪种领域的信息分析研究，没有基础数据和资料都难以工作。它又可分为两种：技术跟踪型和政策跟踪型，常规的方法是信息收集和加工，建立文献型、事实型和数值型数据库作为常备工具，加上一定的定性分析。这种类型的信息分析可以掌握各个领域的发展趋势，及时了解新动向、新发展，从而做到发现问题、提出问题。

（二）比较型信息分析

比较是确定事物间相同点和不同点的方法，在对各个事物的内部矛盾的各个方面进行比较后，就可以把握事物间的内在联系，认识事物的本质。比较型信息分析是决策研究中广泛采用的方法，只有通过比较，才能认识不同事物间的差异，从而提出问题、确定目标、拟订方案并作出选择。比较可以是定性的，也可以是定量的，或者是定性、定量相结合的，许多技术经济分析的定量方法常常被采用。

（三）预测型信息分析

所谓预测，就是利用已经掌握的情况、知识和手段，预先推知和判断事物的未来或未知状况。预测的要素包括：①人——预测者；②情况和知识——预测依据；③手段——预测方法；④事物未来和未知状况——预测对象；⑤预先推测和判断——预测结果。根据不同的划分标准，预测可以分成许多不同的类型，如按预测对象和内容可以分为经济预测、社会预测、科学预测、技术预测、军事预测等。

社会的现代化管理就是体现在以预测为基础的战略管理上，预测型信息分析涉及的范围非常广泛，大到为国家宏观战略决策进行长期预测，小到为企业经营活动提供咨询的短期市场预测。预测型信息分析工作的方法大致上可以分为定性预测和定量预测两大类。例如，经济预测中不同产业部门的产值、利润、就业人数、出口贸易都可以用作定量分析的数据来源，采用回归分析、时间序列分析、投入产出分析等方法进行预测；而对于那些政策性强、时间跨度大、定量数据缺乏的预测问题，则更多地需要依靠专家的直觉和经验。

（四）评价型信息分析

评价一般需要经过以下几个步骤：①前提条件的探讨；②评价对象的分析；③评价项目的选定；④评价函数的确定；⑤评价值的计算；⑥综合评价。评价的方法多种多样，如层次分析法、模糊综合评价法等。进行评价时要注意选择合适的变量和评价指标，同时评价往往涉及对比，因此评价对象的可比性值得考虑。评价是决策的前提，决策是评价的继续。评价只有与决策联系起来才有意义，评价与决策之间没有绝对界限，是同义语。

从信息分析的整个工作流程来看，信息分析具有整理、评价、预测和反馈四项基本功能。具体来说，整理功能体现在对信息进行收集、组织，使之由无序变为有序；评价功能体现在对信息价值进行评定，以达去粗（取精）、去伪（存真）、辨新、权重、评价、荐优之目的；预测功能体现在通过对已知信息内容的分析获取未知或未来信息；反馈功能体现在根据实际效果对评价和预测结论进行审议、修改和补充。信息分析的基本功能决定了其在国民经济和社会发展中将发挥重要作用。

二、创业信息获取

创业信息获取，是创业成功关键，信息来源是多渠道的，我们的取舍最为重要。

对信息取舍应该有前瞻性，俗话说："生意人要有三只眼，看天看地看久远。"我们的信息来源主要有以下几个方面。

（一）从日常生活中调研创业信息

俗话说："处处留心皆学问。"学问就是信息，处处留心，处处有信息，处处有商机。在日常创业中，多数人对信息处理感觉到束手无策，原因是他们不知道从哪里去找信息，哪些信息是有用的。另一种情况就是面对众多的信息，不知去伪存真，去粗取精，正确使用信息是我们把握机遇，创业成功的关键因素。

创业小故事

生活中的商机

蒋瑞丽是一位普通的南京市民。从下岗后一直没有工作，创业无门。一碗汤让她创业成功。由于她的家在南京市妇幼保健医院附近，产妇是一个最大的消费群体，主要体现在营养品上，绝大多数家属为了产妇和宝宝的健康，也为了产妇生产时能够顺利，生产后恢复更快，通常是不计价钱，只认好的、有营养的、安全的，蒋瑞丽抓住了产妇和家属的这一心理，实现了创业的梦想，成为南京有名的汤嫂。

被称为香港"假发之父"的华裔富商刘文汉，是在餐桌上凭一句话的信息而发家的。1955年的一天，刘文汉在美国克利兰市的一家餐馆里和两个美国商人共进午餐。席间，他们谈到如何开创一门新副业，使之在美国得到畅销，其中一个美国商人开玩笑地说了两个字"假发"。刘文汉反问一句："假发?"那人点点头说："假发。"言者无意，听者有心。当时连假发是什么都不知道的刘文汉凭着他敏锐的感觉和聪明的头脑，认为假发会给他带来财富。于是他千方百计地找到当时在香港九龙独一无二的造型师，经过他的帮助，刘文汉生产出品质优良的假发。刘文汉的假发制造业为他开创了史无前例的黄金时代，香港也差不多在一夜之间成为假发制造业之都。

每一个人都是一个信息源，人们在日常生活中吸引着信息，也在传播着信息。尤其是与你选择项目有关的消费者，同行业从业人员，及相关企业的营销人员，往往能够提供大量的、直接的宝贵信息。你的熟人、亲戚、朋友、老同学、老部下、老战友、老同事、童年的伙伴、现在的邻居、从前的客户、一个俱乐部的成员等都是你的信息源。

（二）从现代传媒获取信息

计算机网络等媒体，携带的信息量大、面广、信息新。现代传媒和信息工具十分发达，让人应接不暇，广播、电视、报纸、杂志、统计报表，很多有价值的信息，可能是在你不在意的时候发现的，做个有心人，你会从现代传媒和信息工具中发现许多有价值的信息。真所谓"踏破铁鞋无觅处，得来全不费工夫"。武汉市卫生局一职工，在浏览卫生与健康小报时，无意中读到一则消息：湖北荆门一老中医，潜心研究数十年，终于研制成一种中草药配方，对一直没有特效药的幽门杆菌有奇效。他读到这一消息后，立即联想到，患胃病的人那么多，为什么不将这种药生产出来投放市场呢？他拉了三个志同道合的人立即奔赴荆门，将老中医的药方买下，又凑了几千元钱，辞职南下到珠海办厂。几年后他们的产品"丽珠得乐"家喻户晓，畅销全国。"世上无难事，只怕有心人"，只要你做个有心人，就会从现有传媒中获取大量有价值的信息。

如果可能的话，你可以订几份与你开展的业务有关的报刊、杂志，建立几条固定的信息渠道。比如搞营销的，可以订《市场报》、《经济信息报》；搞外贸的可以订《国际商报》、《外经贸信息》等；搞服装的可以订《服装与裁剪》杂志；搞股票的要订与证券有关的报纸杂志；搞装修的不妨订《家具与生活》、《现代装修》等杂志；搞食品的可以订《食品卫生》杂志，等等，有针对性地获取传媒信息，不仅能为你提供商务信息，而且能为你提供各类专业知识，行业发展动态，使你开阔眼界。

（三）从官方或官方服务机构获取信息

地方政府或政府服务机构是信息的重要来源。如工商、税务、统计、物价、经济计划部门、消费者协会、新闻机构等部门，这些部门处于社会经济生活的关键地位，信息来源更具权威性。获得这些政府机关的信息一般有三种方式：一是从它定期或不定期的公告或公开发布的消息获得；二是从它的信息服务中心及有关定期或不定期编印的信息资源查询获得；三是有针对性地走访和咨询获得。政府的一项政策出台或一些政府行为的实施将会对你的业务产生很大影响。政府支持或鼓励要办的事情，你仔细研究评估后，应尽快去办。

比如，在北方有一个城市，市民普遍反映吃早餐难，市政府号召国家、集体、个人一起动手，解决市民吃早餐难的问题。动作快的生意人立即开始行动，有一个体饭店老板马上添置了几辆食品车，办起了流动早点车，方便了市民，又取得了良好的经济效益，并被新闻媒体宣传报道。他借势发挥，为一些单位职工中午用餐和外来旅游人员提供快餐，一年下来，流动快餐车的收入，远远高于他办饭店的收入。

同时，还要特别注意政府的一些管理政策和措施的出台，以使你早有准备，规范经营行为。如物价大检查、食品卫生大检查、文化音像市场大检查，技术监督和工商部门的打假行为等。虽然这些都是一些政府经常性的行为，但每次采取行动前，政府都会通过不同渠道发布信息，如某个领导人讲话，某次会议报道，某次新闻专访等，如果你不注意这方面的信息，没有准备，面对突如其来的检查就会很被动，或者产生不应有的损失。不能只埋头做生意，也应关心国家大事，至少是关心你所在城市与社区的政府行为，重视这方面的信息来源，将使你的生意平安顺利。

（四）从图书馆、书店、专利文献中心、档案馆、邮政部门获取信息

从图书馆和书店你可以借到和买到有关信息资料，如行业法规、政策、专业知识和经营策略、企业名录、行业分类、概况、发展趋势、前景预测及各类统计资料。

从专利文献中心、档案馆可以查到你所需求的技术资料、企业资料、国内外各类机构、科研单位资料、最新科技成果等有用信息。

从邮政局你可以买到完整的电话号码簿。几万甚至几十万个电话号码的用户都是你的潜在顾客。如果你有办法，你还可以获得手机号码资料，这些手机持有者是你从事高档消费业务和发展消费会员的潜在顾客。

创业小故事

气味图书馆初探嗅觉产业

1985年出生的娄楠石是气味图书馆的创始人。她16岁便远赴新西兰，毕业于奥克

兰大学当代艺术系。毕业后她曾经卖过古董、服装，入股过传媒公司，做过报纸编辑。她也想过开室内设计公司，但由于竞争激烈并且市场空间有限，娄楠石觉得"不如另辟蹊径，研究一下视觉以外的感官"。

一个偶然的机会，楠石接触到了 Demeter Fragrance Library 这个拥有将近300种味道的香水品牌。经过一番研究，2008年，娄楠石从新西兰回国后跟朋友合伙在香港成立了气味图书馆公司。"我们希望能够打造嗅觉产业，搜集国外的各种与气味有关的产品，并把它们带到中国。"回想起当初的构想，娄楠石觉得自己很幸运地"瞄准"了一个潜力行业。

2008年圣诞节前，娄楠石在新西兰成立了团队，从开始寻找最适合的产品，到选定 Demeter 作为公司经营的第一种产品，他们花了8个月时间来做调研和前期准备。2009年4月，娄楠石拿到了 Demeter 大中华区的代理权，"当时对方的要求有一本书那么厚，甚至具体到怎么摆放香水"。几经波折，Demeter 最后非常满意娄楠石团队的策划方案。2009年11月17日，气味图书馆第一家店在三里屯 Village 开张，紧接着，上海第一家气味体验店也在世博会开幕之前开业。截至今年10月，已经在北京、沈阳、长春、上海、杭州、成都、重庆、贵阳、深圳等地开设了14家店铺。开店之后生意一直火爆，"三里屯店平均每天销售30瓶以上，每平方米产生的效益是周边店的两三倍"。独特的味道吸引了不少"80后"、"90后"，时尚明星周迅、何炅、钟丽缇、小S也成了店里的常客。"上海田子坊店的生意更好。"

今年，Demeter 的首席执行官（Chief Executive Office，CEO）在看了上海田子坊店之后说，他这一辈子最开心的事情之一，就是看到 Demeter 产品以一种全新的方式被陈列在上海。那一刻，娄楠石觉得创业所付出的所有努力都值了。依托一个拥有深厚根基的知名品牌仅仅是娄楠石成功的第一步，在此基础上的不断创新也许才是让 Demeter 在中国焕发活力的根本所在。

娄楠石把她的创业团队定位为："研究嗅觉，运用五感，传达和挖掘气味的人。"在招聘过程中，他们既不看学历，也不会在意来者是否有过相关的工作经验。他们的团队里既有曾经的建筑师、经纪人、工业设计师、电影人、摄影师、音乐人、媒体人，也有淘宝业主、自由职业者等。她的公司也没有朝九晚五，没有按部就班，大家走到一起只因为"气味相投"。Demeter 在美国只是面向小众市场，因为当地对香水的需求主要还是来自遮盖体味，而这并非 Demeter 所长。但在香水以"玩"为主的中国，它模拟气味的本事有可能会更受欢迎，而且它足够有趣，能引起国内顾客对气味的好奇心，用来培养"嗅觉消费习惯"再好不过。气味图书馆体验店的装修方案都由北京总部提出，基本上都照着图书馆和实验室两种风格来设计，陈列用的家具也都是统一的白色。齐刷刷的五六排药剂师柜子，每一格里都陈列着一种不同的气味。为了呼应图书馆的气氛，香水包装也被设计成精装书的形式。新颖、创意的细节体现得淋漓尽致。

（摘自《中国青年报》2010年12月30日）

（五）从各类商会、行业协会、技术专业委员会等民间商业和群众团体获得信息

无论你是否参加各类商会、协会和群众团体，这些机构都会有偿或无偿地为你提

供商业信息，比如香港贸发局及其驻各地办事处，公告欢迎客户查询它的信息，这些信息包括香港企业名录和世界各国企业名录，世界各地举办的各类展览会，交易会的资料。各类商会也会向你提供所属行业名录和一些活动资料。当然，你最好加入一些商会或协会，或某种有用的信息网络，你将获得稳定的、固定的信息来源。

（六）从各类交易会、展览会、商场及批发零售交易市场、集贸市场直接获得信息

每一个地区和城市，或者行业都会定期不定期地举办各种商品展览会、交易会、洽谈会。会议期间，参展单位众多，商贾云集，置身其中你会发现无数商机。很多特约经销、专营、代购、代销业务都是在交易会期间接触并达成共识的。因为参展单位参展时间有限，会期过后，要长期开拓市场，必须与当地经营企业合作，利用当地企业的优势和渠道拓展其商品市场。通过交易会，你会获得大量有用的产品信息、技术信息、价格信息和客户资料。这是非常难得的获取信息的渠道和机会。

你还可以到各类商场，批发零售市场和集贸市场观察了解、询问，直接获得有关商品种类、质量、开关、产地、价格等情况，了解到哪些商品热销，哪些商品滞销，顾客的购买动机和购买行为。比如有一个精明的生意人，他在逛商场时发现外地的某种热水器和浴缸畅销，便立即打出了某种热水器和浴缸的专业维修服务招牌，并主动与生产厂家联系，以其良好的服务和诚意，赢得生产厂家的信任，不仅同意特约维修，而且也同意其经销厂家的产品和配件。

你也可以以一个打工者或顾客的身份经常光顾你的竞争对手的店铺，了解他经销或服务的特色、商品价格质量，从而获得一手信息。

第二节　选择创业项目

创业的人首先要选择自己创业的切入点，它是成功的基础。这个点就是你的项目。没有最好的项目，只有最适合的项目，创业需要一个好的项目，选择好项目是创业成功的第一步。

一、项目选择前的市场分析

市场是生产经营的前提，是企业生存和发展的空间。市场调查就是通过收集有关资料和数据，加以研究和分析，为市场的预测提供可靠的依据。

（一）供求状况分析

这是对市场主体的调查，包括对生产者和消费者两级的调查。首先是需求量的调查，包括实物需求量和购买力的调查，目的在于了解所选项目是否有需求，有没有能力实现需求；其次是供应量的调查，即目前市场上某种产品生产者投放市场出售的商品量，目的在于了解市场饱和程度，进入市场后的发展空间。同时，还要了解作为生产经营者可从市场上获得的原材料或货源量，这是制约企业发展规模的重要因素。

（二）商品变动分析

这是对市场客体的调查，包括供求变化、产品更新换代变化、替代品的变化、价格的变化等。商品变动情况调查，实质上是对商品生命周期进行的调查，通过调查了解所选择的产品或服务的生命周期处在哪一个阶段，如果处在萌芽期或成长期，那么进入的价值就大。同时，了解与其相关的可替代品有什么变化，对所选择的项目有什么影响等。

（三）消费者行为分析

这里主要是指消费者购买行为，包括消费者购买动机、购买行为趋势及购买行为特性，目前及未来消费者的消费水平、消费心理、消费行为的变化以及影响消费心理和消费行为的各种因素。同一产品或服务，会因不同区域不同人群不同消费行为而表现出极大的差异性，在甲地区可行但在乙地区不一定可行，消费者行为调查的目的，就在于确保项目选择能遵循消费行为的变化规律。

（四）竞争者分析

这是对即将进入行业的调查。竞争者是指与企业生产经营相同或类似产品的企业和个人。企业的生产营销活动总会受到一群竞争对手的包围和影响，企业要想进入某一领域并在市场竞争中获得成功，就必须了解竞争对手。选择创业项目，必须是建立在对同行全面了解的基础上，才能确定是否可以进去，是否有发展空间，是否有能力参与竞争，是否有发展前途等，这是至关重要、不可或缺的环节。否则，进去后再退出来损失就大了。

（五）市场环境分析

市场环境是与企业生产经营活动相关的各种因素和条件，企业生产经营的关键，就在于企业能否适应不断变化的市场环境。市场环境包括宏观环境和微观环境：宏观环境是一定区域人口、经济、政治法律、社会文化以及生态环境等一些大范围的社会约束力；微观环境是对企业的生产经营活动产生直接影响的环境因素，主要包括企业内部环境、供应商、中间商和服务商、顾客、竞争者等。此外，还有行业背景，包括行业发展规模、阶段、饱和程度，行业的区域分布、各类型所占份额等。

（六）市场预测

经营的关键在决策，决策的关键在预测。调查的结果是要对未来市场做出准确的判断，市场预测就是运用科学的方法，在对市场进行充分调查研究的基础上，分析和预见其发展趋势，为项目选择提供可靠依据。市场预测包括市场潜量预测、市场销售水平预测、生产经营资源预测、产品竞争能力预测以及价格即成本预测等。

二、创业项目的效益预测分析

企业经营管理就是创造更多的效益，创业项目的成功与否就在于效益。我们在确定创业项目时，就应该充分分析自己项目的效益，效益应该从企业的收入（销售）和开支（经营成本）来综合全面分析企业是否赢利，从而得出科学的结论。

（一）创业项目的成本和收入

1. 直接成本

直接成本：就是指与销售直接挂钩的成本，比如商品进货成本或产品的原料成本，可以称为可变成本，因为它与销售额成正比，销售越高，直接成本就越多。

企业开始经营，就会产生直接成本，它包括：

（1）进货成本：就是指产品生产所需要的原材料（或商品）进货时的货款；采购员所涉及的招待费、差旅费、货物运输的物流成本费（运输、仓储、分销、配送等）。

（2）生产成本：产品生产所需要的原料和半成品货款；生产所涉及的人员的劳动工资、水电气费用、外加工成本或服务费用，产品外包中的服务费用。

（3）销售成本：在销售中广告宣传、推广发布会、差旅费、通信费和人员工资，以及其他的奖励措施（对销售人员提成、招待费、公关费）。

（4）税费：与生产销售有关的税，如增值税、营业税、企业所得税、城市建设税、教育附加税等。

2. 间接成本

间接成本：就是与销售不直接挂钩的成本，如人员的工资、场地租金等。这也称为固定成本，企业不管销售多少都必须支付的费用成本，它不会因为销售变化而变化。它包括：

（1）经营场地租金：生产车间、店铺、摊位、专柜、写字楼办公室等项目的月租金。

（2）员工的薪酬：员工的工资、奖金、加班费、按照国家劳动保障制度规定的员工"三金"住房公积金、养老保险金、失业金；"五险"养老险、失业险、医疗险、生育险、工伤险成本；员工餐费、带薪假期费用的支出。

（3）日常营销费用：与销售额无法直接挂钩的营销费用，包括：广告及制作费；宣传资料制作费、推广宣传涉及的人员或外包费用；销售人员固定的差旅费、通信费、交通费等费用补贴。

（4）其他维护费用：日常水电费、通信、交通、办公设备和用品及消耗品支出。

（5）开办投入的摊支的设备折旧：前期开办费、设备和家具投资、场地装修、户外广告费用的折旧。

3. 其他的成本费用

在经营中会产生一些其他的费用。

（1）非按月支付的费用：设备、场地、户外广告费用可以按月支付的大项间接费用，按照合同期限和有效期，计算出月平均折旧费用，列入月经营成本中。

（2）个人财产的公用成本：个人的房产、场地、设备、家具投入，应该按照市场价计算入经营成本，并分摊到每个月的经营成本中。

（二）创业项目成本计算与评估

1. 收入与利润计算

企业经营管理中，能够预先正确计算自己的成本，是有效创业和创业成功的重要因素。

（1）毛利计算

月经营效益是指你的月收益或利润，计算方法是：

毛利是商品实现的不含税收入剔除其不含税成本的差额，因为增值税是价税分开的，所以特别强调的是不含税，现有进销存系统中叫税后毛利。

毛利计算的基本公式是：

毛利率＝（不含税售价－不含税进价）÷不含税售价×100%

不含税售价＝含税售价÷（1＋税率）

不含税进价＝含税进价÷（1＋税率）

从一般纳税人购入非农产品，收购时取得增值税专用发票，取得17%进项税额，销售按17%交纳销项税额。

从小规模纳税人购进非农产品，其从税务局开出增值税专用发票，取得4%进项税额，销售按17%交纳销项税额。

从小规模纳税人购进非农产品，没有取得增值税专用发票，销售时按17%交纳销项税额。

总的来说，增值税是一种价外税，它本身并不影响毛利率，影响毛利率的是不含税的进价和售价。要正确计算毛利率，只要根据其商品的属性，按公式换算成不含税进价和售价就可以了。

（2）净利

净利是指毛利减掉所有的费用及税额所剩下的利润。

（3）营业利润

它是指企业在销售商品、提供劳务等日常活动中所产生的利润。其内容为主营业务利润和其他业务利润扣除期间费用之后的余额。其中主营业务利润等于主营业务收入减去主营业务成本和主营业务应负担的流转税，通常也称为毛利。其他业务利润是其他业务收入减去其他业务支出后的差额。

营业利润＝主营业务利润＋其他业务利润－营业费用－管理费用－财务费用

（4）利润分配

利润分配是将企业实现的净利润，按照国家财务制度规定的分配形式和分配顺序，在国家、企业和投资者之间进行的分配。利润分配的过程与结果，是关系到所有者的合法权益能否得到保护，企业能否长期、稳定发展的重要问题，为此，企业必须加强利润分配的管理和核算。利润分配的顺序：利润分配的顺序根据《中华人民共和国公司法》等有关法规的规定，企业当年实现的净利润，一般应按照下列内容、顺序和金额进行分配。

2. 盈亏平衡点（保本）计算

企业的盈亏平衡就是收支平衡，我们能够从以下方面计算：

（1）根据固定费用、产品单价与变动成本计算保本产量的盈亏平衡点：

表 3.1

项目	单位	金额
固定成本/固定费用	元	20 000
产品单价	元	10
材料成本/变动成本	元	5
需要多少产量才能保本呢？		4 000
盈亏平衡点 = 固定费用 ÷（产品单价 - 变动成本）		

（2）计算保本产量，根据产量与目标利润计算最低销价为盈亏平衡点：

表 3.2　　　　　　　　生产多少台产品保本？

项目	单位	金额
固定费用	万元	2 700
产品单价/台	元	800
单位变动成本/台	元	600
盈亏平衡点/年需销售	万台	13.5
计算最低售价为盈亏平衡点		
年产量	万台	12
目标利润	万元	40
产品最低售价	元	828.333 3
［（固定费用 + 维持企业运转的利润）+（产量 × 单位变动成本）］÷产量		

（3）分析找出固定成本与变动成本，计算盈亏平衡点：收入 - 成本 = 利润

收入 -（固定成本 + 变动成本）= 利润

计算盈亏平衡点就是利润为零的时候。

所以：收入 -（固定成本 + 变动成本）= 0

即是：收入 - 固定成本 = 变动成本

例如：每个产品销售单价是 10 元，材料成本是 5 元，固定成本（租金，管理费等）是 20 000 元，那么需要多少产量才能保本呢？

$10 \times Y - 20\,000 = 5 \times Y$，$Y = 4\,000$，所以只有产量高于这个数量才能盈利，低于这个数量就亏损。所以这个产品的盈亏平衡点就是 4 000 元。

这是理想化了的，现实中，固定成本如机器的折旧、场地的租金、管理人员的工资，变动成本如产品的材料成本、计件工资、税金，现实中还有半变动成本如水电费、

维修费。

在 Excel 中制表测算：

表 3.3

项目	单位	金额
固定成本	元	20 000
产品单价	元	10
材料成本	元	5
需要多少产量才能保本呢？		4 000
盈亏平衡点 = 固定费用 ÷（产品单价 - 变动成本）		

（4）根据企业固定费用、产品单价、单位变动成本计算其盈亏平衡点：

某企业固定费用为 2 700 万元，产品单价为 800 元/台，单位变动成本 600 元/台。计算其盈亏平衡点。

当年产量在 12 万台时，为实现目标利润 40 万元，最低销售单价应定在多少？

盈亏平衡点 $2\ 700 ÷（800 - 600）= 13.5$（万台）

最低售价为 X

$（2\ 700 + 40）÷（X - 600）= 12$

解得 $X = 828.33$ 元

最低售价为 828.33 元。

$（2\ 700 + 40）÷（X - 600）= 12$

该公式换为：$[（2\ 700 + 40）+（12 × 600）] ÷ 12$

固定费用 ÷（产品单价 - 变动成本）= 盈亏平衡点

$2\ 700 ÷（800 - 600）= 13.5$（万台）

表 3.4 生产多少台产品保本?

项目	单位	金额
固定费用	万元	2 700
产品单价/台	元	800
单位变动成本/台	元	600
盈亏平衡点/年需销售	万台	13.5

$（2\ 700 + 40）÷（X - 600）= 12$

求 x = ? 算式的计算过程

$（2\ 700 + 40）÷（X - 600）= 12$

$2\ 700 + 40 =（X - 600）× 12$

$2\ 740 = 12x - 7\ 200$

$2\,740 + 7\,200 = 12x$

$X = 9\,940 \div 12$

$X = 828.33$

表 3.5

不计算最低售价为盈亏平衡点	单位	金额	备注
年产量	万台	12	条件之一：企业产能/即只能达到此产量
目标利润	万元	40	条件之二：需要这么多利润才能维持企业运转
产品最低售价	元	828.333 333	盈亏平衡点：确定产品最低售价 828.33 元
［（固定费用＋维持企业运转的利润）＋（产量×单位变动成本）］÷产量			

（5）成本变动时如何求盈亏平衡点

假设初期投入 600 万元，每年成本 500 万元，成本逐年递增 5%；利润为 20%，销售额为动态变化，首年为 1 200 万元，其后逐年增长为 30%、40%、20%、20%、20%……

请问有否求出盈亏平衡点时累计销售额的公式？（不要分步计算，一条用 Y 代表累计营业额的等式）

PS：计算盈亏平衡点时把初期的投入要加上去，即要求完全收回成本时的累计销售额。

$Y = BX + A$

$Y = BX + A$

Y：表示销售利润 301.5

B：表示单件利润 3

X：表示销售数量 100

A：表示成本 1.5

表 3.6   单位：万元

		1	2	3	4	5	6	7	8	合计
期初投入/年利润＋期初投入		600	840	1 152	1 536	1 992	2 520	3 120	3 792	
成本递增率/每年成本	0.05	500	525	550	575	600	625	650	675	
销售增长率/年销售额	0.3	1 200	1 560	1 920	2 280	2 640	3 000	3 360	3 720	
利润率/利润	0.2	240	312	384	456	528	600	672	744	0

三、项目选择途径与方法

（一）选择适合自己经营的创业项目

1. 分析自己

创业项目是不是你自己喜欢做的？如果不是自己喜欢做的事情，那么在该创业项目中是否具有别人难以企及的技术高度、资源优势、进入壁垒或别人难以模仿的竞争力？是否具有在跌倒后重来的勇气？

你可以根据自己的创业基础和条件，认识自己的优势、强项、兴趣、知识积累与结构、性格与心理特征等，并找出适合创业的个人素质和能力以及外部条件。

分析自己的创业动机和目的，对自己适合做的项目以及应当做的创业模式，应当分析：促使你创业的主要原因是什么？你通过创业想实现的创收目标是多少？你愿意付出多少时间、精力和努力来从事创业？这些分析对自己创业有一个基本的了解。

创业小故事

脱下"套装"换"农装" 种田种出新名堂

萌生"农业创想"

眼前的她，脚穿黑长靴，身着呢绒大衣，打扮挺时髦。刚过而立之年的她从小在松江新洪镇长大，但早就和"春播秋收"脱了干系。从上海师范大学电子信息工程专业毕业后，顾慧华进了一家日资企业专事农业机械引进，每天朝九晚五，去日本培训，过着典型的白领生活。脱下套装换农装，有点偶然，也不偶然。2005年，公司把一批日本农业机械引进到崇明，顾慧华负责机械使用的技术指导。可她发现，那里种田的都是五六十岁的人，不愿学习操作"新式武器"，固执于自己的"老法种田"，顾慧华很受触动，"我在日本时看到很多年轻人在种地，有个种植并经营'久留米黄瓜'的社长，就是刚从剑桥大学毕业的男青年。不像国内，大学毕业了都争着去做白领；自己创业，也总扎堆在IT、电子商务"。

不断接触国外农业，顾慧华渐渐看清了"商机"："食品安全越来越受重视，而农产品种植是食品安全的第一步，如何选土、如何栽培，如何减少甚至不用化肥、农药，都需要年轻人带着新观念、新技术来做。"2007年7月，她辞职回到松江新洪镇，成立了上海森鲜蔬菜专业合作社、上海赢久农业科技发展有限公司，承租了标准化蔬菜基地内的200亩大棚，开始自己的"农业创想"。

拿酸奶喂黄瓜

顾慧华创业，走的是"精品农业"的全新路子——给黄瓜喝酸奶，给草莓听交响乐……"五彩奥运南瓜"、"迷你冬瓜"、"巧克力番茄"，她的田里有十几种绿色无公害蔬果。在乡亲们投来的惊异眼光下，她承租的土地从200亩扩大到800亩；今年下半年将建立"配送中心"，第一家"蔬果实体店"打算开在"新天地"。

在新浜，她每天穿套运动装，看似刚从健身房出来，不过看她鞋子、裤子和指甲上的泥土，就知道是在田里忙。走进草莓棚，顾慧华一指脑袋耷拉着的草莓说："别以为它们蔫掉了，这是在睡觉。一般3月10日到4月10日是草莓的'休眠期'，之后就睡醒了长开了，变得娇艳欲滴。"顾慧华的黄瓜更享福——"一到夏天，我就给黄瓜喝酸奶，全面补充营养。"那些封口不严、不能出厂的酸奶，她就批发来喂黄瓜。

顾慧华乐呵呵地说，这些奇招都是从世界各地的新式农民那里搜罗来的。"今年我准备在草莓、黄瓜、生菜棚里装音响，放莫扎特、贝多芬的交响乐。音乐，蔬果听了开心，种田人也开心，从城里来玩农家乐的人边采摘边听更开心。"

定下"新鲜"规矩

创业种田，最难的是"市场营销"。"让国外的种苗在国内结出好果，这花了我一年时间。不过这不是最难的，种得好卖不掉最伤心。"顾慧华的田里，土是从丹麦进口的，种子是从荷兰、美国、日本进口的，有价格补贴的化肥她不用，专买对人体无害的生物制剂，这都增加了种植成本。

"刚开始，我开着小车到上海市区，挨家挨户地把一箱箱蔬果送给人家吃。"第一年亏了20万，但市场逐渐打开；第二年，顾慧华就建立起了自己的营销网络。

顾慧华定下了"3小时内从田里到客户"的"新鲜"规矩，所以她的蔬果不进超市卖场，没有中间环节。"我的客户主要是酒店、公司，它们提前预订，我随摘随送。"虽然"时令蔬果礼盒"一盒100元，不过客户要的正是"新鲜、安全"，每天至少能卖出50盒；节假日会接到上百份订单。

对顾慧华这一套，乡亲们原本一点不买账——"一个女大学生，田都没下过，懂啥叫种菜？"可不出半年，又鲜又甜的黄瓜、又大又粉的南瓜引得大家纷纷跑来求教。顾慧华有选择地把芦笋、甘蓝等几种蔬菜分包给数十家农户种，她负责提供种苗、技术指导、质量控制和产品销售，既扩大了种植规模，也帮其他农户增加了收益。

寻找年轻伙伴

今年，已经拿到"园艺师"证书的顾慧华又报名就读复旦大学工商管理硕士班，想把现代企业管理、营销理论与自己的技术和经验实现"嫁接"。

新式农业，要年轻人一起干。去年，顾慧华从四川农业大学招聘来两名大学生当技术员，还让他们去山东西瓜种植基地培训。今年将在大棚内搞的"电子管理系统"，也由大学生负责。可要在上海招大学生种田，难。"今年我已经招了4个上海的大学毕业生，却不知道他们会不会来报到。我知道农村的条件不如城市，恐怕他们不愿来。"其实顾慧华当初回乡，乡里人也很不理解，说她"没出息，肯定在城里找不到工作了"。

尽管如此，顾慧华仍将"年轻人"定为公司主力。"我今年准备和几家日本产品的供应商一起，在上海市区开20家直营点；下半年，要去祖国台湾和日本一些地方考察引进新的优良种子和农业技术；将来，我还要把我们的种子和技术引出去。"顾慧华说，她的"农业创想"需要更多年轻朋友一同来实现。大学生具有专业技术知识和国际视野能够拓宽创业领域，当然更重要的是识别机会的能力。农业要升级，而年轻人远离农村了，眼下种田的多是五六十岁的人，这正是拥有新知识、新技能和新想法的年轻人的机会，顾慧华正是看准了这样的市场需求，在广阔的农业领域大展宏图。

（摘自《文汇报》2009年03月17日）

2. 研究自己的项目

要找到一个适合自己的项目，就要全面了解，确立自己的项目是否符合自己的情况。主要从以下方面选择：如果是自己熟悉的行业；可以利用自己的优势资源；发挥自己的特长；在自己可以筹措的资金投资范围内，选择在自己适合的区域经营；选择的项目一定要有创新，用四句话概括为：别人没有的；先于人发现的；与人不同的；强人之处的。

3. 选择创业模式

确定一种特色的创业模式，是成功的重要条件。建立一种创业模式取决于以下几方面。

你的个人条件和资源。

你的创业目标。可以探讨自己创业的选择模式，根据模式提出问题有：

（1）你是否有能力自行开发或掌握自己未来企业的产品和经营的各个方面？

（2）你创业经商，是要把企业做大做强，还是只满足于能够养活自己，比打工多赚点钱？能否通过调研，识别招商（加盟、代理、出售）项目的真伪？

这些问题如果你回答"是"，那么可以选择任何创业模式。如果答案是否定的，可以选择产品的代理或特许加盟。

创业小故事

研究生开网店做成中国"最牛内衣王"

研究生开网店两年做到销售额过亿元，对于一个创业才半年、需要与众多网店竞争的大学生创业团队来说，这个目标听起来像是"不可能完成的任务"，但解砾显得比这还要野心勃勃："凡客诚品每个月的销售额是 1.2 亿元，Mr. ing 的一件单品可以在 4 个小时内卖掉 7 800 件。两年时间还有点长，如果我们做得好应该可以提前实现。"

解砾是武汉科技大学文法学院二年级硕士生，也是纯派生活（武汉）科技有限公司董事长。他和创业团队从卖保暖内衣起步，在淘宝网上的半年销售额达 590 多万元，公司员工增加至 29 人，被称为"最牛内衣王"。

大学学的是计算机，硕士学的行政管理，解砾从一开始就把创业方向锁定在两者的最佳结合——电子商务。创业之前他做过研究，大学生创业的失败率高达 90%。除了资金问题外，没有创业团队也是重要的原因之一。积极参与大学里的社团活动不仅使解砾锻炼了能力，也让他认识了一批志同道合的朋友，最终组成了 8 人创业团队。

2009 年 7 月 17 日，公司完成注册之后并没有马上开业，而是开始了市场调研，研究淘宝的不同店铺。调研发现网上购物，卖得最好的就是服装，而其中做得最薄弱的是保暖内衣。当时在淘宝网上卖保暖内衣的商家都是一边开实体店、一边开网店，没有专业化的团队。他认为机会就在这里。

通过在纺织业工作的父亲介绍，解砾和俞兆林公司达成合作协议。2010 年 9 月 9 日，他们的网店正式在淘宝商城营业。公司的 10 万元启动资金主要来源于解砾以前在淘宝网上卖书的积蓄。买电脑、租房子，公司的架子一搭起来，10 万元就用得所剩无几了。前几个月，大家都没有拿工资。为了节约租金，仓库不得不租在三楼和四楼，货品来了，所有人都下楼当搬运工。

网上购物，首先是要能让人来。为了吸引人气，他们在网上大量做广告；其次人来了要留得住，那就要提高客户回头率。通过专业的产品描述、简约的店铺装修风格、积极的客户反馈、细致的客户关怀系统、快速有效的售后系统，他们的业务量快速增长。

刚开始与他们合作的公司只是抱着试试看的心态，并没有寄予很大希望。没想到他们10月份的销售成绩就让合作者刮目相看了，最多一天的销售额超过当时武汉所有商场的销售总和。他们的网店两个月达到皇冠等级，月销售额过百万元，创造了淘宝网上商城的纪录。

就在大家为每天增长的销售业绩兴奋不已时，危机悄然而至。

公司一直使用的都是淘宝网提供的平台，后台没有技术支持。进入11月份，由于天气开始转冷，保暖内衣的订单量不断增大，最后达到每天10万元的销售额。员工每天从早晨8点一直忙到夜里2点仍忙不过来。库存不够造成发货延迟，客户的抱怨越来越多，公司的电话被打爆，原本就薄弱的资金链也几度断裂。

解砾打了一个形象的比喻，顾客太多，超市的收银员忙不过来了，一开始可以通过增加收银员来解决，但增加收银员能应付增加的100个顾客，却应付不了一起进店购物的1万个顾客。为此，他们不得不停业。

停业3天，公司特别给客户发致歉函，受影响的每笔订单都优惠15元，基本不赚钱。3天损失了几十万元。那三天三夜，解砾没有睡觉，现在回想起来依然觉得"欲哭无泪"。

这件事给了解砾很大的触动，不能光靠淘宝网提供的服务，必须开发自己的后台系统。他认为电子商务最后拼的不是管理，也不是营销，出奇制胜的是技术。从观察麦当劳得到启示，解砾将公司的运营方式进行了改进，改变过去员工单独接单、单独销售的旧方式，将产品订单、验单、审单、包装等各环节全部流水化作业，每一道工序的员工都各司其职。他和创业伙伴的专业特长再次发挥出来，从行政中心、运营中心，到仓储中心，再到财务管理，他们开发出了一整套系统管理软件，运行效率大大提高。

虽然公司刚刚起步，但解砾在方方面面力求规范，不仅制定了一份厚达38页的员工手册，还从一开始就为员工购买社会保险，规定了带薪休假、定期培训等待遇。

为什么这么做？解砾说，按照社会学家马克思·韦伯的观点，权威可以分为三种类型：传统世袭型、个人魅力型以及法理型。他希望自己能成为法理型的"权威"，建立的是对规则的服从，而不是对个人的服从。他认为公司要发展，避免"创业易，守业难"的问题，必须留住核心团队。他考虑将来设立事业部制，让核心团队的每个成员都能有发展的舞台。

从最初的临时代理俞兆林内衣品牌，过渡到主要代理纯派系列服装，公司还是受制于供货商，将来则要整合包括生产在内的产业链，开创自己的"普艾尚品"男士正装品牌。据悉，他们已经到浙江、广东、江苏等地考察合作厂家。

电子商务由于其进入门槛较低，成本较小，愈来愈多地成为大学生创业起步的首选，选择合适的项目取决于创业者对市场的判断，通过电子商务活动，初涉创业的大学生同样能够学会创业管理经验，积累创业财富，为创业者掘取第一桶金提供机会。无论是文化创意产业，还是网上开店，只要认准机会，看准项目，资金投入少、需求量大，就能够满足现代人多彩生活的需要，这样的小项目往往适合大学生实现创业。

（摘自《中国青年报》2010 年 07 月 26 日）

（二）如何选择和确定自己的项目

1. 选择稳妥，也要注意面对竞争

从个人的实际条件出发，选择投资少、风险小、回报快的一般项目，往往是多数创业者的做法。但是必须考虑以什么样的手段与特色去参与竞争。项目选择一般有以下几个途径：一是从消费需求变化趋势中寻找项目，如私家车消费发展、软件业发展等。二是从某个固定消费群体寻找，如企业集中的生活区、高校大学生群体等。三是从市场空隙寻找，初次创业最好是从干小事、求小利干起，做别人不做的事。当然，虽然是小事但一定是有发展前途的。四是从经济社会发展趋势寻找，如国家一定时期重大决策、地方政府发展规划。作为创业者，要关注时事政治，关心国家、地方政府做出的社会经济发展规划，尤其是中央、国务院每年召开的经济工作会议、农村工作会议，因为这些会议都是对新的一年所做的部署和安排。

2. 目标市场是生产经营服务对象的一个或几个细分市场

细分市场是根据顾客之间需求的差异性，把一个产品市场整体划分为若干个顾客群体，每一个由需求特点相似的顾客组成的群体构成一个子市场，如服装市场可按年龄分为儿童市场、青年市场、中年市场、老年市场。没有任何一个企业能够满足所有消费者的需求，企业只能根据自身的技术力量、物质资源及管理能力等条件，在正确细分市场的基础上，找准适合自己的、有自身优势的项目，满足消费者的特定需要。选择目标市场，应具有一定的市场发展潜力，避免"扎堆"，要符合自己的目标和能力，具有内在竞争力。选择厚利，要考虑自身的条件，如资金实力、行业经验、社会关系等，要能与之相适应。

3. 选择跟风，但是切勿盲目冲动

如果不作调查分析，盲目跟风，到头来可能会吃亏。选择项目，在很大程度上还决定于企业类型和规模，对资金有限的创业者建议考虑选择：

（1）所需投资不多的劳动密集型行业，如服装、食品加工、印刷包装、工艺品、电子仪器等；为某些大企业进行零配件加工的行业。

（2）维修、快递、家政、清洗、保健等便民、利民服务行业。

（3）开餐厅、面店、小百货店等。

（4）加盟连锁经营。

在农村创业，还可考虑选择：承包土地，实现集约化、规模化经营；举办特种养殖和种植；举办家庭副业，如开办农家乐；从事生产经营服务，如农资销售服务、农机专业服务等；建立专业合作组织等。

创业小故事

孔明灯"点亮"的创业奇迹

刘鹏飞，这位被称为拥有"义乌最牛大学生创业史"的80后大学生，来自江西宁都，2007年毕业于九江学院商学院。刚毕业时，他和其他人一样，骑着破自行车四处奔波，为找不到工作而苦恼；他曾经身上仅带着5元钱到异地打工，四处闯荡；也尝过每天几个人共吃一盒菜、两盒饭温饱难求的滋味。两年前的一个晚上，刘鹏飞和几个朋友相约到义乌梅湖公园游玩，无意间抬头看见东南方向天空中飘着几个神秘的不明飞行物，很像传说中的不明飞行物。大家十分激动，一打听才知道，那是游人放飞的孔明灯。带着好奇，刘鹏飞自己也买了一个。随着这盏孔明灯徐徐升空，刘鹏飞从此与孔明灯结缘。

刘鹏飞坚信孔明灯是一个好项目：市场竞争少，有丰富的文化内涵，中国人喜欢，外国人更喜欢，市场潜力巨大，而且见效快，只需要有一个中英文的网站，挂上几张孔明灯的照片，就能开张营业了。从小商品市场摸清了行情回来的第二天，刘鹏飞就开始认认真真地设计起他的孔明灯网站。朋友们却把这看成笑话，只有女朋友黄军云坚定地支持他。两人从义乌小商品市场花几百元钱买了100多个孔明灯回家。不出刘鹏飞所料，第一个月，刘鹏飞就赚了几千元。刘鹏飞说："当时觉得很兴奋，因为刚步入社会，从零开始，什么人都不认识，走哪条'路'都分不清，能自己创业赚到三四千元，比挣工资强多了。"

不到半年的时间，刘鹏飞积攒了6万元，而接下来的生意更火爆了。2008年3月的一天，刘鹏飞接到温州一家外贸公司的电话，告知他，5天后会派人来刘鹏飞的工厂考察。挂上电话，刘鹏飞慌了，自己根本就没有工厂，甚至连接待客户的办公室都没有。怎么办？刘鹏飞决定"打肿脸充胖子"，赶紧租了间办公室。客户"考察"完后，很快与刘鹏飞签下了20万元的订单，这让刘鹏飞更加坚信自己的选择是靠谱的。

2008年7月，刘鹏飞的女友和好朋友吴道军先后辞去工作，加入了刘鹏飞的事业。刘鹏飞负责销售和生产，女友负责外贸，吴道军负责采购。三人合作默契，短短半年时间，销售额就达到了300多万元。刘鹏飞看好这个市场，更看好网络拓展这个渠道，经过大家的商量，他们决定在网上卖孔明灯的同时，创办自己的工厂——义乌市飞天灯具厂。不到一年时间，他们就在德国卖了300万盏孔明灯。如今，除了德国，刘鹏飞的孔明灯还远销阿尔及利亚、埃及、奥地利、法国、以色列、乌克兰以及白俄罗斯等地。

刘鹏飞还是个"冒险家"，遇到好项目就会"头脑发热"。与朋友聊了两个小时后，他就拍板决定投下100万元到十字绣的项目上，因为他认为"十字绣"和孔明灯一样是中国传统文化产品，有悠久的历史，而且产品简单，不用买设备，投资少、风险小。听说刘鹏飞投资，十几个校友纷纷投资成为十字绣厂的股东。到2009年5月，十字绣工厂已经连续5个月平均销售额达到200多万元。仅用半年时间，刘鹏飞的工厂已经收回了大半的成本，事实又一次验证了他的判断。从一文不名的打工者，到拥有了自己的工厂，为社会创造了400多个就业岗位，"我一没有技术，二没有资金，三没有平台，看起来创业几乎是不可能的，但我成功了，因为我靠的是1%的灵感和99%的努力！"刘鹏飞说。

刘鹏飞创业的成功在于，第一，思想独特，刘鹏飞具有独特的思考能力，而这种能力的形成与九江学院办学理念中注重高素质应用型人才培养分不开，更是学校鼓励大学生创业精神的体现。第二，精神独特，刘鹏飞具备优秀的创业精神，能吃苦，坚忍不拔，励精图治，把握机会，敢为天下先。第三，创意独特，孔明灯和十字绣这两个产品归属于文化创意产业，而这种产业资金投入少、需求量大，能够满足现代人多彩生活的需要，这样的小项目也适合80后的大学生去创业。第四，模式独特，刘鹏飞的事例能反映出大学生创业团队的重要性。刘鹏飞不仅成功了，还带动了更多的九江学院校友加盟，自己也从创业团队中受益。因此刘鹏飞的成功，彰显了大学生在文化创意创业的优势，为大学生的创业提供了切实可行的借鉴。

（摘自《中国青年报》，2009 年 08 月 10 日）

（三）创业项目选择的方向

1. 创业园区

这是为创业者度身定制的创业场所，配套设施齐全，还有政府优惠政策支持。这些创业园的定位各不相同，创业者可根据自己的创业方向选择。

2. 大学园区

最近几年，市区大学向郊区分散。随着学生的大批进入，这些大学城及其周边区域充满了商机。

3. 城镇商业中心

根据城乡开发计划，城镇配套商业蕴藏着丰富的商机。因此，新兴的开发区和新建小区都极具发展潜力。

4. 国际化居住区

经济发展，出现了一批涉外高级住宅区，对有意涉足高层次服务领域的创业者来说，这些地区都有着诸多的商机。

5. 平价房开发区

政府这几年推安居房和市民公租房，出现了平价房、动迁房集中区域，近年来由于居民不断迁入而成为新的人口聚集地，在日常生活服务、零售、餐饮、教育等领域，为创业者提供了大量的机会。

6. 街道商铺

各区街道有不少物业闲置房，其实也是不错的创业场所，租金低廉，特别适合从事社区服务项目的创业者。

7. 大型开发区

各地经济发展，出现了一些品牌的房地产开发商，他们开发了一批大型开发区，虽然这些开发区的商铺市场尚未形成气候，但从今后的趋势看，具有一定的发展潜力。

8. 新兴商铺市场

各类新兴商铺，配套设施齐全，消费群体成熟，但租金相对较贵。

（四）创业项目获得途径

很多创业者都习惯走街串巷地寻找店铺，费时费力，而且效率较低。创业者获取店铺信息的有效途径：

充分利用政府创业指导部门的服务。各城市开办的创业指导中心，各市、区就业促进中心等部门都提供免费的创业指导服务，包括如何选择创业场所。

委托专业的房产中介机构。上专门从事商铺买卖租赁的公司，与住房中介机构相比，能提供针对性更强的信息。

登录商铺租赁专业网站。如今有不少商铺租赁网站，信息丰富，搜索方便。此外，参加房地产交易会也能获得大量的商铺信息。

（五）创业场所的落实技巧

对创业者来说，虽然只是租个店铺，但其实就像买房子一样麻烦，有时候甚至更为烦琐，需要技巧性地处理地段选择、租金洽谈、合同签订等诸多问题，而这些都会影响创业的成败。姚允涛为正在寻找店铺的创业者提出以下几点建议：

有的放矢选店铺：创业者应根据创业项目的特性和当地的区域特色来确定商铺落点，如涉足服务领域的一般应选在居民区，涉足餐饮行业应选在人流密集地区，这样才能保证一定的消费客流。

由下至上谈租金：许多创业者习惯根据店铺业主开出的价格由上至下砍价，结果被别人牵着鼻子走。最佳的做法是，在充分了解市场行情的基础上预先设定租金上下限，然后从最低心理价位谈起，这样有利于挤出价格"水分"。

不宜选择转租店铺：如今市场上有不少二次转租甚至三次转租的店铺，这些店铺在原价上加了多次转租利润，因此价格比同类商铺高出很多，建议初次创业者谨慎选择。

租赁期限越长越好：在店铺租金行情不断上涨的形势下，租赁期限越长越好，否则将不利于控制预算，无形中加大了创业风险。

创业项目小贴士

车站附近：小吃店、副食店、特产商品店、旅馆、装饰品店、公共电话亭、物品寄存店。

文化教育区：书店、文具店、鲜花礼品店、饰品店、洗衣店、照相馆、网吧、咖啡厅等。

三类地段店面：洗车店、摩托车修理店、汽车商店、废品回收站、化工建材商行、餐厅等。

居民住宅区：超市、杂货店、发廊、报刊亭、裁缝店、托儿所、送水站、水果店、餐厅等。

第三节 创业项目实训

一、实训目的

通过实训，使学生深刻认识到项目选择对创业企业具有重要作用。通过创业项目，易于发现未被满足的消费需求，寻找到市场的空白，正确选择目标市场。通过项目的选择，创业者可以了解各类顾客的不同消费需求和变化趋势，面对自己的创业目标，选择相应的创业目标，有针对性地开展各类创业活动。

二、实训准备

教师要求：授课教师须精心准备，善于引导，充分调动学生的积极性；教师对学生观察运用理论知识发现问题、分析问题、解决问题的能力进行全方位的考核；在实训过程中，教师须进行必要指导，对讨论内容讲解重点突出，指导认真负责，回答问题耐心细致，注重培养学生的创新能力。

学生要求：精心进行创业项目和相关资料的准备；讨论踊跃，神态自然，口齿清楚，语言流利；运用所学知识深入分析，展开讨论，要求言之有理。

实训系统对易于创业的行业进行了分析比较，收录了近 50 个行业，2 500 个项目供学生了解，投资金额从几万到百万不等。供同学们在学习中选择比较和分析。

三、实训内容

1. 为创业项目的最新项目推荐界面（图 3.1）

图 3.1

步骤一：选择搜索的行业和投资金额，点击查询，即可显示出要查询的行业的相关项目（图3.2）。

图3.2

步骤二：学生可以选中自己看好的项目，点击左侧的"项目对比"进行比较（图3.3）。

图3.3

点击后显示以下界面，供学生进行了解（图3.4）。

图3.4

学生也可对具体项目进行详细了解，并可以发表评论。点击项目评价下的"收藏"按钮，即可将此项目收藏到自己的收藏夹中。

2. 录入新项目

学生可以将自己选好的项目进行录入，选中"录入新项目"，将项目有关内容进行录入，点击保存项目信息，则将自己选好的项目录入系统（图3.5）。

图 3.5

3. 我的项目列表

用于查看自己录入的项目，点击"修改信息"即可修改自己录入的项目，也可点击"删除信息"，将自己认为录入不成功的项目进行删除（图 3.6）。

图3.6

4. 我的收藏夹

将自己感兴趣的项目进行收藏，以备随时查看。

思考与讨论

1. 创业公司的成功意味着什么？带来的启示是什么？预示的又是什么？

2. 创业公司无一例外地都和大众的生活紧密联系说明了什么？

3. 请指出创业公司都有哪些闪光的创意立足点和创新点？

案例分析

将学生分成3人一个小组，讨论创业模式选择，举例说明。

序号	创业模式		创业范围	
1	独立创业	例1.	种植和养殖业	例1.
		例2.		例2.
2	特许加盟	例1.	加工制造业	例1.
		例2.		例2.
3	代理经销	例1.	品牌代理	例1.
		例2.		例2.
4	购买专利技术	例1.	服务业	例1.
		例2.		例2.
5	收购企业	例1.	贸易业	例1.
		例2.		例2.

表(续)

序号	创业模式		创业范围	
6	合作创业	例1.	其他产业（文化、教育、体育、医疗卫生）	例1.
		例2.		例2.
7	网上创业	例1.	网络开店、网络游戏	例1.
		例2.		例2.
8	在家创业	例1.	服务业	例1.
		例2.		例2.
9	承包经营	例1.	各行业	例1.
		例2.		例2.
10	高新技术	例1.	制造业	例1.
		例2.		例2.
11	中介服务	例1.	咨询业	例1.
		例2.		例2.
12	其他	例1.	其他行业	例1.
		例2.		例2.

第四章　创业计划书的撰写

每个创业企业都需要创业计划书，创业者需要它指导业务的进程和发展，明确并按计划实施公司的长期战略；员工需要通过创业计划书了解企业的发展蓝图并明确计划，指导自己工作；潜在的投资人透过创业计划书了解公司的潜力，作出投资决策。因此，创业计划书是实现创业最基本的文件，是创业者梦想变为现实的重要体现，是创业者创业指导，也是实现融资和寻求合作伙伴的重要手段。本章将从创业计划书的撰写意义、基本内容、基本要素以及具体如何撰写等方面进行讲解。

第一节　创业计划书概述

当你选定了创业目标，而且在资金、人脉、市场等各方面的条件都已准备妥当或已经累积了相当实力，这时候，就必须提出一份完整的创业计划书。

在某些时候，创业计划书除了能让创业者清楚自己的创业内容，坚定创业的目标外，还可以兼具说服他人的功用，例如，创业者可以凭借创业计划书去说服他人合资、入股，甚至可以募得一笔创业基金。

创业计划书有如一部功能超强的电脑，它可以帮助创业者记录创业内容、创业构想，能帮创业者规划成功的蓝图，而整个营运计划如果翔实清楚，对创业者或参与创业的伙伴而言，更能达成共识、集中力量，这无疑是在帮助创业者向成功迈进。

一、创业计划书的意义

（一）创业计划书概念

创业计划书是一份全方位描述企业创业发展的文件，是企业经营者素质的体现，是企业拥有良好融资能力、实现跨越式发展的重要条件之一。创业计划书是国际惯例通用的标准文本格式形成的项目建议书，是全面介绍公司和项目运作情况，阐述产品市场及竞争、风险等未来发展前景和融资要求的书面材料。一份完备的商业计划书，不仅是企业能否成功融资的关键因素，同时也是企业发展的核心管理工具。

创业计划是由创业者准备的一份书面计划，用以描述创办一个新的风险企业时所有相关的外部及内部条件，它包括战略计划、营销计划、财务计划、生产和人力资源计划的集成体，同时提出了创业者三到五年所有短期和长期的计划。

（二）创业计划书的撰写者

创业计划书的撰写者毫无疑问应该是创业者或创业团队主导。撰写创业计划书一方面是为了明确要创立的企业的各项计划，通过计划制定的同时在一定程度上对要创立的企业经营成功可能性进行初步论证；另一方面，创业计划书将是获得风险投资支持的必备文件。创业计划书撰写过程实质上是对创业过程进行全面规划论证的过程。

当然，由于一份完整的创业计划书涉及创业理念、产品（服务）、市场、团队、经营管理、资金、财务、法律、风险评估等系列内容，单凭某一个创业者往往是无法完成的，必须依靠创业团队，有时还必须借助团队以外的资源（如法律顾问、投资顾问、财务顾问等）协同完成。

（三）创业计划书的阅读者

创业计划书的阅读者可能是雇员、投资者、银行家、风投公司、供应商、顾客以及投资顾问，我们在撰写时需要考虑以下因素：

创业者的角度：创业者必须清楚地表达出自己创立的公司（或企业）经营的是什么、技术条件和优势、发展前景和营利模式。

市场角度：创业者必须以客户的眼光考虑企业的经营形式，产品适用顾客群、市场的需要度。

投资者的角度：创业者用投资的眼光考虑企业，作好投资和融资的财务分析。从财务角度分析和预测企业发展的前景。

（四）创业计划书的主要用途

1. 好的创业计划书是沟通的工具

创业计划书可以用来介绍企业的价值，从而吸引到投资、信贷、员工、战略合作伙伴，或包括政府在内的其他利益相关者。一份成熟的创业计划书不但能够能描述出公司的成长历史，展现出未来的成长方向和愿景，还将量化潜在赢利能力。这都需要你对自己公司有一个通盘的了解，对所有存在的问题都有所思考，对可能存在的隐患做好预案，并能够提出行之有效的工作计划。

2. 好的创业计划书是管理的工具

创业计划书首先是一个计划工具，它能引导你走过公司发展的不同阶段。很多创业者都与他们的雇员分享商业计划书，以便让团队更深刻地理解自己的业务到底走向何方。它能帮助你跟踪、监督、反馈和度量你的业务流程。好的创业计划书是一份有生命的文档，随着团队知识与经验的不断增加，它也会随之成长。

3. 好的创业计划书是承诺的工具

和其他的法律文档一样，在企业和投资人签署融资合同的同时，创业计划书往往将作为一份合同附件存在。管理者完成或没有完成创业计划书中所约定的目标，投资人和企业家之间将在利益上如何重新分配都得以承诺；在辅助执行公司内部管理时，创业计划书是也是一个有效的承诺工具，体现上级对下级实现既定目标后的承诺。

二、创业计划书的基本要素

　　创业计划书大体上都应该包括基本概况、产品、市场、管理、团队、财务分析、风险评估等方面内容。本书将从总体纲要、公司概要、产品和服务、行业与市场、市场营销、管理方法与人员配置、学习途径、财务计划、机会与风险、筹资需要十大要素来描述（不同的教材描述的方面及提法不尽相同），而且在创业计划概要、初步的创业计划和最终的创业计划阶段中作用各有侧重。

　　创业计划的三个阶段如图4.1所示。

图4.1

（一）总体纲要

　　总体纲要包括创业计划的公司概要、产品与服务。其内容、方法及技巧如图4.2所示。

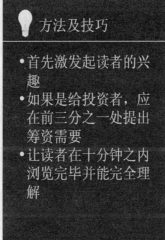

内容	方法及技巧
•客户价值 •产品及服务 •目标市场 •关键管理技能 •筹资需要 •投资回报	•首先激发起读者的兴趣 •如果是给投资者，应在前三分之一处提出筹资需要 •让读者在十分钟之内浏览完毕并能完全理解

图4.2

（二）公司概要

公司概要明确了公司的背景和立足点。其内容、方法及技巧如图4.3所示。

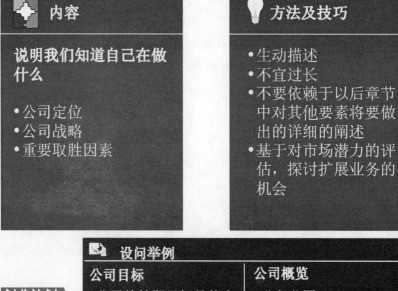

图4.3

（三）产品和服务

产品和服务是企业未来价值的基础。其内容、方法及技巧如图4.4所示。

内容	方法及技巧
客户价值 • 产品和服务的功能和将为客户提供的价值 • 与竞争的同类产品相比的额外价值，优势与劣势 **开发创新** • 企业应付技术挑战的能力 • 创新所带来的优势 • 知识产权问题 • 未解决的问题及可能的解决方法 **生产** • 生产过程安排 • 生产能力 • 目标销售收入 • 筹资需要	• 将自己置于客户的位置 • 集中于最重要的产品，同时涉及其它产品 • 避免过多的技术细节 • 力求简单 • 可引用产品和服务已试点成功的例子

设问举例

	客户价值	开发创新	生产
创业计划概要	• 谁是目标客户？ • 目标客户的需要是什么？	• 现有技术状况如何？ • 目前创新正处于哪一阶段？ • 是否已获专利和技术转让？	• 是自行生产，外包生产，还是经销？
初步的创业计划	• 产品将如何满足他们的需要？ • 实现价值的必要条件是什么？合作伙伴关系？ • 竞争产品的开发情况？	• 计划中的开发步骤有哪些？ • 开发的中期目标是什么？ • 产品与竞争对手相比的优势，劣势？	• 计划的生产过程是什么？ • 计划产量有多少？ • 使用什么类型的设备？ • 材料供应的来源有哪些？
最终的创业计划		• 进一步开发所需要的时间和资源投入？ • 每一种产品对销售收入的贡献将是多大？为什么？	• 如何依据短期需求调整生产能力？ • 质量检测将如何实施？ • 存货如何管理？ • 成本结构如何安排？

图 4.4

（四）行业与市场

行业与市场分析了企业运作的外部环境。其内容、方法及技巧如图 4.5 所示。

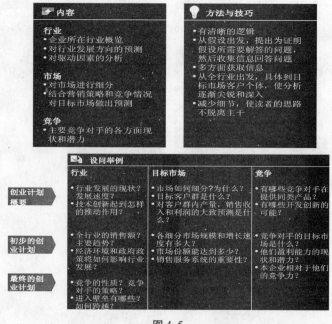

图 4.5

（五）市场营销

市场营销使企业的未来价值得以实现。其内容、方法及技巧如图 4.6 所示。

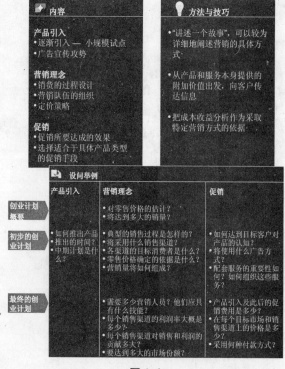

图 4.6

（六）管理方法与主要人员配置

管理方法与主要人员配置证明了企业将具有强大的管理资源和有效的组织结构。其内容、方法及技巧如图4.7所示。

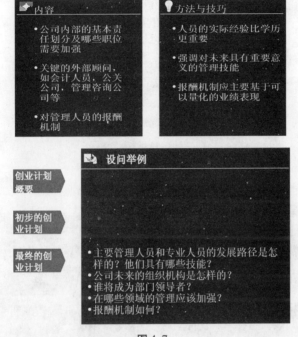

图4.7

（七）学习途径

学习途径是为了企业防患于未然。其内容、方法及技巧如图4.8所示。

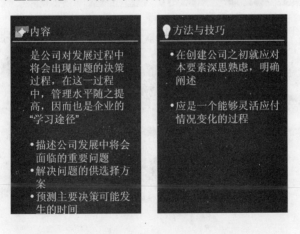

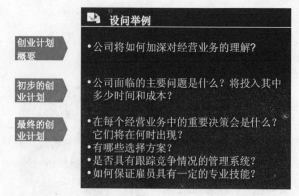

图4.8

（八）五年财务计划

五年财务计划能够量化企业的未来价值。其内容、方法及技巧如图4.9所示。

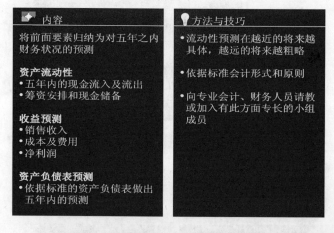

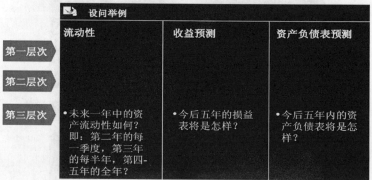

图4.9

（九）机会与风险

机会与风险的预测更加客观和全面。其内容、方法及技巧如图4.10所示。

📋 内容	💡 方法与技巧

• 评估假设的准确度，以及将会出现的风险
 	
• 做出对三种情况的预测
  - 最好情况
  - 一般情况
  - 最差情况
	• 确定主要的机会和风险
	
	• 改变不同的参数，如价格或销售额，看结果会如何变化

	设问举例
创业计划概要 初步的创业计划 最终的创业计划	• 在市场竞争和技术方面，公司的主要风险是什么？ • 公司还有哪些发展机遇？ • 扩大资本基础是否有效？ • 在最好和最差的情况下的五年计划是怎样的？

图 4.10

（十）筹资需要

筹资需要是写给投资者的创业计划的根本意图。其内容、方法及技巧如图 4.11 所示。

📋 内容	💡 方法与技巧
在"五年计划"中已谈及的筹资数量基础上，说明筹资的具体方式 • 确定愿意并能够出资的投资人 • 确定出资方式的来源构成(战略投资人、投资公司、金融机构、政府机构、个人)	• 依据不同等筹资需要确定相应的资金来源(如：短期资金需要可通过供应商信用，长期资金需求通过合资、银行贷款等实现)

图 4.11

三、创业计划书的项目调查计划

制定项目调查计划，通过科学的市场调研方法，分析和研究创业项目的宏观市场情况、竞争情况、产品定位、客群定位等，采取合理的营销模式、销售和营利模式；通过经营成本、投资费用、资金筹措使用等方面的计算，准确分析项目效益和可行性；准确实施企业的开办计划和企业发展的规划以及今后几年发展目标和战略部署等都是至关重要的，是创业项目成败的根本依据。

项目调查计划的调查内容包括市场状况调查、消费者状况调查、竞争者状况调查、宏观营销环境调查、创业优劣势调查等方面，不同的内容采用的调查方法、调查时间、调查地点、调查对象等都不尽相同，具体见表4.1。

表4.1   "大学生创业计划书"项目调查计划

调查项目	市场状况调查	消费者状况调查	竞争者状况调查	宏观营销环境调查	创业优劣势调查
资料来源					
调查对象					
调查时间					
调查地点					
调查方法					
调查工具					
调查分工					
费用预算					
备注					

四、创业计划书评审参考指标

创业计划书评审参考指标体现了对创业计划书的各项内容及权重要求。参考指标及权重见表4.2：

表4.2   创业计划书评审参考指标

序号	类别名称	评分细分	分数
1	计划摘要	1. 公司内部的基本情况，公司的能力及局限性，投资人及合伙人是谁	2
		2. 是否明确阐述要创业的行业，企业经营的性质和范围	2
		3. 是否描述清楚企业主要产品功能，竞争优势在哪里	2
		4. 是否描述清楚企业的市场在哪里，企业的顾客是谁	3
		5. 是否描述清楚公司的营销和财务战略	3
		6. 企业的竞争对手是谁，竞争对手对企业的发展影响	3

表4.2(续)

序号	类别名称	评分细分	分数
2	产品与服务	1. 顾客希望企业产品能解决的问题，能从本企业产品中获得什么好处	2
		2. 能清楚描绘企业的产品能给顾客带来什么价值，相对竞争对手的产品优缺点	2
		3. 能清楚阐述顾客选择本企业的产品原因，如何保护自己的产品竞争地位	2
		4. 进行产品的生产或者开发，现有的技术条件和生产能力能否满足	2
		5. 阐述企业如何不断改进产品的质量、性能，对发展新产品计划的规划	2
		6. 为什么企业的产品定价可以产生利润，客户为什么会大批量购买公司产品	2
3	管理队伍	1. 公司的组织机构图，各部门的功能和责任，各部主要负责人及成员，公司的报酬体系，各股东的背景资料	2
		2. 是否明确阐述公司的发展宗旨、核心理念	2
		3. 是否有具体可行的公司发展规划和各阶段的发展目标	2
		4. 创业人员是否具备相关的能力，团队人员是否具有互补性	2
		5. 根据战略规划，是否有相关的人力资源规划	2
4	市场预测	1. 是否对需求进行预测：市场是否存在对这种产品的需求？需求程度是否可以给企业带来所期望的利益？新的市场规模有多大？需求发展的未来趋向及其状态如何？影响需求的因素有哪些？	2
		2. 是否对市场竞争的情况——企业所面对的竞争格局进行分析？市场中主要的竞争者有哪些？是否存在有利于本企业产品的市场空当？本企业预计的市场占有率是多少？本企业进入市场会引起竞争者怎样的反应？这些反应对企业会有什么影响？	2
		3. 是否对市场现状进行综述	2
		4. 是否描述竞争厂商概览	2
		5. 是否分析目标顾客和目标市场	2
		6. 是否对本企业产品的市场地位进行分析	2
		7. 是否对市场进行区分并对市场特征进行描述	2

表4.2(续)

序号	类别名称	评分细分	分数
5	营销策略	1. 能否对企业未来市场规模明确预测,并对成长性和未来趋势进行分析?	2
		2. 是否清楚分析市场竞争者?预计未来市场占有率?竞争者的反应及对企业的影响?	2
		3. 准确描述消费者的特点、产品特性,将来市场机构和营销渠道的选择	2
		4. 有具体对营销队伍和管理、促销计划和广告策略以及价格决策方面的描述	2
		5. 是否对影响营销策略的主要因素,如消费者的特点、产品的特性、企业自身的状况、市场环境方面的因素等进行分析	2
		6. 对于初创企业,是否对市场机构和营销渠道的选择、营销队伍和管理、促销计划和广告策略、价格决策等做出实质性分析	2
6	制造与服务计划	1. 是否描述了产品制造和技术设备现状	2
		2. 是否描述了新产品投产计划	2
		3. 是否描述了技术提升和设备更新的要求	2
		4. 是否描述了质量控制和质量改进计划	2
		5. 企业生产制造所需的厂房、设备情况如何	2
		6. 怎样保证新产品在进入规模生产时的稳定性和可靠性	2
		7. 生产周期标准的制定以及生产作业计划的编制如何	2
		8. 是否有物料需求计划及其保证措施	2
7	财务规划	1. 是否有明确、合理的未来五年的财务规划和财务报表	2
		2. 针对战略发展的各个阶段,是否有明确的资金需求预测和融资计划	2
		3. 是否对投资者有明确的资本退出方式和预期收益的描述	2
		4. 是否有针对企业未来可能面临的政策、行业、财务风险的描述和解决办法	2
		5. 是否与企业的生产计划、人力资源计划、营销计划等匹配	2
		6. 产品在每一个期间的发出量有多大?每件产品的生产费用是多少?每件产品的定价是多少?	2
		7. 什么时候开始产品线扩张?使用什么分销渠道,所预期的成本和利润是多少?	2
		8. 需要雇用哪几种类型的人?雇用何时开始?工资预算是多少?	2
8	风险分析	1. 是否尽可能多地分析出企业可能面临的风险	2
		2. 风险程度的大小及创业者采取何种措施来避免风险	2
		3. 在风险降临时以何种行动方案来减轻损失	2

第二节 创业计划书的撰写

创业计划书是整个创业过程的灵魂，在这份白纸黑字的计划书中，主要详细记载了一切创业的内容，包括团队介绍、竞争力介绍、市场分析、财务管理、风险控制，在创业的过程中，这些都是不可或缺的元素。

创业计划书的撰写要注意三大原则：第一，开门见山，直切主题。要开门见山地切入主题，用真实、简洁的语言描述你的想法，不要浪费时间去讲与主题无关的内容。第二，尽可能地搜集更多资料。要广泛收集有关市场现有的产品、现有竞争、潜在市场、潜在消费者等具体信息。第三，评估创业计划书。站在一位审查者的角度来评估该创业计划书。

创业计划书主要内容包括摘要（有的教材叫执行总结或概述）、创业者团队介绍、核心竞争力介绍、市场及营销分析、财务管理、风险分析等内容。本书将以制造业为例讲解创业计划书的撰写。

一、创业计划书摘要

创业计划书摘要是为了吸引战略合伙人与风险投资人的注意，而将商业计划书的核心内容提炼而成，它是整个商业计划书的核心和关键部分。本部分撰写至关重要。

（一）文本参考格式

一、项目企业摘要

投资安排

资金需求数额	（万元）	相应权益	

1. 有关企业的描述。主要包括企业名称、企业类型、地点、法律形式（股份公司、个人公司、合伙人公司等）。

2. 申请投资目的。

3. 企业状况。是老企业还是新企业，或是正在准备成立的企业。企业成立的时间，项目所包括的产品或服务已经进行了多长时间，是否已经销售。

公司名称	
联系人	
电话	
传真	
E－mail	
地址	

表（续）

项目名称	
您在寻找第几轮资金	□种子资本 □第一轮 □第二轮 □第三轮
企业的主营产业	

4. 产品和服务。列出已经销售或要销售的产品或服务项目。

5. 目标市场。列出产品将进入的市场，以及选择这个市场的原因。同时还要提供市场调查研究和分析的结果。

6. 销售策略。主要侧重于叙述产品如何进入目标市场，企业如何做广告，以及销售方式。要指出主要销售方式是直销，还是通过代理等。产品促销的主要方式，如参加展览、有奖销售、捆绑式销售或其他可以促进销售的方法等。

7. 市场竞争情况和市场区分情况。简单介绍与产品有关的市场竞争情况、主要竞争对手，以及各自的市场划分和市场占有率。

8. 竞争优势和特点。阐述为什么你的产品能够在市场竞争中获得成功。列举所有可以代表你的产品或服务的优势，如专利、秘方、独特的生产工艺、大的合同、与用户签订的意向性信件等。

9. 优良的经营管理。简述企业管理队伍的历史和能力，特别是企业的创始人和主要决策人的有关情况。

10. 生产管理。简述关键性的生产特点，如地点、关键的销售商和供应商、节省成本的技术和措施等。

11. 财务状况。未来 1～3 年的预期销售额和利润。

12. 企业的长期发展目标。企业未来 5 年发展的计划，如员工总人数、销售队伍建设情况、分支机构数目、市场占有率、销售额、利润率等。

13. 寻求资金数额。项目需要资金总数、资金来源、筹集资金方式，投资者如何得到报酬等。

（二）撰写内容注意事项

1. 摘要部分内容针对性要强

好的摘要能够回答"这是什么产品（服务也可以当成一种产品）？谁来制造（提供）它？为什么人们会买？"等问题。摘要还要回答"你要卖什么？卖给谁？怎么卖？"等问题。因此摘要的重点是讲清楚产品（服务）的主要特点、市场情况、销售队伍、广告运用、销售技巧等。

摘要还需要说明产品成本、成本构成、产品构成部分的可靠性和稳定性，以及产品的实际售价等问题。在摘要部分，要重点向投资者传达以下几点信息：

（1）明确基本经营计划是正确的，是合乎逻辑的。

（2）明确经营计划是有科学根据的和充分准备的。

（3）表明有能力管理好这个企业，有一个坚强有力的领导班子和执行队伍。

（4）清楚地表达进入市场的最佳时机，并且预料到什么时间适当退出市场。

（5）表明财务分析真实、可信。

银行等投资者通常对企业以前的成功业绩感兴趣，而投资公司则通常对新技术感兴趣。所以在撰写摘要之前先要对投资者做一番调查研究，突出投资者最感兴趣的方面。对不同的投资者，要突出不同的方面。

2. 摘要撰写的时机

摘要部分一定要放在整个创业计划书的最后完成。动笔写摘要之前，先完成整个商业计划书主体，然后反复阅读计划书主体内容，提炼出整个计划书的精髓，再开始动笔撰写摘要部分。这样的摘要才能使投资者马上理解你的基本观点，快速掌握创业计划书的重点

3. 摘要的基本格式

根据不同企业的情况，常用的摘要格式有两种：提纲性摘要和叙述性摘要。

提纲性摘要结构简单，开门见山，内容单刀直入一目了然，能让投资者立即了解你需要投资的目的。提纲性摘要的基本格式是用简短明晰的话摘选出商业计划书每章中的重点。每一个方面的描述不要超过三句话。只阐述与企业和项目关系最密切和给人印象最深刻的部分。叙述性摘要好像是给投资者讲一个动听的故事。可以把商业计划书写得有声有色，娓娓动听。

多数商业计划书采用提纲性摘要，特别是当企业的基本情况比较容易理解，市场和企业管理相当标准时更不必采用叙述性摘要。提纲性摘要是一种很专业性的写法，许多投资者习惯于这种简单易懂的方式。提纲性摘要与叙述性摘要相比，写作风格不是很重要。

另外，摘要一定要短。最多两页，如果有可能最好压缩成一页。

二、业务描述

（一）文本参考格式

二、业务描述

*企业的宗旨（200字左右）

*主要发展战略目标和阶段目标

*项目技术独特性（请与同类技术比较说明）

介绍投入研究开发的人员和资金计划及所要实现的目标，主要包括：

（1）研究资金投入；

（2）研发人员情况；

（3）研发设备；

（4）研发产品的技术先进性及发展趋势。

（二）撰写内容注意事项

企业宗旨也叫企业愿景或者企业使命，是企业对存在价值及其作为一个经济单位对社会作出的一种承诺，它反映企业对社会义务的基本态度。从而反映出企业存在的社会价值，它是企业价值观的反映和最高目标体现，企业宗旨不仅规定企业对外的承

诺，还规定企业对内的承诺，同时还体现出企业的行业特点和企业特征。

企业主要发展战略目标和阶段目标是围绕企业宗旨而制定的总体规划和阶段计划，是创业计划书各部分内容确定和撰写需要依据的核心主题。

创业项目技术独特性包括创业项目提出的技术和产业背景与必要性、需要主要科技攻关和研究开发的内容、实施技术方案、实施技术基础等内容。

三、产品（技术）与服务

产品（技术）与服务是企业的核心竞争力：这一部分是向战略合伙人或者风险投资人介绍创业者公司的基本情况和价值所在。创业者进行创业，最重要的是要有具有市场前景的产品或者服务，因为这是公司利润的根源。

（一）文本参考格式

三、产品（技术）与服务

*创业者必须将自己的产品或服务创意作一介绍。主要有下列内容：

（1）产品的名称、特征及性能用途（介绍企业的产品或服务及对客户的价值）；

（2）产品的开发过程（同样的产品是否在市场上出现？为什么？）；

（3）产品处于生命周期的哪一阶段；

（4）产品的市场前景和竞争力如何；

（5）产品的技术改进和更新换代计划及成本（利润的来源及持续营利的商业模式）。

*生产经营计划。主要包括以下内容：

（1）新产品的生产经营计划：生产产品的原料如何采购、供应商的有关情况，劳动力和雇员的情况，生产资金的安排以及厂房、土地等；

（2）公司的生产技术能力；

（3）品质控制和质量改进能力；

（4）将要购置的生产设备；

（5）生产工艺流程；

（6）生产产品的经济分析及生产过程。

（二）撰写内容注意事项

此部分要明确产品（技术）与服务的产品和服务到底是什么，或者是两者都有。有什么特色？产品之特色能带给客户什么利益？你的产品跟竞争者的有什么差异？如果你的产品或服务是创新、独特的，如何使人想买？如果你的产品服务并不特别，为什么别人要买？

四、市场营销

（一）文本参考格式

四、市场营销

*介绍企业所针对的市场、营销战略、竞争环境、竞争优势与不足、主要对产品

的销售金额、增长率和产品或服务所拥有的核心技术、拟投资的核心产品的总需求等。

＊目标市场，应解决以下问题：

（1）你的细分市场是什么？

（2）你的目标顾客群是什么？

（3）你的5年生产计划、收入和利润是多少？

（4）你拥有多大的市场？你的目标市场份额为多大？

（5）你的营销策略是什么？

＊行业分析，应该回答以下问题：

（1）该行业发展程度如何？

（2）现在发展动态如何？

（3）该行业的总销售额有多少？总收入是多少？发展趋势怎样？

（4）经济发展对该行业的影响程度如何？

（5）政府是如何影响该行业的？

（6）是什么因素决定它的发展？

（7）竞争的本质是什么？你采取什么样的战略？

（8）进入该行业的障碍是什么？你将如何克服？

＊竞争分析，要回答如下问题：

（1）你的主要竞争对手是谁？

（2）你的竞争对手所占的市场份额和市场策略如何？

（3）可能出现什么样的新发展？

（4）你的核心技术（包括专利技术拥有情况，相关技术使用情况）和产品研发的进展情况和现实物质基础是什么？

（5）你的市场策略是什么？

（6）在竞争中你的发展、市场和地理位置的优势何在？

（7）你能否承受竞争所带来的压力？

（8）产品的价格、性能、质量在市场竞争中具备怎样的优势？

＊市场营销，你的市场影响策略应该说明以下问题：

（1）营销机构和营销队伍；

（2）营销渠道的选择和营销网络的建设；

（3）广告策略和促销策略；

（4）价格策略；

（5）市场渗透与开拓计划；

（6）市场营销中意外情况的应急对策。

（二）撰写内容注意事项

1. 正确定义目标市场

正确定义目标市场是商业计划书中重要的一部分。了解目标市场可以更科学地制定市场销售策略以及开发新产品或服务，还可以预测未来的销售和利润情况。在撰写目标市场部分时主要集中在对市场的描述、市场变化趋势和销售策略几个方面。投资者最关心的是你的产品或服务一定要有足够大的市场，你是否清晰地了解你的机会和限制。投资者要求企业确保产品或服务有足够的市场，企业要充分了解自己的市场机会和局限性，必须向投资者证明自己有清晰明确、伸手可及的目标市场。在定义目标市场时，特别需要定义你的市场区隔。一定要有一个清晰明确、有意义的市场区隔，否则目标市场将毫无用处。市场区隔给出明确的和有意义的全部市场成分，以及给出你的目标市场的全部特点。任何产品或服务都不可能包罗万象，所以关于市场区隔的定义一定要表现出明确的特点来。

怎样正确地定义目标市场在定义目标市场时，你需要调查在你定义的范围之内，有没有足够的顾客群足以支持你的生意。正确定义目标市场，必须满足下述几个条件：

（1）市场是可以定义的。市场要有明确的界限，没有界限的市场必将因包括所有的人而变得毫无意义。

（2）企业必须根据某顾客群与其他人群相区别的特点来定义市场。潜在的顾客都具有某些共同的、可以与其他人群相区别的特性。一旦定义目标市场之后，企业马上就要估计市场的规模和变化趋势，评估竞争对手的特点，着手进行市场调查研究。

（3）市场具有销售意义。定义市场的特点必须与购买相联系才有意义。

（4）市场要足够大。目标市场定义的顾客群体还必须足够大，可以支持企业的生存和发展。企业要长期生存，需要可持续发展的项目，投资者不喜欢很快就饱和的市场。

（5）市场具有可接触性。即你所定义的市场一定要切实可行。

（6）不超过顾客的承受力。价位一定是在这个目标市场的顾客可以承受的范围之内。

2. 合理描述市场规模和变化趋势

明确目标市场的特性之后，就需要评价市场的规模和评估市场的发展趋势，找到在不久的将来有可能影响市场规模和顾客消费行为的因素。

（1）市场规模

企业在进入市场之前必须确定市场——足够大到可以维持企业的生存，并且在将来还有足够的发展空间。一定要向投资者阐明你的企业有足够的发展前途，从而使他们的投资有利可图。一般说来，投资者喜欢既不太小，也不太大的市场规模。一般企业未必要做科学的市场调查，但是你需要通过直觉和观察来确定市场规模，需要有足够的数据来支持商业计划书，以说服投资者。投资者通常对小规模的零售且现有效益很好的企业不太重视具体数据，但对于新创的企业则比较重视市场调查数据。有关目标市场规模的数据可以从各种信息资源途径获得。

（2）市场变化趋势

市场未来变化趋势与市场规模同样重要。只有了解市场变化趋势的企业才能保证在激烈的市场竞争中常盛不衰；反之则必将被激烈的市场竞争淘汰出局。

预测未来市场的变化可以从对现在市场的分析着手，它可以有助于企业制定现在和未来的市场销售策略。企业可以预先做好准备应付未来的变化，对现在种种因素加以综合分析，从而推断将来的变化。预测未来与分析现在不同，预测未来可以根据人口变化和顾客行为等看得见的变化分析。研究市场变化趋势可以从人口增长率、生活习惯、科学技术的发展、新的爱好、收入增加情况、消费习惯等方面入手。

3. 突出市场导向

在申请投资时，定义你的市场的性质和规模是关键性要素。许多投资者要求企业必须具备市场导向，企业一定要深刻地了解自己的市场。通常投资者愿意把钱投给市场导向的公司而不是技术导向或产品导向的公司。市场导向的企业需要跟着市场走。它们必须随时根据市场的变化，改变广告方式和广告内容、改变包装、改变销售结构，有时甚至需要改变产品或服务的特点等。从长远的观点看问题，市场分析可以为企业节省资金。在决定选择销售方式时（广告、展览、讲座、技术交流等），必须先确定目标市场。

市场分析与制订市场销售计划不同。市场分析可以使你明确和了解顾客，市场销售计划告诉你如何接近顾客。

全面了解顾客是企业成功的基础。企业成功与否依赖于企业的产品或服务是否能够满足顾客的需要和愿望。

明确市场的性质和规模是商业计划书的关键部分。企业要想从外界找到资金，必须把企业的性质转向市场导向的方向上，企业的广告、销售结构，甚至产品或服务的特点等都要做相应调整。从长远来看，企业需要有可靠的市场分析来明确企业的具体方向。突出市场导向的描述时，应该包括以下一些基本内容：

（1）人口统计描述

在撰写目标市场时要包括人口统计的信息。人口统计是描述顾客群的最基本、最客观的指标。人口统计信息是目标市场最显著的特性，并在制定市场销售计划时特别有用。人口统计资料一定要有实际销售意义，在描述人口统计资料时一定要与你的产品销售有关。人口统计信息必须与顾客对你的产品或服务的兴趣、需要和购买能力有关。

（2）地域描述

地域描述是目标市场部分最容易的部分。地域描述主要是提供有关销售你的产品或你的服务范围的地域情况。地域描述要尽可能具体，包括你的市场是一个具体的社区还是整个城市，或一个地区，或一个省，或国家和一个大区，或全国，甚至全世界。另外，还要考虑人口密度，是城市、郊区，或是农村。你的销售地点是在大商场里，还是在市中心，或是商业区，或是工业区，或是其他什么地方。如果你的产品与天气的温度或季节有关，还要定义诸如气候、温度、季节变化等地理环境方面的特点。地域对企业选择生产地点也有意义。除了交通和通信等原因外，有时地域的名称对企业也有重要意义。

（3）顾客生活方式的描述

在商业计划书的目标市场部分需要描述顾客的生活方式。在企业经营过程中，经验和本能方面能够对顾客的要求和兴趣有一定的了解，如果在这个基础上再做一番市场调查，更有助于了解顾客的生活方式和企业的经营方式。调查顾客的生活方式可以包括许多方面，不同的企业要结合自己的产品或服务有针对性地调查。

有关顾客生活方式的描述，可以从供应商那里获得信息。在进行顾客生活方式的市场调查时，还可以研究这些人最喜欢看的杂志。通过这些调查研究，你就可以建立一个关于你的顾客一周活动的全景图像。你应该把你的所有顾客看成一个整体，然后再决定采用哪些传播媒介方式接近目标市场。

（4）心理描述

除了上述的各种客观可见的特性以外，顾客的心理因素对购买产品和服务也起着重要的作用，了解顾客的消费心理有助于制定适当的市场销售计划。企业顾客购物也同样存在消费心理因素，另外企业主要领导人的心理也会直接或间接地影响企业的购买，了解顾客的消费心理可以更有针对性地制定市场销售策略，进入市场。

五、团队管理

（一）文本参考格式

五、团队管理

*全面介绍公司管理团队情况，主要包括：

（1）公司的管理机构，主要股东、董事、关键的雇员、薪金、股票期权、劳工协议、奖惩制度及各部门的构成等情况都要以明晰的形式展示出来。

（2）要展示你公司与众不同的凝聚力和团结战斗精神。

*列出企业的关键人物（含创建者、董事、经理和主要雇员等）关键人物之一。

姓名				
角色				
专业职称				
任务				
专长				
主要经历				
时间	单位	职务	业绩	
所受教育				
时间	学校	专业	学历	

＊企业共有多少全职员工（填数字）。

＊企业共有多少兼职员工（填数字）。

＊尚未有合适人选的关键职位。

＊管理团队的优势与不足。

＊人才战略与激励制度。

＊外部支持：公司聘请的法律顾问、投资顾问、投发顾问、会计师事务所等中介机构名称。

（二）撰写内容注意事项

团队构建要考虑现在、半年内、未来三年内之人事需求是什么？还需要引进哪些专业技术？有专业技术的人在哪里？可否引入？是需要全职还是非全职的人力？薪水是算月薪还是时薪？所提供之福利有哪些？是不是有加班费？有没有安排教育训练？这些人事成本会是多少？

团队管理要注意自己的管理专业及相关背景，清楚自己的弱势，创业团队之间如何互补？创业团队之间的强弱势，彼此间职务及责任如何分工？职责是否界定明确？除了团队本身是否有其他资源可分配和取得？中小企业98%的失败来自于管理的缺失，其中45%是因为管理缺乏竞争力，目前还没有明确的解决之道。另外，20%是因为公司内部专业不均衡，这要加强自己的专业。还有18%是缺乏管理经验，要找互补性的事业伙伴来弥补。另外还有9%是没有相关产业的经验、3%是经营者掉以轻心、2%被人家诈欺背信，最后1%是来自天然或人为的灾难。中小企业其他2%的失败就不是以上的因素。

六、财务预测

（一）文本参考格式

六、财务预测

＊财务分析包括以下三方面的内容：

1. 过去三年的历史数据，今后三年的发展预测，主要提供过去三年现金流量表、资产负债表、损益表以及年度的财务总结报告书。

2. 投资计划

（1）预计的风险投资数额；

（2）风险企业未来的筹资资本结构如何安排；

（3）获取风险投资的抵押、担保条件；

（4）投资收益和再投资的安排；

（5）风险投资者投资后双方股权的比例安排；

（6）投资资金的收支安排及财务报告编制；

（7）投资者介入公司经营管理的程度。

3. 融资需求

创业所需要的资金额，团队出资情况，资金需求计划，为实现公司发展计划所需要的资金额，资金需求的时间性，资金用途（详细说明资金用途，并列表说明）。

融资方案：公司所希望的投资人及所占股份的说明，资金其他来源，如银行贷款等。

*完成研发所需投入。

*达到盈亏平衡所需投入。

*达到盈亏平衡的时间。

项目实施的计划进度及相应的资金配置、进度表。

*投资与收益。

（单位万元）	第一年	第二年	第三年	第四年	第五年
年收入					
销售成本					
运营成本					
净收入					
实际投资					
资本支出					
年终现金余额					

*简述本期风险投资的数额、退出策略、预计回报数额和时间表。

（二）撰写内容注意事项

财务预测部分要注意包括以下内容：筹资/融资款项要如何运用？是要拿来营运周转，还是添购设备、备料进货或是技术开发？要何时动用？供货商、规格、品牌、价格、数量、运费、税金等需求如何计算？筹融/融资款对专业的获利有何贡献？未来3年的损益表、资产负债表和现金流量表预估了吗？第1年报表要以每月为基础，第2、第3年则以每年为基础。

七、资本结构

（一）文本参考格式

七、资本结构

迄今为止有多少资金投入贵企业？	
您目前筹集的资金有多少？	
假如筹集成功，企业可持续经营多久？	
下一轮投资打算筹集多少资金？	
企业可以向投资人提供的权益有	□股权 □可转换债 □普通债权 □不确定

*目前资本结构表

股东成分	已投入资金	股权比例

*本期资金到位后的资本结构表

股东成分	投入资金	股权比例

*你们希望寻求什么样的投资者?(包括投资者对行业的了解,资金上、管理上的支持程度等)

(二)撰写内容注意事项

本部分内容翔实便于投资者分析创业公司目前资金及股本状况、股权是否明晰、当前资金需求、持续经营能力、资金持续需求、投资者能够获得的权益形式及比例,便于投资者准确分析投入风险与收益之间的关系,正确进行投资决策,是投资合作成功的重要保障。否则,投资者可能因为担心股权纠纷或觉得投资风险超过收益预期而放弃投资。

八、投资者退出机制

(一)文本参考格式

八、投资者退出机制

*股票上市:依照本创业计划的分析,对公司上市的可能性做出分析,对上市的前提条件做出说明。

*股权转让:投资商可以通过股权转让的方式收回投资。

*股权回购:依照本创业计划的分析,公司对实施股权回购计划应向投资者说明。

*利润分红:投资商可以通过公司利润分红达到收回投资的目的,按照本创业计

划的分析，公司对实施股权利润分红计划应向投资者说明。

（二）撰写内容注意事项

投资者退出机制部分内容既要明确保障投资者的利益，同时也不能为了吸引投资而将创业公司推到被动位置，保证创业者的利益，避免在合作过程中带来不必要的纠纷。

九、风险分析

（一）文本参考格式

九、风险分析

*企业面临的风险及对策

详细说明项目实施过程中可能遇到的风险，提出有效的风险控制和防范手段，包括技术风险、市场风险、管理风险、财务风险及其他不可预见的风险。

（二）撰写内容注意事项

经营企业一定会有风险，平时就要注意。风险不是说有人竞争就是风险，风险可能是：当初选的地点旁有捷运，可是后来捷运不经过；还有进出口会有汇兑的风险、餐厅有火灾的风险；另外还要注意当风险来时如何应对。

十、其他说明

（一）文本参考格式

十、其他说明

*您认为企业成功的关键因素是什么？

*为什么投资人应该投贵企业而不是别的企业？

*关于项目承担团队的主要负责人或公司总经理详细的个人简历及证明人。

*媒介关于产品的报道；公司产品的样品、图片及说明；有关公司及产品的其他资料。

*创业计划书内容的真实性承诺。

（二）撰写内容注意事项

本部分内容主要是在前面各部分内容的基础上，补充相关信息，以增加创业计划的可信度，增强投资或合作者的信心，从而提高投资或合作成功的可能性。

第三节　创业计划书实训

一、实训目的

掌握创业计划书内涵；认识创业与计划书之间的关系；参悟科学的创业计划是创

业成功的基础,全面提升创业能力。

二、实验内容

(一)了解创业计划书的主体内容

具体内容详见第二节。

(二)学习创业计划书格式

怎样写计划书、计划书格式、大学生创业计划、创业计划书范文、创业计划书案例、计划书模板、计划书封面。

(三)撰写计划书

计划书摘要—产品与服务—管理队伍—市场预测—营销策略—制造与服务计划—财务规划—风险分析。

(四)评审计划书

创业计划书评审参考指标(详见配套软件)。

三、实验基本步骤

实验步骤 1:学习创业计划书基本知识。

结合本书内容、本书采用软件及其他相关资讯,学习创业计划书样式、计划书格式设定、怎样写计划书、大学生创业计划、创业计划书范文、创业计划书案例、计划书模板、计划书封面等相关内容。软件操作界面见图 4.12。

图 4.12

实验步骤 2:创业项目调研。

选定一个行业,参照本章第一节表 4.1 的内容开展项目调研。

实验步骤3：撰写一份创业计划书。

（1）点击"计划书撰写"后在弹出的框内输入计划书名称，然后点击"保存"。

（2）一步一步撰写创业计划书内容，操作界面见图4.13、图4.14。

图4.13

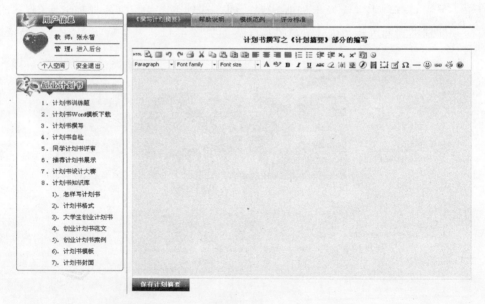

图4.14

实验步骤3：创业计划书评审。

参照本章第一节表4.2所列创业计划书评审指标，开展创业计划书的评审。

思考与讨论

1. 创业计划书的内涵是什么？
2. 为什么要撰写创业计划书？
3. 创业计划书包括哪些基本内容？
4. 创业项目调研包含哪些内容？
5. 创业计划书的评审标准是什么？

第五章　公司注册

　　创业者实现创业梦想的载体就是公司。要顺利地注册成立一家属于自己的公司，你应该了解公司怎样选择注册地、企业命名原则和技巧、开办公司的程序、注册公司需要了解的法律问题。

第一节　公司经营选址

　　企业小故事：李先生与人合伙做煤炭生意发了点小财，但他的理想是开一家小餐馆。在朋友们的介绍下，在一个居民区租了一个店面。开张三个月来，来他店消费的客人寥寥无几。原因很简单，居民区是一个新区，入住率较低。加上这里居住的主要是老年人和附近征地后的农村居民，他们的一日三餐一般是自己做，所以这种不作调研选址的作法其失败是必然的。

一、经营区域调查

　　经营选址，除了要考虑创业者自身的因素和当前环境因素外，还要了解一个地方未来的发展规划，如交通发展计划、社会发展计划和商业区的建设计划等，以免造成直接经济损失，同时还要了解同业竞争者的动向。我们从以下几个方面介绍公司的选址。

　　（一）选址的调查是创业公司成功的前提条件

　　选择公司地址应包括以下方面：

　　1. 范围和内容

　　客流：了解你所在区域潜在客户有多少，他们的分布、消费习惯、消费水平和能力，他们对你的产品认知度和消费倾向。

　　交通便利程度：了解你的选址是否位于交通要道，公交是否方便，有无停车位以便于你的顾客是否方便上门，你的员工送货或外出销售是否便利。

　　同类竞争者的分布：了解你的区域有多少竞争者，他们的经营与你的企业有何差异。

　　租金和维持成本：了解你的区域内你经营场地的平均租金水平，租金以外还有没有其他维持费，如物业管理费、水电费等。

2. 经营区域调查方法

电话调查：通过电话对潜在客户进行与你的项目相关的调查，调查时目标明确，问题要简单，人群要多样化，有层次性。

走访考察：通过走访你项目涉及的方圆2平方千米范围内小区、单位、部门，了解他们的需求和对你项目的了解度。

蹲点观察和测算：通过自己亲身蹲点观察，掌握第一手资料，计算出人流量和目标群体。

问卷调查：通过发放问卷，对目标客户和潜在客户作一个市场调研，了解他们的需要是什么，对你创业项目和公司的了解度。

网络调查方法：通过网络对你设计的项目和公司发展前景进行全面的调查，明确自己的选择是否科学合理。

(二) 确定选址的原则和方法

1. 确定选址的原则

满足顾客需求是选址宗旨，因此，在选择时可以考虑以下几方面：

交通便利：车站附近，是过往行人集中地段，人群流动性强流动量大，而几个车站交汇点，则是商业价值最高的地段，如果选址在这里一定能带来创业成功机会。

靠近人群集中的场所：如影院、商业街、公园、名胜古迹、娱乐场所、旅游胜地，这些地方可以让顾客享受到购物、休闲、娱乐、旅游等多种便利，是商业开业的最佳地点选择。

人口居住稠密地区或机关单位集中地区：这类地段人口密度大，相互间比较近，顾客购买力较强，在这类地段开个商店对顾客有较大的吸引力。

商业公司选址最终目的是要取得经济效益，对于经营者应该考虑：

提高市场占有率和覆盖率，以利于公司长远目标。分析商业选择地址分析当前的市场环境，而且要从长远角度考虑是否有利于公司的扩展规模，提高市场占有率和覆盖率。

有利于公司的特色发展，商店设置必须综合考虑，了解消费者心理和行为，谨慎地选择，树立自己的品牌，走出自己特色。

有利于商品配送，商店选择地址要有现代商业意识，注重商品与物流关系；集中进货、统一运送，有利于降低采购成本和物流成本，这样可以节约开支，获得最大的经济效益。

2. 经营选址方法

经营选址可以通过：房屋中介公司、各种招租广告和实地查找等方式和方法确定目标。

(三) 取得合法和经营场地

1. 可以租赁的场地

商铺：临街的商铺、门市便于顾客上门，企业的独立形象好，但租金较贵。有的零售或服务不必在一楼，选择二楼或三楼商铺，可以节省租金。一些批发市场或商业城的精品店铺，购物中心里面的店铺，虽然不临街，但客流量大，也是很好的选择。

摊位：批发市场内和一些大型商场和超市的过道等零售摊位，一个摊位面积大约在几个平方米或十个平方米之间，平均的租金比独立商铺还贵。但人流量大，摊位的销售流水按面积计算也比较高。

专柜：很多商场或超市会把场地空间分割，把部分或全部的商品经销分别以专柜形式包给不同的经营户。从事这种专柜经营，有的是租赁经营，有的是与商场或超市联合经营。

办公室：选择在写字楼里经营的一般是不做商品零售的企业。有些服务性零售企业，也可以在写字楼里经营。写字楼租金比商铺要低，同时写字楼不会出现商铺里面人声嘈杂的情况。

2. 租赁谈判

租赁期：一般在两年或三年以上为好。租赁期太短，不利于稳定经营。同时可以把较长租赁期限作为条件争取租金的优惠。

租金：是租赁中重要的环节，可以采用各种办法争取到最大的优惠价。有时好的商铺位置较紧缺，也可以用租金的办法拿到好的商铺。

押金和违约金：两者是一回事，业主要求承租人交纳的抵押金通常与双方商定的违约金数额是一致的。与业主洽谈押金数额时，主要考虑的是自己在租期未满退租金时所能承受的违约损失。

支付条件：以押一付一（即交一个月租金为押金，每月支付租金）对你较为理想，但业主一般要求在 2 个月以上，有的是按季度或半年预付租金。小的创业者启动资金预算，一般受到了预付租金影响较大。

装修、物业管理、水电费用：除了水电、煤气外，装修、物业和其他费用由业主承担。

审核业主的产权文件：签订租赁合同之前，必须审核出租方的产权文件。确保出租方是产权或拥有合法使用权的单位或个人；确保房屋的核准用途与你企业经营的性质一致；并确定你用出租方提供的产权文件可以申办企业的经营许可证，可以工商注册。

签订租赁合同：你应当与出租方签订书面的租赁合同，其中应该写入双方商定的一切租赁条件，以便在发生纠纷时你可以依据合同维护自己的权益。不能轻易相信口头上的任何租赁条件的承诺。

3. 取得经营场地的其他选择

购房：适合经济条件较好的创业者。可以个人投资买下所需的商铺、写字间或商铺，然后出租给自己的企业，多数情况下，只需要支付 20% ~ 40% 的首付款，即可以购买。你的企业付给你个人的房租，用来支付你房屋的月还款。万一创业失败，你自己的经济损失会相对少一些。

利用本人现有住房：有临街自住的平房，比较容易改为经营场地。按照国家工商注册要求，可以将自己的商品住宅楼作为经营场地。能否将自己的住房作为企业的经营场地，主要取决于企业的性质和当地工商部门的登记办法。一般来说，用临街平房经营，必须符合地段的城市规划。在住宅楼内，如果你业务较多，上门的顾客较多，造成对楼中其他居民的干扰，则可能受到工商部门的限制而无法登记。另外，在住宅楼内和门外不能挂放公司的牌匾，也不能设置广告牌、指路牌等。

与业主联营：与有经营场地的房屋的业主联营，用经营收入支付房租，可以大大降低成本，但这种机会一般不多。

二、公司选址实例分析

公司经营管理中选择好的地址是成功重要因素，我们以肯德基的选址策略作为一个成功实例来解说。

地点是饭店经营的首要因素，餐饮连锁经营也是如此。连锁店的正确选址，不仅是其成功的先决条件，也是实现连锁经营标准化、简单化、专业化的前提条件和基础。

1987 年，肯德基第一个进入中国市场，在北京前门开设了第一家肯德基快餐店，从此拉开了进入中国市场的序幕。肯德基的成功就在于选址策略上的正解性。

肯德基对快餐店选址是非常重视的，选址决策一般是两级审批制，通过两个委员会的同意，一个是地方公司，另一个是总部。其选址成功率几乎是百分之百，是肯德基的核心竞争力之一。

通常肯德基选址按以下几步骤进行。

（一）商圈的划分与选择

1. 划分商圈

肯德基计划进入某个城市，首先通过有关部门或专业调查公司收集这个地区的资料。有些资料是免费的，有些资料需要花钱去买。把资料集齐了，就开始规划商圈。

商圈规划采取的是计分的方法，例如，这个地区有一个大型商场，商场营业额在 1 000万元算一分，5 000 万元算 5 分，有一条公交线路加多少分，有一条地铁线路加多少分。这些分值标准是多年平均下来的一个较准确的经验值。

通过打分把商圈分成好几大类，以北京为例，有市级商业型（西单、王府井等）、区级商业型、定点（目标）消费型；还有社区型，社、商务两用型，旅游型等。

2. 选择商圈

选择商圈，即确定目前重点在哪个商圈开店，主要目标是哪些。在商圈选择的标准上，一方面要考虑餐馆自身的市场定位，另一方面要考虑商圈的稳定度和成熟度。餐馆的市场定位不同，吸引的顾客群不一样，商圈的选择也就不同。

商圈的成熟度和稳定度也非常重要。比如规划局说某条路要开，在什么地方设立地址，将来这里有可能成为成熟商圈，而肯德基一定要等到商圈成熟稳定后才进入。例如，说这家店三年以后效益会多好，对现今没有帮助，这三年难道要亏损？肯德基投入一家店要花费好几百万，当然不冒这种险，一定会坚持比较稳健的原则，保证开一家成功一家。

（二）聚客点的测算与选择

1. 要确定这个商圈内，最主要的聚客点在哪

肯德基开店的原则是：努力争取在最聚客的地方和其附近开店。

古语说"一步差三市"。开店地址差一步就有可能差三成的买卖。这跟人流动线

（人流活动的线路）有关，可能有人走到这，该拐弯，则这个地方就是客人到不了的地方，差不了一个小胡同，但生意差很多。这些在选址时都要考虑进去。

人流动线是怎么样的，在这个区域里，人从地铁出来后是往哪个方向走等。这些都派人去测量，有一套完整的数据之后才能据此确定地址。

2. 选址时一定要考虑人流的主要动线会不会被竞争对手截住

人流是有一个主要动线的，如果竞争对手的聚客点比肯德基选址更好，那就会对肯德基产生影响。

3. 聚客点选择影响商圈选择

聚客点的选择也影响到商圈的选择。因为一个商圈有没有主要聚客点是这个商圈成熟度的重要标志。

（三）肯德基的跟进策略

为了规划好商圈，肯德基开发部门投入了巨大的努力。在北京，肯德基根据自己的调查划分出的商圈，成功开出了 56 家餐厅。

肯德基与麦当劳市场定位相似，顾客群基本上重合，所以我们经常看到一条街道一边是麦当劳，一边是肯德基，这就是肯德基采取的跟进策略。因为麦当劳在选择店址前已做过大量细致的市场调查，挨着它开店不仅可省去考察场地的时间和精力，还可以节省许多选址成本。当然肯德基除了跟进策略外，对店址的选择是很值得借鉴的。

有了店址的评估标准和一些成功案例，我们就可以开发出一套店址的评估工具，它主要由下面几个表格组成：租赁条件表、商圈及竞争条件表、现场情况表、综合评估表。它们是我们进行连锁经营店址评估的有力武器。

第二节　公司注册登记

企业的成功就得依法经营，按章纳税。所以完成公司注册是一个企业得以生存和发展的重要条件，也是一个企业在履行社会责任的重要体现。工商注册是一个复杂而严谨的事情，图 5.1 为工商注册的基本流程。

一、创业企业的形式

（一）创业的企业类型

企业合法经营必须向政府主管部门申办经营许可证，完成相应的登记。工商部门审批企业的营业执照，如果企业的经营范围或业务需要其他政府主管部门批准，经营的项目或业务还应该向政府其他主管部门申请办理，按照国家的法律和法规，从事企业有一些类型和组织形式。目前个人能够创业的形态有：

（1）个体工商户；

（2）个人独资企业；

（3）合伙企业；

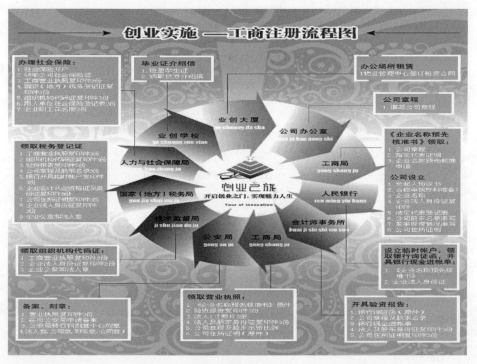

图 5.1

（4）有限责任公司。

有条件的创业者还可以与境外投资者合办中外合作或合资企业。个人还可以选择股份合作企业。

（二）公司的命名

对于一个新公司，取一个好的名字很重要。孔子说："名不正则言不顺，言不顺则事不成。"

1. 公司取名的原则

（1）注重人和，挖掘公司名称的文化底蕴。

（2）注重地利，拓展公司名称的历史潜能。

（3）注重天时，开发公司名称的时代内涵。

（4）应强化标志性和识别功能，避免雷同。

（5）应加强公司取名与品牌、商标的统一性。

（6）应避免无特征的公司名称，要突显名称的"个性"。

2. 公司取名方法

公司注册取的名字，必须符合国家的法律法规，一般取名的原则是：产品要打开销路占领市场，不仅要求质量高，而且不能忽视名字的作用，起一个既符合产品性能特征，又符合消费者心理需求的名字，无疑会提高产品的知名度和竞争力。

（1）"少、短、响"，力求字数少、笔画少、字形结构合乎美学原则，便于书写和记忆。在相同的信息传递过程中，产品名称越短越好，越短越有优势。诸如日本的三洋、日立、东芝、索尼、德国的奔驰等都是短名响亮的典范。

（2）产品名称要读之上口，具有干脆利落的效果。如果名称念起来拗口，同样影响传播效果。

（3）意蕴要正道，没有不雅的谐意。金利来远东有限公司创办人曾宪梓曾经专门谈及他的名牌产品"金利来"的定名经过。Goldlion 英文本意和直译都应该叫"金狮"。金狮领带生产出来就投放市场，为推销先赠送领带，但却遭人们婉言相拒。曾先生很迷惑，有一天曾先生拿了两条金狮领带给他的一个亲戚，没想到亲戚满脸不高兴地说："我才不带你的领带呢！净输，净输，什么都输掉了。"原来广东、香港方言中，"金"与"净"，"狮"与"输"读音相似，而曾先生的这个亲戚又是个很讲忌讳的人。香港人显然很忌讳"输"字，当天晚上曾先生一夜未睡，为改"金狮"这个名字绞尽脑汁。终于将 Goldlion（金狮）改为意译和音译相结合的吉祥名字"金利来"，即 Gold 意译为"金"，Lion 音译为"利来"。这个名字很快就被大家所接受，打领带的生意人很多，当然都希望"金利来"。

（4）名称要顺耳响亮，要求合乎语音学规则，音律优美，抑扬顿挫。如果名字全属平声则名字读起来相当平板，听起来也无节奏感。若全属去声字，则人们念起来颇费气力，听起来也单调。因此名字由平仄二声构成，则产生有节奏而又和谐的优美音律效果，悦耳动听。

（5）不要侵犯同类企业的产品名称专用权。

（6）产品信息辨别性。一个产品名称的读音和字义会影响到消费者先入为主的直觉或感受。对于新接触的名称，消费者一般来说会有一种直觉判断：其名称应是某一类商品。例如："娃哈哈""大大泡泡糖"的商品指向明显是针对儿童、青少年的食品。所以产品起名涉及产品概念、产品的作用、产品的特殊性能、市场定位、使用方法、给消费者带来的满意程度、与竞争者产品的关系、媒体传播计划、产品与公司名称及现存商标的关系等。

（7）形象一致。企业的商品要与其企业有一致的形象，商品名与公司从事行业不能自相矛盾。

（8）专名专用，名副其实。名称是事物的专有标志，只有名实相符，才能准确地反映事物的特征，才能让人念着顺口，听得顺耳，即古人所说的"名正言顺"。因而"名副其实"是命名的重要原则。像"康师傅"方便面，一下子抓住顾客的心，暗示吃了有益健康。又如有人给在汽车发动机上使用的"自动润滑调隙活塞环"起名叫"鑫福环"，给人一种生拉硬套的感觉，不仅写起来费劲，而且让人不知所云。

（9）符合顾客的喜好，不要触犯当地文化、习俗禁忌。

二、申办企业流程

（一）设立新公司所需要资料

1. 公司名称查询

名称核准时，需要准备：

● 全体股东（法人 + 合伙人）的身份证原件及复印件各一份；

● 法人及合伙人出资比例（百分比）；

● 拟定公司名称 1~5 个；

● 拟定公司经营范围的主营项目。

2. 名称核准后，需要提供

● 全体股东的身份证原件及复印件各一份；

● 全体股东户口簿复印件（户主首页 + 本人页）各一份；

● 法人照片 6 张、合伙人照片 6 张；

● 全体股东简历各一份。

（二）工商登记

工商登记，即企业法人登记，指国家授权的登记主管机关（工商行政管理机关）依法对企业法人的筹建、开业、变更、分立、合并、中止进行登记注册，确认企业法人的资格和合法经营权，并对企业法人的生产经营活动进行监督管理等活动的总称。

工商登记分为设立登记、变更登记、注销登记。本章主要介绍开办公司前进行的开业登记。

1. 申请企业法人登记应当具备的条件

● 有自己的名称、组织机构和章程；

● 有固定的经营场所和必要的设施；

● 符合国家规定并有与其生产经营和服务规模相适应的资金数额和从业人员；

● 能够独立承担民事责任；

● 符合国家法律、法规和政策规定的经营范围。

一般程序和需要提交的文件（见下表）：

表 5.1

登记顺序	登记所填表格	户主提供资料
1. 查名	1. 名称预先核准申请书 2. 委托书	1. 全体投资人身份证复印件 2. 投资人私章
2. 工商登记	母体： 1. 代理书 2 份 2. 公司设立登记申请书 1 份 3. 公司章程 1 份 4. 股东履历表（合伙人）1 份 5. 承诺书 1 份 6. 股东会决议 1 份 7. 注册资金到位证明（验资报告）	法定代表人材料： 1. 户口簿复印件 1 份 2. 身份证原件及复印件 1 份 3. 一寸照片 6 张 　合伙人材料： 1. 户口簿复印件 1 份 2. 身份证原件及复印件 1 份 3. 一寸照片 6 张

表5.1（续）

登记顺序	登记所填表格	户主提供资料
	分支： 1. 分公司名称预先核准申请书 2. 分公司设立登记申请书 3. 经营场所租房协议书（产权证） 4. 任职书 5. 分支场地验资承诺书	分支负责人： 1. 身份证复印件1份 2. 一寸照片1张 3. 私章 场所材料： 1. 租房协议书1份 　产权证1份
各项说明	经营范围中如需前置审批的（如：卫生、治安、印刷、广告、环保、房产、科委、消防、烟酒、技监等），应先经有关部门审批后再进行工商注册登记	

（三）税务登记

1. 办理税务登记的对象

●领取法人营业执照或者营业执照（以下统称营业执照），有缴纳增值税、消费税义务的国有企业、集体企业、私营企业、股份制企业、联营企业、外商投资企业、外国企业以及上述企业在外地设立的分支机构和从事生产、经营的场所。

●领取营业执照，有缴纳增值税、消费税义务的个体工商户。

●经有关机关批准从事生产、经营，有缴纳增值税、消费税义务的机关、团体、部队、学校以及其他事业单位。

●从事生产经营，按照有关规定不需要领取营业执照，有缴纳增值税、消费税义务的纳税人。

●实行承包、承租经营，有缴纳增值税、消费税义务的纳税人。

●有缴纳由国家税务机关负责征收管理的企业所得税、外商投资企业和外国企业所得税义务的纳税人。

2. 税务登记的流程和所需的资料

（1）开业登记流程

提供证件、资料——税务登记窗口——申报征收窗口缴纳工本费——税务登记窗口领取税务登记证。

（2）需提供的证件、资料

●个体税务登记需要提供的证件、资料：

《税务登记表》一式两份。

《税务人税种登记表》一式一份。

营业执照或其他核准执业证件及工商登记表或者其他核准执业登记表原件及复印件。

业主居民身份证、护照或者其他证明身份的合法证件原件及复印件。

业主一寸免冠照片2张。

住所、经营场所证明（产权证明或租赁合同）。

税务机关要求提供的其他证件、资料。

●企业、企业分支机构税务登记需要提供的证件、资料：

《税务登记表》一式两份。

《税务人税种登记表》一式一份。

营业执照或其他核准执业证件及工商登记表或者其他核准执业登记表原件及复印件。

组织机构统一代码证书原件及复印件。

法定代表人和董事会成员名单。

法定代表人（负责人）或户主居民身份证、护照或者其他证明身份的合法证件原件及复印件。

有关合同、章程（分支机构须带总公司章程）、协议书。

住所、经营场所证明（包括产权证和租赁协议）。

银行账号证明。

总机构税务登记证副本（仅适用分支机构税务登记）。

税务机关要求提供的其他证件、资料。

●注意事项：

纳税人应自领取营业执照之日起 30 日内申请办理税务登记。

税务登记证的工本费为 20 元每套。

纳税人开户银行账户，申请减税、免税、退税，申请办理延期申报、延期缴纳税款，领购发票，申请开具外出经营活动税收管理证明，办理停业、歇业等有关税务事项时，必须持税务登记证件副本。

纳税人未按规定期限申报办理税务登记的，由税务机关责令限期改正，可以处二千元以下的罚款；清洁严重的，处二千元以上一万元以下的罚款。

纳税人不办理税务登记的，由税务机关责令限期改正；逾期不改正的，经税务机关提请，由工商行政管理机关吊销其营业执照。

纳税人未按规定使用税务登记证件，或者转借、涂改、损坏、买卖、伪造税务登记证件的，处二千元以上一万元以下的罚款；情节严重的，处一万元以上五万元以下的罚款。

（四）企业办理"社会保险、失业保险和住房公积金"的流程

1. 社会保险办理流程

各类企业（含国有企业、集体所有制企业、股份制企业、股份合作制企业、外商投资企业、私营企业等）、企业化管理（职工工资及退休待遇按企业标准执行）的事业单位，均应按属地管理的原则，到纳税地（非纳税单位按单位地址区域）所管辖社会保险经办机构办理社会养老保险登记手续。新成立的单位应在单位批准成立之日起 1 个月内办理登记手续。参保单位必须为与其发生事实劳动关系的所有人员（聘用的退休人员除外）办理社会保险手续。

需填报的表格及附报资料：

社会保险登记表及在职职工增减异动明细表（一式两份）并在所管辖社会保险经

办机构领取。

相关证件如下：

（1）企业营业执照（副本）或其他核准执业或成立证件。

（2）中华人民共和国组织机构代码证。

（3）地税登记证。

（4）私营企业如相关证件无法清楚地认定其单位性质，应补报能证明其私营性质的相关资料（如工商部门的证明、国税登记证、验资报告等）。

（5）事业单位应附有关事业单位成立的文件批复。

（6）驻地办事处应附总公司或总机构的授权书。

附报资料：新参保职工身份证复印件（户口不在本市的职工还需提供户口或者暂住证复印件）。以上证件同时需要原件及复印件，到所在社保经办机构办理。

"月缴费工资"：应按职工本人上年度月平均工资总额填报。本年度新招人员，按实际发放的月工资总额填报（但不得低于本地区最低工资标准）。

企业和个人缴费比例表：

表5.2

险种	国有企业		集体企业 三资		私营企业 外来务工人员	
	单位缴纳	个人缴纳	单位缴纳	个人缴纳	单位缴纳	个人缴纳
养老保险	22%	7%	20%	7%	13%	7%

注：每月20日之前在所管辖社会保险经办机构办理。

2. 住房公积金办理

单位办理住房公积金缴存登记手续如下：

（1）到当地财政局资金管理中心办理缴存登记，填报《住房公积金缴存登记表》，"资金管理中心"按规定对申报单位进行审核并指定住房公积金经办银行。

（2）办理住房公积金缴存登记须附的相关证件：企业营业执照副本及复印件，行政事业单位及其他机构批准设立的批文原件及复印件；法人代码证原件及复印件；国税税务登记证副本原件及复印件。

（3）本表一式四份，房改委资金管理中心核定登记表后留存两份；单位送交指定的公积金办理银行一份，凭此表设立住房公积金的单位账户和职工个人账户；公积金账户建立后将每月交一份员工缴存住房公积金表及汇补表交付给公积金办理银行。

（4）单位为新录用或者新调入职工缴存住房公积金，办理手续如下：新的正式录用职工或者新调入及调出职工在起用的三十日内到受托银行办理职工住房公积金账户的设立手续，同时为已设立住房公积金个人账户的职工办理账户转移。

（5）核定住房公积金缴存比例为：按职工月均工资总额的10%计缴（其中单位部分按5%计缴，职工个人部分按5%计缴）。

（6）缴存住房公积金的单位名称、地址发生变更的，办理手续如下：单位名称、地址发生变化的，原单位应当自发生变更之日起三十日内到房改委资金管理中心办理变更登记，并持经"市房改委资金管理中心"审核的《单位住房公积金缴存情况变更登记表》到受托银行办理相关手续。

（7）缴存住房公积金的单位撤销、破产或者解散的，办理手续如下：单位撤销、破产或者解散的应当自发生上述情况之日起三十日内持相关证明文件，由原单位或者清算组织到房改委资金管理中心办理注销登记并自注销登记办理完毕之日起二十日内持"房改委资金管理中心"审核的《单位住房公积金账户注销登记表》，到受托银行为本单位职工办理住房公积金账户转移或者集中封存手续。

3. 失业保险相关手续

新参保失业保险的公司应在所管辖的失业保险管理办公室办理失业登记手续。如做异动的单位需在原单位所管辖的失业保险管理办公室开出办理失业保险关系转移手续；再拿现单位所管辖的失业保险管理办公室登记办理手续，并盖上现管辖失业办的章；然后拿到原单位所管辖的失业办盖章；最后拿到现单位所管辖的失业办办理此事。

需填报的表格及附报资料：在失业办领取失业保险登记表、缴费单位月度缴费基数申报（异动）表及失业保险缴费职工花名册（一式四份）。

相关证件如下：①企业营业执照（副本）及复印件；②中华人民共和国组织机构代码证及复印件；③地税登记证及复印件；④财务报表及工资表；⑤U 盘一张拷贝（做一份失业保险缴费职工花名册），拷贝到失业办作记录。失业保险按职工月均工资总额的 3% 计缴（其中单位部分按 2% 计缴，职工个人部分按 1% 计缴）。

第三节　实训操作

一、实训目的

通过软件系统，给学生提供了一个注册企业的模拟环境，学生通过模拟企业设立中涉及工商（注册）、税务（登记）、银行（账户）、会计师事务所（验资）、质量监督局（质量）、公安局（公章）、场地、人才中心（人员招聘）等内容，了解企业创立的程序，熟悉相关的政策法规，为开办企业作准备。

二、实训准备

（一）知识法律库的录入

此功能模块主要是对有关工商注册流程中的相关知识，以及相关法律知识的录入。

（二）重置工商注册模拟

此模块的功能非常重要，学生如需重复模拟工商注册流程，教师点击"清空操作步骤"，学生即可重新模拟此流程，教师还可针对每个学生的操作过程中的某一个环节进行重置。

步骤一：选择班级，选中需重新模拟的学生，并选中需重新模拟的流程（图5.2）。

图 5.2

步骤二：点击"清空操作步骤"即弹出以下界面：

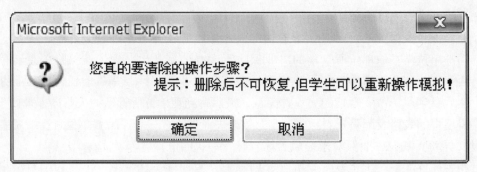

图 5.3

按"确定"，即可删除该学生之前的操作记录。

三、实训内容

以北京主要街景为模拟场景，主要采用 Flash 动画、3D、交互第一人称的方式模拟展示公司工商注册流程，以直升机导航，鼠标划过以 Flash 画轴方式展开提示。

领取毕业证和介绍信——名称审核——租赁场地——公司章程——银行注资——验资报告——工商登记——申请刻章——质量监督——银行开户——税务登记——社会保险——颁发营业执照、税务登记证、组织机构代码证、社会保险登记证、银行开户许可证、公司印章——公司成立。

获取上述各种证件完整、逼真，整个模拟场景以直升机导航，并配有音乐，各个环节的办公设置与现实吻合。

（一）进入创业公司注册

登录学生界面，进入创业公司注册界面（图 5.4）。

培训中心：进入创业培训中心（图 5.5）。

图 5.4

图 5.5

点击界面，领取创业培训毕业证及介绍信（图5.6）。

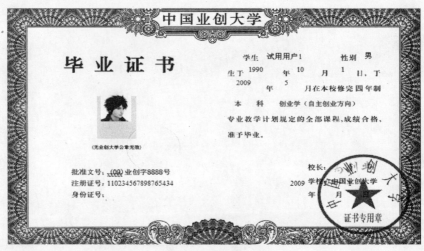

介 绍 信

业创市工商行政管理工作中心：
兹介绍我校毕业生　演示学生1　到你处办理创业公司注册事亦，请予以接洽。
该同学（同志）已在我校顺利毕业。在校期间遵纪守法，无犯罪记录。
我单位对此事表示支持。
此致
敬礼

图5.6

进入创业注册界面，点击进入创业大厦，完成租赁办公场所（图5.7）。

图5.7

（二）公司名称登记

确定公司的名称，在主场景点击"工商行政管理局"入口，进入工商局内部。会看到办事窗口有三个，点击最左边的窗口。根据弹出窗口提示，选择"指定代表证明"，按要求填写相关信息，并签字。再选择第一个菜单"名称预先核准"，完成公司名称预先审核申请书的信息填写。全部填写完整后提交，如填写内容符合要求且公司名称没有和其他小组冲突，会提示申请成功，可以使用申请的名称作为公司名称。

（三）撰写公司章程

退出工商行政管理局回到主场景中，点击进入创业大厦；或直接在下面的导航仪表盘上点击"公司"，直接快速跳转到公司场景。点击"会议室"，点击菜单"公司章程"，完成公司章程的编写，并在最后签名确认（图5.8）。

图5.8

（四）领取验资报告

进入"业创银行"，点击"对公业务"窗口，在弹出窗口中点击"股东资金存款"菜单，确认将股东资金存入银行（图5.9）。

中国人民银行 **进账单** (回 单) 1

年 月 日

出票人	全　称	中国人民银行业创市支行	收款人	全　称	业创业fefsf有限公司（筹）
	账　号	0111060103465423132		账　号	8808 4251 1102 1570 216
	开户银行	中国人民银行业创市支行		开户银行	中国人民银行业创市支行

金额	人民币（大写）	伍拾万元整	亿 千 百 十 万 千 百 十 元 角 分
			¥ 5 0 0 0 0 0 0 0

票据种类	现金	票据张数	1
票据号码	012453423156		

复核 李明　　记帐 赵小丽

开户银行签章

复核 李明　记帐 赵小丽

此联是开户银行交给持票人的回单

中国人民银行业创市分行：

本公司（筹）聘请的 业创业会计师事务所 正在对本公司（筹）的注册资本实收（或注册资本、实收资本变更）情况进行审验。 按照国家有关法规的规定和中国注册会计师审计准则的要求，应当询证本公司（筹）外方股东向贵行缴存的出资额。 下列数据及事项出自本公司（筹）账簿记录，如与贵行记录相符，请在本函下端"数据及事项证明无误"处签章证明； 如有不符，请在"列明不符事项"处列明不符事项。

回函地址：业创市业创路3号2楼
邮编：000200　电话：0012349　传真：0012359

截至 2009年5月6日止，本公司（筹）出资者（股东）缴入的出资额列示如下：

缴款人	缴入日期	银行账号	币种	金额	款项用途	备注
演示学生1	2009年5月6日	8808 6345 4801 6927 586	人民币	50万元	公司注册	临时账户入资
合计金额（大写）		伍拾万元整				

fefsf 公司（筹）

法定代表或委托代理人：（签名） 演示学生1
2009年5月6日

结论 1. 数据及事项证明无误。

2009年5月6日　经办人：吾有钱

图5.9

　　进入"会计师事务所"，点击前台位置，弹出窗口中点击"出具验资报告"，完成公司注册资金的验资（图5.10）。

验 资 报 告

fefsf有限公司（筹）

我们接受委托，审验了贵公司（筹）截至 2009年5月8日 止申请设立登记的注册资本实收情况。按照法律、法规以及协议、章程的要求出资，提供真实、合法、完整的验资资料，保护资产的安全、完整是全体股东及贵公司（筹）的责任。我们的责任是对贵公司（筹）注册资本的实收情况发表审验意见。我们的审验是依据《中国注册会计师审计准则1602号—验资》进行的。在审验过程中，我们结合贵公司（筹）的实际情况，实施了检查等必要的审验程序。

根据协议、章程的规定，贵公司（筹）申请登记的注册资本为人民币一百万元，由全部股东于 2009年5月8日 之前一次缴足。经我们审验，截至 2009年5月8日 止，贵公司（筹）已收到全体股东缴纳的注册资本（实收资本）合计人民币伍万元（大写）。

本验资报告供贵公司（筹）申请设立登记及据以向全体股东签发出资证实时使用，不应被视为是对贵公司（筹）验资报告日后资本保全、偿债能力和持续经营能力等的保证。因使用不当造成的后果，与执行本验资业务的注册会计师及本会计师事务所无关。

附件：1、注册资本实收情况明细表
业创市会计师事务所

中国业创市

中国注册会计师：王熙凤

中国注册会计师：刘禹虎

2009年5月8日

图 5.10

（五）公司设立登记

退出公司回到主场景，点击进入工商行政管理局；或直接在下面的导航仪表盘上点击"工商"，进入工商局内部。

点击"公司设立"窗口，在弹出窗口中，依次点击"指定代表证明"、"董事经理情况"、"公司股东名录"、"法定代表登记"、"发起人确认书"，根据窗口提示信息完成相关内容填写，注意输入信息的正确性。全部完成后，最后点击"公司设立申请"，注意办理工商营业执照所需的各项材料是否都已准备好，如准备好会标志"√"。按要求填写完所有内容，点击最后的签字确认点击"办理营业执照"菜单，领取已办好的企业法人营业执照（图5.11）。

图 5.11

（六）刻制公司印章

到公安局申请办理公司相关的印章，进入"刻章店"，凭营业执照刻制公司章、财务章、法人章（图5.12）。

公章		业创市fefsf有限公司公章
财务专用章		业创市fefsf有限公司财务专用章
合同章		业创市fefsf有限公司合同章
法人章		演示学生1印

图5.12

（七）办理机构代码

进入"质量技术监督局"，办理公司组织机构代理证（图5.13）。

图5.13

（八）办理税务登记

进入"国家税务局"，点击"税务登记"窗口，按要求填写完相关信息，领取国税登记证（图5.14）。

进入"地方税务局"，点击"税务登记"窗口，按要求填写完相关信息，领取地税登记证。

税 务 登 记 证

（副 本）计算机代码 15195058

税证字1101116691140666号

纳税人名称：业创市fefs有限公司

法定代表人（负责人）：试用用户1

地　　址：业创市业创大街

登记注册类型：私营有限责任公司

经营范围：法律、法规禁止的，不得经营；未经审批的，
不得经营。法律法规未规定审批的，自主选择
经营项目，开展经营活动。

批准设立机关：业创市工商行政管理局

总机构情况（由分支机构填写）	
名　称	
纳税人识别号	
地　址	
经营范围	
分支机构设置（由总机构填写）	
名　称	
地　址	
名　称	
地　址	
名　称	
地　址	
名　称	
地　址	

业创市商业企业专用发票
YE CHUANG COMMERCIAL CORPORATION INVOICE

本发票需在2009年12月31日之前开具

发票代码111000821111
Invoice Code
发票号码10065204
Invoice No.

图 5.14

（九）开设公司账户

进入"业创银行"，点击"对公业务"窗口，在弹出窗口中点击"开设银行账户"

菜单，开设公司银行账户。

（十）办理社会保险

进入"人力资源和社会保障局"，点击"对公业务"窗口，在弹出窗口中点击"社会保险登记"，完成"用人单位社会保险登记表"的填写。再点击"社会保险开户"，完成"企业社会保险开户"登记表的填写（图5.15）。

图 5.15

至此，已全部完成公司工商税务登记所有流程工作，公司正式成立，可以开张营业了。

思考与讨论

1. 在进行经营选址时主要应该考虑哪些因素？
2. 肯德基的选址策略对我们有什么启示？对你的创业有何帮助？

第六章 初创企业的经营管理基础

企业初创，百事待兴。初创期的企业由于缺乏必要的资金，受先进技术和先进设备的约束往往较大，没有条件及时开发新的产品。因此经营实力不能与大企业抗衡。选择好自己的发展战略对于创业者是极为重要的。

第一节 初创企业的人事管理

很多企业创业之初因为员工数量较少，因此很多管理者认为完善的管理体制没有太大的用处，只要将目前的员工管理好即可。一套完善的管理体制，恰恰就是护航企业发展的守护神。员工是企业的宝贵财富，是关系企业生存和发展之源，因此建立用人准则、绩效管理、薪酬设计管理是初创企业所必需的重要的措施。耳濡目染，潜移默化，所以还是得遵循以下原则：

一、创业初期的"招兵买马"

（一）创业初期需要什么样的人才

创业初期招聘的员工要坚持每个员工都必须是有用的招聘原则，迅速为自己打造一支高效的创业团队，针对其时期的特殊性，招揽人才时应注重以下特征：

1. 智谋胆略皆备的英才

他们胸怀奇谋，智慧超群；更为可贵的是他们有敢于创新的勇气和策略，能够机敏灵活地应对各种突变事件，而不会惊慌失措。

2. 顽强拼搏的人才

这种人不怕挫折和失败，明确自己的目标和意愿，顽强拼搏，去争取目标的实现。他们还有强烈的主体意识和主人翁精神，并能独立思考问题，不怕孤军作战，能独当一面，并有总揽全局的设想。

3. 敢于创新的人才

企业发展就在于创新，创新的根本在人，所以那些能在企业中提出自己新颖想法，敢于创新和探索人才是企业最需要的。

4. 灵活多样的人才

不因循守旧、墨守成规，对企业经营中的问题能根据情况灵活解决，让企业利益不致受到损害。

5. 愈战愈勇的人

现代社会中，成功与风险并存，聪明的领导不会重用一帆风顺的人，只有那些百折不挠、对困难和失败有良好耐受能力的人才能委以重任。

（二）创业初期靠什么吸引人

1. 创业企业的价值回报

作为创业者，创业时期的企业，如果能保证你所吸引的人才在事业成功中拿到自己应该拿到的那一份报酬，就能够吸收到优秀的人才。

2. 创业者个人的领导魅力

企业文化节是吸引人才重要条件，初创企业文化没有形成，这样领导者的个人魅力就起着举足轻重的作用。领导者的魅力包括魄力、人品等综合方面的素质。

3. 发展前景

人们在选择上，多看重企业发展的前景，就是企业的梦想，给每一个加入企业的人以个人梦想，也就是职业生涯规划。

4. 激励人才制度

为了保证人才能留在企业，建立一套完整的激励机制，让他们长久为企业建立和发展作出贡献。

（三）创业初期的招聘渠道

对于创业初期的企业来说，要吸收到有用的人才，可以从以下几个方面着手：

1. 人才交流中心

全国各大中城市都建立了人才交流服务中心，这些机构常年为用人单位提供各种人才招聘服务。人才洽谈会上，用人单位可以直接与应聘者进行接洽和交流，节省了企业的应聘时间。

2. 传统媒体

在传统的媒体上刊登招聘广告。在报纸、电视台和广播电台可以刊登广告，既能招聘人才，也能扩大企业的影响，但费用较高，初创企业要根据自己的财力和需要决定采用的方式。

3. 校园招聘

对于应届毕业生和寒暑期临时工可以在校园直接招聘，主要有招聘张贴、招聘讲座和毕业推荐三种方式。

4. 网络招聘

这是近年比较流行的一种招聘方式，它具有费用低、覆盖面广、时间周期长、联系快捷方便等优点，许多大型企业、外资企业、高新技术企业都是采用这种方式。

5. 员工推荐

员工推荐对招聘专业人才比较有效，成本小、应聘人员素质高、可靠性高。为鼓励员工积极推荐，企业可以设立一些资金，用来奖励那些为公司推荐优秀人才的员工。

6. 人才猎取

对于高级人才和尖端人才，用传统的渠道是很难获得的。人才猎取需要付出较高的成本，一般委托猎头公司专门完成。

二、员工的薪酬设计

有德有才破格重用，有德无才培养使用，有才无德限制录用，无德无才，绝不使用。员工的招聘管理模式，是一种非常有效的低成本运营模式，也是这一阶段主要的控制方式。

(一) 薪酬内容

科学地确定员工工资，是人力资源管理者重要的工作。同时，对于求职者，知道管理层确定员工工资的标准，有助于其在与管理者的薪资谈判中得到一个满意的薪酬。

1. 职位评价

职位评价的目的是为了判定该职位在组织所有职位中的相对价值。判定相对价值的依据一般是每个职位中所包含的内容，比如职位要求的教育程度、技术熟练程度、所承担责任的重要性。在判定每个职位的相对价值以后，管理者通常从其中挑选出一个关键职位，作为基准职位。

2. 划定工资级别体系

在进行职位评价后，管理者将类似的职位归入同一工资等级。对于大型企业来说，通常需要将上千个职位归入十几个工资等级。大家可能知道，企业里有一级、二级电工，电工的级别是国家确定的，而企业里的工资级别由企业确定。

3. 确定等级额度

确定每个工资等级的基准职位的工资水平，由于每个工资等级中的每个职位有一定的区别，所以同一级别中的职位工资也有差别，但要有一定的限度，一般情况下，本级别中最低职位的工资不低于下一级别中最高职位的工资。

4. 调整级差

管理者根据具体情况，调整某些职位的薪酬。管理者可以根据劳动力市场的行情，比如待聘职位的紧缺程度，或者根据企业自身的情况，比如企业对某个职位的要求比大部分同类企业的需求要高。

5. 资金报酬

员工的薪酬设计应该包括资金报酬和非资金报酬（各种待遇）两个部分。

基本工资、绩效工资、加班费；奖金、业务收入提成；各种现金补贴（通信费、交通费）。

免费食宿、基本社会保险、补充商业保险；有偿节假日、休息日、带薪假期（病假、年假、产假等）、期权股份等。

(二) 薪酬设计考虑的因素

薪酬设计：因部门而异求激励，总的来看，初创企业的薪酬设计应遵循如下原则：高工资、低福利，简明实用。建立绩效增加激励的工资制度，不同部门的薪酬设计应有所区别。

1. 不同部门应该有所区别

企业内部可以分为技术高度密集型部门和一般经营、服务型部门，两大类部门的工薪制度应有所区别。

技术高度密集型部门：企业对这类部门所招聘的员工有比较强的依赖性，为了招聘到技术人才，在工薪设计上必须考虑企业的长远发展目标和相对的稳定性。为此，工薪制度应采取灵活的组合方式。如直接分给股份、高薪加高福利等。

经营、服务型部门：这类部门应采用岗位、级别的等级工薪制度。该项制度建立得越早越好。对这类部门的薪酬设计，企业要根据岗位的实际需求能力，以及员工的实际能力和水平，有目的地定岗、定员、定级、定薪。让员工进入企业有明确的个人定位及发展目标，让其岗位的变化与薪水形成必然的联系。

2. 报酬设计要注意的问题

一是避免差异过大。差距过大是指优秀员工与普通员工之间的报酬差异大于工作本身的差异，也有可能是干同等工作的员工之间报酬存在普较大的差异。前者的差异过大有助于稳定优秀员工，后者的差异过大会造成员工的不满。

二是避免差异过小。差异过小是指优秀员工与普通员工之间的报酬差异小于工作本身的差异。它会引起优秀员工的不满。

三是避免将工薪制度和激励制度混同。企业的工薪制度和激励制度是两个不同的制度，尤其是初创企业更要加以区分，否则会导致基本工薪制度与激励制度的混乱，使员工的工作热情受到打击。比如，企业管理者要对作出杰出贡献的员工给予激励，不应采用在原岗位直接加薪的简单方法，而应采用一次性奖励或升职加薪的方法。

（三）员工的"五险一金"

按照国家劳动法规定，企业应该为员工交纳"五险一金"，五险，即养老保险、医疗保险、失业保险、生育保险和工伤保险；一金，即住房公积金。这里要注意的是"五险"是法定的，而"一金"不是法定的。

住房公积金：具体单位和个人承担的比例是各承担50%，那是按照个人全年平均工资计算的。国家规定的是：住房公积金不低于工资的10%，效益好的单位可以高些，职工和单位各承担50%。

"五险"方面，按照职工工资，单位和个人的承担比例一般是：

养老保险单位承担20%，个人承担8%。

医疗保险单位承担6%，个人2%。

失业保险单位承担2%，个人1%。

生育保险1%全由单位承担。

工伤保险0.8%也是全由单位承担，职工个人不承担生育和工伤保险。

统筹基金：在养老保险制度从国家—单位制逐渐向国家—社会制转变的过程中需要国家统筹，以解决经济发展不平衡及人口老龄化等问题。①以企业缴费为主建立社会统筹基金；②由职工和企业缴费为主建立个人账户；③政府负担养老保险基金的管理费用。这种社会统筹和个人账户相结合的半基金制有利于应付中国人口老龄化危机，逐渐分散旧制度到新制度的转轨成本，逐步实现由企业养老保险制度到个人养老保险制度的转变。

缴纳额度每个地区的规定都不同，以工资总额为基数。有的企业在发放时有基本工资，及一些相关的补贴；但有的企业在缴纳时，只是基本工资，这是违反法律规定的。具体比例要向当地的劳动部门咨询。关于养老保险、失业保险和医疗保险的支取，是在法定允许的情况下才可以领取，是由社保登记部门来发放，比如养老保险，要达到法定的年龄才可以，失业保险金的领取也是要具备条件，比如你到户口所在地的街道办事处办理失业证明，同时又办了求职证，就是指你失业以后还必须有求职的意愿，这样的条件才可以领取。如果失业之后你不想工作，那么就不能给你发失业保险金。另外，养老金和失业金是不能同时享受的。试用期内是否享有保险？在试用期内也应该有享受保险，因为试用期是合同期的一个组成部分，它不是隔离在合同期之外的。所以在试用期内也应该上保险。另外，企业给员工上保险是一个法定的义务，不取决于当事人的意思或自愿与否，即使员工表示不需要交保险也不行，而且商业保险不能替代社会保险。养老保险的享受待遇，累计缴纳养老保险 15 年以上，并达到法定退休年龄，可以享受养老保险待遇。

三、员工的绩效考核

绩效考核是员工管理的最重要手段，企业对员工的绩效考核主要包含：

（一）考核内容

1. 岗位职责

员工履行职责和完成工作任务的情况。

2. 绩效目标或任务指标

这是最重要的考核内容，大体可以分为创收和非创收两种。创收目标显然是员工能够实现的销售收入指标，非创收目标是指在企业的基本建设、为创收所做的铺垫和辅助工作或员工的日常非创收工作方面的成绩指标。

3. 行为规范

作为企业制度的考勤、工作纪律、团队协作以及工作态度和穿着举止等方面的统一规范或要求。

（二）考核标准

考核标准是为考核内容而具体设定的操作标准和报酬执行标准。

（1）销售额或创收价值；

（2）任务数量（做多少），就是按照企业的劳动平均率制定的企业人员平均工作量；

（3）工作质量（做得多好），员工在完成规定的工作量时，对质量的要求，完好率达到员工平均数；

（4）工作时间（花了多少时间），效率如何；

（5）利润和成本（给企业带来多少利润和多大成本）。

上述标准如何与薪水和奖罚挂钩（做到什么程度，给予什么报酬或奖罚）。

（三）考核周期

1. 月度考核

月度考核是每月考核，便于与工资、提成和奖罚相结合。

2. 年中和年度考核

年中考核是按季度或 6 个月为考核期限。年度考核是在年底。

3. 其他考核

其他考核是根据企业的发展，可以是以项目完成，或者是一个阶段工作的完成作为考核时间段，这样便于企业运行。

（四）考核办法

制定考核办法应该是明确的，让每位员工清楚自己的工作、业绩与收入是成比例的。一般考核办法有：

1. 记分考核法

用记分或评分来评价员工的工作情况，可以每天或每周进行，月底或年底考核结束时，根据员工的分数总结考核成绩，确定报酬和奖罚，这种办法一般由员工的主管负责。

2. 业绩记录

要求做好日常工作进展记录，大项工作或任务完成时，填写业绩记录单，做出业绩评价。可以由员工填写，主管执行评价。主要是对员工的业绩考核。

3. 全方位的评价

即让被考核的员工的上级、下级和平级的同事以及客户对员工做出评价。这是由老板或其他高级管理者负责执行，通常是年底或某一个重大项目完成时考核。

（五）绩效报酬和奖罚方式

报酬和奖罚方式很多，应根据企业和业务的特点来制定。以下仅列举几种常用的方式：

（1）月报酬为"底薪＋浮动工资"，业绩与浮动工资挂钩。

（2）销售人员的销售业绩同收入提成挂钩（以下销售管理部分将详细讨论）。

（3）非销售人员的浮动工资与工作任务指标的完成情况挂钩。

（4）设置特别效益奖罚，在正常月报酬之外奖励贡献突出的员工；对表现差的员工除扣减浮动工资外，还处以特别罚款。

（5）奖励形式多数都以现金的形式体现，非经常性的特殊奖励也可通过奖予较贵重的商品、休闲度假、股份期权等方式来实现。

（6）处罚方式除罚款外，还可以采用警告、记过、降级乃至辞退等不同程度的处罚。

（六）考核工具

为便于绩效考核，需要有相关的考核工具，例如：指标和效益计划表；执行进度表，工作时间表；评分或记分表（卡）；工作流程单，业绩记录单；员工评价表；工作日志/日程表/日常工作报表；打卡或指纹考勤机；等等。

第二节　初创企业营销管理

有热情，有实干精神，有为自己的梦想而奋斗的动力，是一种难能可贵的创业精神。但是创业者的成败与自身素质和能力有着密切关系，而正确认识和理解创业特点，做好创业起步是重要的一个环节。

一、认识初创企业

（一）初创企业的特征

创业并不是简单的事情，创业过程比人们想象中的还要艰难，很多人几乎每天都在动脑筋想寻找新的项目投资。然而要创业成功，除了天时、地利、人和等因素外，最重要是要妥善处理好一大堆烦琐的事务。因为一个企业的创建，可能一切都是从零开始，从企业的建立、产品的研发到完善，对于一个初创者都会有以下特征：

1. 企业（或服务机构）没有知名度

对于你的产品、服务，知道的人不多，而你的潜在顾客不了解你，不知你经营的产品是什么。

2. 产品不多

你的产品是刚研发出来的，没有形成系统的产品，不能满足各种顾客的需要。有时产品出现质量不稳定，还需要不断改进和研发。

3. 缺乏市场

由于你的产品或服务是初创的，刚进入市场，不能得到客户的认可，或者是你经营的新产品缺乏有效的渠道，不能迅速打开市场，会成为你发展的一道障碍。

4. 资金紧缺

在初期投入得较少，加上开办之初各方需要资金，如聘请员工、购置设备，承租生产或经营场地，企业产品研发投入、营销费用等方面经费的短缺。

5. 经营管理体制没有形成

由于有效管理制度、流程没有建立，整个企业杂乱无章，经营管理混乱。

6. 没有投资和融资渠道

企业初创，在金融机构中没有良好的信誉，缺乏正常的融资渠道，资本的筹集只有依靠初期的投入和物品的抵押来筹措资金。

（二）初创企业种类

我们调查发现，创业者创立的企业，一般有以下三种类型：

1. 从大中企业中分离创立

原本是一家做得很不错的大企业，为了能够在市场中重新定位，或为了开拓新的市场，从原来的企业中将部分人员和资产进行剥离后，在工商机构进行注册而成立的初创企业。

2. 减少竞争合并设立

几家原来独立存在的企业，为了加强合作或减少竞争，把各自经营的企业关闭，重新注册成立的初创企业。

3. 由创业者自己独立设立

由个人为了实现梦想而发起成立的初创企业。对于第一种和第二种初创企业来说，如何拿下第一单业务并不是难事，因为这两类企业本身就具备开展业务的能力，并且这两类企业可能还是市场中最有竞争力的企业。对于第三种由个人创办的初创企业，是本书讨论的重点。

由个人发起成立的初创企业又可分为三种情况：第一种是原本在企业中从事生产管理/市场销售工作人员，手里有一些和他们关系很好的客户，认为自己出来做比在原来公司做要挣得更多，而辞去工作发起创办的初创企业；第二种是原本在企业中从事研发或生产工作的人员，手里有技术或者很善于管理生产，觉得自己出去做比在现在的公司做更有发展而辞职创办的初创企业；第三种则是一些从学校毕业的学生，毕业后不想给别人打工，自己发起成立的初创企业。

（三）初创企业的生存方式

1. 初创业面临的问题

由生产/营销人员创办的初创企业，由于创办者掌握如何进行高质量的生产和制造，这类企业的产品在质量上不会存在什么大问题，但是由于不擅长进行产品和服务的设计，产品可能是抄袭别人的，在产品功能上可能没有什么特色。解决这个问题的关键是一定要确保产品的质量不能出问题，为了简化销售过程，可能在成本控制的基础上在价格上进行一些让步。由于擅长搞产品生产，目标客户群也比较明确，但是由于创办者不善于做销售管理，使得在销售过程中无法向客户展示将如何为客户创造价值，而只能通过低价策略进行业务拓展。解决的关键是不断地学习与客户打交道的技巧。由学生创办的初创企业，由于缺乏产品设计和生产的经验，做出来的产品本身就可能存在这样那样诸如功能不全、质量不高等问题，再加上不懂销售，不知道该如何定价、如何报价等。

由学生创办的初创企业可能是最难管理的，这类公司可能需要招聘一些有工作经验的人，而如何识别和招聘到有实际工作经验的人是他们首先要面对的难题。这类企业在目标客户群方面存在的问题最大，不知道目标客户群到底在哪里。解决这个问题的关键是要花更多的时间去接触各种能够遇到的人，通过不断的努力，扩大与各种潜在客户的接触机会。同时加强对销售人员客户知识和产品知识的培训，使企业能够不断地接近有真正需要的潜在客户。

2. 初创企业生存之道

企业经营的目的是为了创造效益或收入，最重要的则是要有愿景，那样才能走得更远，作为初创业者，应从以下几个方面入手：

（1）生存是第一要务。对于多数初创业的企业来说，解决生存是第一，每天都要花心思考虑开拓市场和创收赢利的问题，只有存活下来才能求得发展。

（2）营造自己的核心竞争优势。认清自己的产品或服务的优势是什么，核心竞争力是什么，区别于其他企业是什么，这样才能做好营销与策划。包括核心产品或服务，独特的商业模式、卓越的品牌，高效的运营机制和团队，优越的企业文化和环境等。

怎么打造：集中力量打造好核心产品和服务，在产品或服务的核心竞争功能、价格、质量、包装和附加值等方面建立自己产品的优势。

实行差异化经营：在产品推广、营销和服务方面打造与众不同的特色。

财务控制：大部分的企业都是因为现金流而破产倒闭的。

成本优势：如果产品差异化小，就有可能爆发价格战、广告战，如果产品与竞争对手没什么差异而成本比竞争对手高的话第一个死亡的就是你，像格兰仕就是成本主导型的企业。

品牌策略：保证良好的信誉，提供长期的质量保证，不断提升客户的满意度和美誉度。

团队策略：建立良好的团队，注重核心成员的稳定，重视对员工的管理工作。

库存是值得思考的一个问题：规模采购虽然可以降低一些成本，假如日后用不到这个东西，那么这些库存就会是吞噬你利润的一头猛兽。

二、初创企业的管理

（一）股权制度设计

据统计，我国民营企业的平均寿命只有 3～5 年，每年我国都有大量的企业因内部管理不善而倒闭。要想让企业长久生存，长盛不衰，创业者在创业初期就应努力为企业打好发展的根基，建立起合理的内部运营环境。在我国主要的创业企业采用的经营管理模式有：

1. 以家族为主体的股份管理制度

初创业主要的资金和技术以家庭成员为主体，于是在经营管理上和股份安排上就是家族成员为主，这样就形成了家族企业。家族企业主要采用两大类股权安排方式，即分散化股权安排和集中化股权安排。分散化股权安排，是指让尽可能多的家族成员持有公司股份，不论其是否在公司工作，所有家族成员都享有平等权利。股权分散的家族企业有两种管理方法：外聘专业人员管理和部分家族成员管理。集中化股权安排，是指只对在企业新创办公司的管理制度以简单适用为原则。工作或在企业任职的家族成员分配股权。这种方法注重控制所有权而非管理权，着眼于保证家族权利的世代持续。其好处在于所有权和管理者的利益连在一起，决策程序可以加快。而且家族成员只有经过争取才能成为股东和管理者，可以让这些股东保持创业者当年的企业家精神。

2. 合伙企业的股份安排

合伙企业的股份安排一般采取奇数原则，即奇数合伙人结构。比如 1 个企业拥有 3 个合伙人，其中两个合伙人处于在股权方面的强势地位，而另一个则相对处于弱势地位，但三者之间的权力却能保持一定的平衡制约状态，任何一个人都没有绝对的决定权。彼此的制约关系形成了公司管理稳定的基础。

3. 现代企业的股份安排

现代很多企业，不论是家族企业还是合伙企业，为了吸引优秀人才，都会拿出部分股份给予高级人才。通常，在这些企业里，70%～80%的股份由创业者拥有，其余20%～30%由高级人才拥有。高级人才享受相应的投票和分红的权利，工作积极性增强，能为企业创造出更多价值。

股权分配，合理决定稳定一个企业的股权结构直接决定企业内部的分配状况。为了减少企业在发展过程中出现的利益矛盾纷争，企业应针对未来发展的要求，在创建初期合理设置好股权架构。

(二) 管理制度设计

创业期企业的管理工作主要是抓好人事和财务两个方面的管理工作。在人事管理方面，制定好考勤制度、奖惩条例、薪资分配等制度；在财务方面，制定好报销制度、现金流、预算、核算和成本控制等制度。

1. 明确企业目标，达成共识

创业者应该将企业的目标清晰化、明确化。有了目标，才有方向，才有一个共同的远景，这种共识能够大大减少管理和运作上的摩擦。

2. 明确职责和分工

明确"谁听谁的"和"什么事情谁说了算"，并用书面的正式文件规定下来。组织架构设计中最根本的问题就是决策权限的分配。因此，明确每一个核心成员的职责对管理是否畅通非常关键。否则创业者的兄弟意气会让管理陷入混乱。

3. 股东之间增加信任

由于创业期规模较小，许多问题都可以直截了当地进行沟通。大家都应遵循开诚布公、实事求是的处事风格，把事情摆到桌面上来讲，不要打肚皮官司。

4. 建立健全核心的管理团队

在公司内部组建一个管理团队。定期交换意见，讨论诸如产品研发、竞争对手、内部效率、财务状况等与公司经营策略相关的问题。一般采取三级管理结构，即决策层、管理层和一般员工层。

5. 设立规章制度

制定并尽量遵守既定的管理制度。制度一旦制定出来，要求人人必须遵守，不允许个人享有特权，而且制度不能朝令夕改。当公司发展到一定的程度并粗具实力时，创业者就要意识到自身能力上的缺陷，尽可能聘请一些管理方面的专业人才来共图大业。

6. 注意财务监控

统计表明，许多初创企业在1年内就倒闭往往是因为财务管理不善，应收账款中的坏账太多，流动资金短缺频频发生等所造成的。初创企业的财务部门常常是一个会计、一个出纳，不足以应付众多的财务问题。创业者要特别注重财务监控问题，不能简单地把财务管理视作"记账"行为，要由有专业技能的专人负责，并且要建立起相应的财务管理激励机制和评估体系。

7. 避免社会关系对工作关系的干扰

创业期企业里的员工多半与创业者有亲属关系或地缘、学缘关系，员工相互之间也存在千丝万缕的社会关系。这些关系在一定程度上影响着企业内正常的工作关系，导致管理者按规范行使企业管理职权比较困难，规范的制度体系缺乏必要的实施环境。因此，企业初创就应该以制度管人，创业者绝不能感情用事。

（三）日常事务管理

企业的资产包括固定资产和流动资产。企业的固定资产是指使用期限较长和价值较高的固态实物资产，包括企业所拥有的房舍；交通运输车辆；经营或办公所需家具；各种设备，如生产性企业的各种机器，服务性企业的各种经营设备，以及办公电脑、打印机、复印机、系统（集团）电话、网络服务器等。企业的流动资产是指可在企业的经营周期（一年或超过一年）内变现或耗用的资产，包括现金、银行存款、应收款、产品或商品库存、原材料库存等。

企业的用品主要包括办公耗材，如各种笔、打印纸、纸杯等，以及企业为客户提供服务所需的耗材用品，如保洁公司为客户做清洁服务时使用的洗涤剂、抹布等用品。

建立良好的资产与用品管理体系，可延长固定资产（如设备等）的使用寿命，减少用品和耗材等的浪费，并防止流失和损坏。

1. 库存管理

企业的库存一般是指本企业所生产和/或所经销的、尚未销售的商品。加工生产性企业的库存也包括已经购进但尚未使用的原材料。库存管理的目的是为了理顺进、销、存的关系，防止资产流失，同时减少因存货量过多而造成的资金积压。初创企业，无论是商品零售店铺或摊位，还是产品生产或经销公司，主要可采取以下方法实行商品或产品的库存管理：

（1）库存资料建档

建立库存货品的细目清单，保存进库和出库的记录。掌握销售情况，记录每项商品的销售情况，包括销售时间、价格和经手人姓名。随时了解哪些商（产）品畅销，哪些滞销，估算货品的周转率。

（2）维持适量的库存

根据货品的周转情况确定安全存货量，既要满足客户的随时购买需求，又要尽量降低存货，以减少资金积压。

（3）定期盘点

至少每月盘点一次。每周和每日的快速清点对很多零售企业也是必要的，尤其是那些交易量较多的企业，如综合便利店、IT 产品的经销公司等。

（4）仓库管理

由专人负责，装配必要的防盗装置。

2. 资产和用品的保管

对资产和用品的管理，主要可采取以下做法：

与商品管理一样，建立资产和用品的库存明细清单，完善进出库的手续；对使用和领用实行登记；指定专人负责，出现差错或损失可向责任人追究；定期检查或盘点，做好记录；等等。

3. 企业的印章管理

企业的印章主要包括企业公章、法人章、财务章，多数企业还有合同章、发票章。另外，也可选择刻制业务专用章和部门专用章。

盖有企业印章的文件，是受法律保护的有效文件，同时意味着企业对文件的内容承担法律责任。企业印章如被他人盗用或冒用，很可能给企业带来不必要的纠纷和企业无法承担的责任。

法人章和财务章属于财务印鉴，一般应由会计和法人分别保管。

4. 经营许可证件，业务合同，其他重要文件

企业的各种经营许可证件是企业身份的证明。如果遭到他人冒用，同样可能给企业带来损失。以下是需要特别妥善保管的各种证件和重要文件：

包括工商营业执照、税务登记证、机构代码证、行业主管部门颁发的许可证等。

租赁协议；装修合同；消防、电路检验合格证书和批文；户外门牌或灯箱等的批准文件等。

银行开户文件；股东入资凭证；验资报告；企业报税务机关的财务报表（资产负债表、损益表、现金流量表）；记录企业经营和收支情况的各种账簿等。

企业对于重要的资产购买是公司重要生产经营活动的记录，关系公司的机密和发展，应重点保护，是公司的要机密。

对企业员工的人事档案归档，建立正常的人事档案制度。

对上述证件和文件的保管通常也应由专人负责，如可能最好将它们和公章一起存放在保险柜里。

商业重要资料包括：销售和客户的机密资料，包括电子版文档；其他构成商业机密的信息资料，如人事和财务资料；其他重要资料，如有网站的企业需要保管好自己网站的资料备份；等等。

三、初创企业的营销策略

初创期的企业市场营销的能力相对较弱。受企业本身能力的限制，不能及时获得市场需求变化的信息，企业市场渠道相对狭窄，需要开展艰辛的企业宣传和市场开拓。这种情况下，应该做好以下几方面工作。

(一) 用心经营好自己的公司

创业者在确立了自己的创业项目，组建了自己的创业团队后，就是将创业的想法付诸行动，用心开拓自己的事业。首先做的就是为你的产品和服务拓展市场；你必须进入市场，了解你的产品进入市场的状况，能满足的顾客群体，有什么样的竞争优势

和劣势，公司实力与竞争对手的比较；然后才能决定公司将采取的营销策略，了解公司行为对市场的影响，竞争对手可能的反应，从而做出公司应对之策略。

1. 拓展自己产品的"独特卖点"

在市场经济环境下，要想自己处于有利的地位，那就得以一种积极的、吸引人的、醒目的方式将你与你的竞争对手区别开来，营销专家称之为独特卖点。

独特卖点，就是指区别于你的竞争对手的一些特殊特性，它包含了你的企业的形象、产品或服务的内容，只要能阐述你的主题，就是你的独特卖点。它包含在价格、产品成分、定位、颜色、大小、气味、明星效应、位置及时间上面。当你费尽心血设计自己的独特卖点时，你就会以一种全新的方式留意其他企业的独特卖点。这样能够磨炼你的经营管理经验，使你成为一个对独特卖点特别敏感的人，对日常生活中遇到的一个企业、新产品和服务，你就会想到：我的产品是否有一个独特卖点？如果没有，我能为他设计出来吗？如果有，我是否能够改善一下？这样一来你的独特卖点就会成为你宝贵的财富，成为你的优势，你才能在竞争中脱颖而出。

2. 实行创意性经营

在新的市场经济环境下，营销基本上已经完全转向，从替商品寻找客户转变为为客户寻找商品的过程。营销方向也发生变化，在客户主导一切的时代，逆向营销能帮助企业为客户创造更多的价值，提供更多的优质服务，同时为自己在市场经济环境下获得更多的蛋糕。

经营活动就是有组织的生产和销售活动，是将自己的产品和服务提供给顾客，并获得收获的过程。新企业要想在市场环境中获得成功，必须出奇制胜，那就是创意经营，创意经营可以体现在生产、销售、营销等各个环节，是区别其他企业和竞争对手，获得销售成功的关键。

（二）让自己的公司宾客如云

市场经济环境下，企业的经营总是"几家欢乐几家愁"。即使是在相邻的地方，经营同样的产品，有的门庭若市，也有的门可罗雀。那么应该如何让自己的公司宾客如云呢？

1. 了解你所服务的顾客需要

人们说，顾客是上帝，得罪了上帝自己就没有好日子过。首先我们来看看，到底怎么样才能满足顾客的需求，让自己的公司更加兴旺。

你提供什么产品和服务来满足客户的价值需求——价值主张；

你要向什么样的客户提供产品和服务——目标客户群；

你要通过什么渠道接触客户——分销渠道；

你如何和客户建立关系——客户关系；

为了满足客户的需要，应该在什么地方、用什么人、用什么设备提供产品和服务——价值配置；

你为客户提供产品和服务的过程中什么是你最擅长的——核心竞争力；

你的合作伙伴网络能不能支持你为客户提供高质量的产品和服务——合作伙伴

网络;

你为客户提供产品和服务的成本构成——成本结构;

你获得收入的方式有多少种——收入模式。

2. 用新颖质优的产品吸引顾客的眼球

想引起顾客的注目,产品必须新颖。有创意的经营才能吸引顾客,让自己的公司成为世人注目的公司。

吸引顾客的元素:

(1) 丰富的商品可以暗示顾客随便参观;用精致的饰品点缀商品空间可延长顾客的滞留时间。

(2) 店员活动能吸引顾客。店员从容的动作使顾客放心。正确的、程序化的店员行为能使生意兴隆。

(3) 现场制作对顾客最具有吸引力。

(4) 易进易出的设计能吸引顾客进店。

驱赶顾客的元素:

(1) 店员站在门口堵住店门,顾客是不愿意进来的。

(2) 店员站着等待,是招不来顾客的。当店员开门前就做好准备工作,一字站开或在店中央站着,这种等待顾客的姿势,主人意识表现得十分强烈,销售期待心理很浓,顾客陷入店员的视线包围,就会望而却步。

(3) 过于热情会赶走顾客。一些还没有决定购买什么的顾客,对店员行为特别敏感,若受到积极接待,他们会很快走开。

3. 为顾客提供满意的服务

满意是人们的一种主观感觉,对于产品,它来源于顾客对某一种商品的设想或付出与他们原来的期望进行比较。作为公司为顾客提供服务时,可以从以下做起:

(1) 要有亲和力。常言道:人无笑脸莫开店。自始至终对顾客保持微笑,让顾客有宾至如归的感觉。

(2) 要注意赞美顾客。众所周知,人人爱听好听的话。当一名顾客走到你的柜台前,你除了主动打招呼外,还要不失时机地赞美他。赞美一定要出自内心,而且要恰到好处,不要胡编乱吹。

(3) 要有较强的专业能力。对自己出售的商品要熟悉,对他的特点、优势、性能、价格、销售后服务要了然于胸,可以全面具体地对顾客进行介绍,让顾客对你的产品增强购买的信心。

(4) 注意感情的培养,在销售过程中,多与顾客交谈,像朋友一样提出自己的意见和建议。一般结交客户的过程,也就是初次电话营销的过程,通过电话了解到对方供应部的电话号码、联系人、使用产品的规格型号、结款方式及月用量等,初步达成合作意向。这个过程的技巧主要表现在电话中你说话的语气、语言的亲和力、语言的逻辑性等,让客户很情愿地把你想知道的都告诉你。先做朋友,后做销售。

(5) 注意自身形象。作为销售人员,举止要文明,给人感觉要有内涵、有品位、有素质。要做一个专业的销售人员,在走访客户前一定要作好仪表的准备,一般在天气不是太热的时候，一定要西装革履，穿便服和穿西装拜访客户给对方的感觉是完全不同的；其次你的修饰是不是专业，你用的文件包是不是上档次，你用的笔、笔记本是不是规范，你走路的姿势是不是昂首挺胸，并充满自信，你的发型是不是一丝不乱，您的语言、谈吐是不是优雅并具有幽默性，总的来说就是你如何设计你的个人职业形象。有关专家统计过，整个销售成功的过程，语言占38%，谈话时的动作占55%，谈话的内容只占7%。也就是说生意成功的关键在于语言和动作。这样才能给顾客留下好的印象。

4. 客户信息的搜集与处理

做好客户的信息收集整理工作：结交客户以后，并不是要急于把这个客户做成，而是在和客户合作之前，做好客户的信息的搜集与处理工作，在整个销售过程中它是最重要的一个环节。这个客户的真实月用量是多少？他的偿债能力有多强？他的回款速度是多快？他的诚信度是不是好？并不是所有的客户都能给企业赚钱的，如果一个客户的支付能力是十万，他向你赊二十万的货，你敢给他吗？结果是显而易见的。再比如，一个客户，你没有他的营业执照复印件和身份证复印件，你敢将他设为你的代理商吗？所以，对客户的信息搜集得越细，企业的风险就会越小，否则就可能带来巨大的损失，比如大面积的坏账或死账。

5. 注重老顾客，让顾客为你做免费广告

完成消费以后，我们应该致力于标准化的售后服务工作。我们知道，老顾客是对企业、产品、服务有信任感而多次重复购买产品或接受服务的群体。

使老顾客满意所带来的经济利益相当可观。一项研究表明，争取一位新顾客的成本比维持一位老顾客的成本多数倍，而且在成熟的竞争性强的市场中，企业争取到新顾客的困难非常大；由于"口碑效应"，老顾客会推荐他人购买从而增加新顾客。企业对熟悉的有丰富消费经验的老顾客的服务更有效率、更经济。如果一家公司始终不渝地给予顾客超值回报并赢得了忠诚的顾客，其市场份额和收益就会增加，而招揽顾客和为顾客服务的费用就会下降。公司可以将因此获得的超额利润投资于一系列新的活动，譬如奖励老顾客，为顾客提供更好的服务，提高员工的报酬等，从而引发一系列连锁反应，形成"企业赢利顾客满意"的良性循环。

(三) 妙用多种经营技巧

创业者在经营企业时运用各种经营技巧，能使你的企业锦上添花、事半功倍。当然任何一种技巧都是建立在你的产品优质和服务上面，只有这样你才能在商海中勇往直前，到达成功的彼岸。

1. 巧妙利用顾客的好奇心

好奇是人的本性。利用人们的好奇心，引发人们的好奇心，把心理学原理应用到市场营销谋略中，已经越来越为国内外企业家们所重视。

在泰国首都曼谷有家酒吧，门口放着一只大酒桶，桶壁上写着四个醒目的大字："不准偷看！"过路的行人觉得有趣，跑过去要看个究竟。把头探进桶里，一股清醇芳香的酒味扑鼻而来，酒桶底隐约可见"本店美酒与众不同，请享用"的字样。人们虽未有新的发现，但不少人酒瘾顿起，不免进店喝上几杯。因此，这家酒吧的生意出奇地好。

诚然，运用消费者的好奇心，只是一种营销手段，其最终目的还在于给顾客留下一个难以忘怀的第一印象。这家酒吧的老板就是利用逆反心理来刺激顾客的好奇心，越是标明不准偷看，人们越是想看个明白。逆反心理是引起好奇心的基本要素。一般的经营者往往是正面宣传自己的商品，让顾客更多地了解自己的商品，这位老板却反其道而行之，假装不愿让顾客知道自己经营的商品，而这恰恰促使顾客急于了解。由于成功地利用了逆反心理，引起了人们的好奇心，结果招来了更多的顾客，达到了广告宣传的目的。

2. 利用广告宣传的技巧

随着市场经济的发展，广告的作用越显重要。如何使自己的广告更吸引顾客，产生效果，这是摆在广大商品宣传者面前的一个迫切任务，我们结合一些成功广告的实例，谈谈商品广告传播中常见的一些宣传技巧。

（1）突出重点。广告在做宣传时都善于抓住商品最显著的优点极尽渲染之能事，从而给顾客一个深刻的印象。中国台湾有一则推销菲利浦咖啡茶炉的广告，画面为一只菲利浦咖啡茶炉，旁边是一只冒着热气的咖啡杯。其广告传播抓住"香醇"这一重点，反复予以强调——只要短短的几分钟，原装进口的菲利浦咖啡茶炉就能把咖啡豆的香醇原封不动地呈现在您的杯中。

有特殊滤网装置的菲利浦咖啡茶炉，非但将咖啡豆的香醇发挥得淋漓尽致，也因为它的精确控温功能，使得每一次的冲泡，都保持一致的完美。

此例广告中，作者以"香醇"为宣传重点，即抓住菲利浦茶炉能将咖啡豆的香味完全冲煮出来的优点反复渲染，给顾客留下了深刻的印象。

（2）制造悬念。广告替商品做宣传，最关键的是要激起顾客观看广告的兴趣。许多优秀的广告都巧妙设计，先制造出某个悬念，引起顾客猜测，然后再将广告宣传对象推了出来。例如，几十年前京剧大师梅兰芳初次到上海演出，担心上海人不能接受京派唱腔。但剧院老板却胸有成竹地签了合同。他把上海一家最有名的报纸的头版整个买了下来。第一天，整版上只印出三个字——梅兰芳。大家弄不明白是什么意思，马上引起了大家的兴趣与推测。第二天，报纸上还是这三个字。好奇者纷纷打电话给报馆，询问这是花名、地名，还是人名？报馆答曰："明日见分晓。"神秘感越来越浓，关心的人越来越多。直到最后，整版广告在"梅兰芳"三字下面，才刊出一行小字：梅兰芳，京剧名旦，××日假座××剧院演出京剧《宇宙锋》、《贵妃醉酒》、《霸王别姬》。此广告激起了上海人的好奇心，大家蜂拥而至，先睹为快。梅兰芳的头台戏得了个满堂彩。此广告也由此成为中国广告史上的经典。

（3）恭维顾客。做广告是为了促使顾客来购买商品，从这一点上来说也是有求于人，因此，有的厂商就采取这样一种传播技巧：先恭维顾客，让其虚荣心得到满足，从而使顾客乐于掏腰包。有一则广告则不同，画面是一个人穿着一条不大合适的牛仔裤。广告标题为："您的身材美极了，只是您的牛仔裤不成比例。"显然是在恭维顾客。接着巧妙地对顾客加以赞美：试想，在广告宣传的这番赞叹之下，顾客能不产生飘飘然的感觉？可见，此则广告抓住了人性的弱点，一顶高帽子抛出，轻轻松松便牵引住了顾客的感情。而一旦顾客对你产生好感，叫他掏钱还是难事吗？

（4）正话反说。做广告自然得做正面宣传，即让自己商品的优点充分展示于顾客面前。有的广告采取"正话反说"的传播方式，即把优点当做缺点来说，从而避免了自夸之嫌，也容易为顾客所接受。"狮牌"保险柜的广告便采用了这种宣传技巧：

单价420元的狮牌保险柜，不用去人去函，拨叫他们的服务电话2 598，便即刻送到。用户手中的狮牌保险柜，最大的缺点就是用密码上锁，必须用密码开锁。不然的话，就得用焊枪切开，这是唯一的办法。记密码有困难的人，请不要用狮牌保险柜，免得麻烦。

此例广告中将"用密码上锁"说成是自己产品的缺点，显然是"正话反说"。因为保险柜使用密码锁，其防盗功能大为增强。之所以如此行文，目的在于不给顾客留下自夸的印象。倘若做正面宣传，说自己生产的保险柜使用了密码锁，外人须用焊枪才能切开，容易使顾客觉得你是在自我吹嘘，从而产生不信任的感觉。

（5）施以小惠。有的广告做宣传时，抓住有些顾客爱占小便宜的心理来做文章，许诺顾客如果他购得某种产品，便给以某种好处。1988年夏天，濒临赤道的热带国家委内瑞拉经营的肯德基公司，苦于其炸鸡无人问津，便在媒体上做了这样一则广告宣传：即日起到肯德基用餐超过50美元时，只要再加付10美元，就可以得到一只市价为25美元的冰桶，且冰桶里会灌满5公升的可口可乐，另外还送10张（每张5公升）可口可乐"续桶券"，在夏季里，顾客可凭券在肯德基用餐，若消费超过15美元，可免费在冰桶中加满5公升的可口可乐。此则广告显然采用了"施以小惠"的宣传技巧：它闭口不谈向顾客推销炸鸡之事，只强调自己将优惠或免费赠送冰桶和可口可乐。如此的"天赐良机"，顾客能不心动吗？

（6）利用权威。广告主做广告，总离不开要对商品的优点做宣传。这种传达要奏效，关键是要取得消费者的信服。如果消费者对广告宣传抱一种怀疑的态度，产品优点即使宣传得再多，也无济于事。因此，在广告传播过程中，厂家要对产品优点加以证明，即要在广告中提供依据，使得消费者对产品品质深信不疑。

这方面很有效的一种宣传技巧是，利用权威来做证明。我们知道，消费者作为人，对于权威都有一种崇拜心理，他们认为权威的看法绝对是正确的。广告中借助权威来证明产品的品质，自然效果非凡。

例如"好易通"的广告宣传：牛津家族，更权威更规范。孩子的成功，父母的选择。牛津大学为全中国学生选择好易通。新学期用牛津，英语学习更自信！

"好易通"是一部供英语学习者使用的电子词典。显然，电子词典作为一种产品，消费者最关心的问题是，该词典所提供的释义与例句是否规范。此广告提出，好易通是一本"更权威、更规范"的词典。广告主深知，此一说法要得到消费者认可，还必须为其提供一证明。于是搬出了"牛津大学"这个权威。牛津大学乃全世界英语教学研究中心，它编辑的词典，难道不代表了英语词典编辑的最高水平吗？消费者这么一自问，自然就相信了好易通作为一种电子词典"更权威、更规范"的说法。

（7）诱导结论。在广告传播中，广告主要对产品作出正面评价。这种评价的表达可采取两种方式：由广告主直接说出，这时往往是借别人之口；或由消费者根据广告信息来做推论。

心理学研究表明，由被试者自己分析得出结论与由别人给出结论相比较，前者更为被试所相信，并且记忆更为持久。这就启发我们，在做广告宣传时应多去调动消费者的思维，不要一味地夸赞自己的产品，而要多提供一些与产品相关的信息，让消费者分析这些信息，自己做出结论来。例如东南汽车"东南得利卡精明者"所做广告宣传：做广告宣传：精明价9.98万元，三菱技术、东南汽车采用国际产品开发模式，引进德日技术及生产线，经过两年的严格测试，为您推出商务车精明之道。

信心保证：东南汽车原厂出品，采用三菱技术先进生产线，严格管理，继承了一贯的高品质。

超值保证：主要零部件由东南汽车31家台湾配套原厂供应。

质量保证：领先同业，提供了3万公里整车保修。

此例广告中，广告主先告诉消费者这样一个信息：东南汽车"东南得利卡精明者"售价为9.98万元。显然，此一信息要在广告宣传中发挥作用，还得让消费者明白：9.98万元买一辆"东南得利卡精明者"是非常划算的。

3. 运用折扣促销技巧

"说千句道万句，只要销量这一句。"这说明一个道理：巩固销售网络的最好措施就是保证经销商的销量增加。保证销量的常规武器——促销，也就成了大多商家屡试不爽的利器。促销是把双刃剑，运用好了是过五关斩六将，既赢了市场又得了利润。如果运用得不好的话，那是吃亏不讨好，不但浪费人力财力，还打击下次促销活动的信心，甚至引火烧身被对手穷追猛打。

如果能抓住有利的促销时机，借力打力将进一步地提升促销效果。比如关注社会重大事件，借势发挥。在非典期间，有些医药企业通过向医疗单位免费赠送药品和医疗器械的方式开展促销活动，不但取得了很好的经济效益还获得了很好的社会效益，为公司争得了美誉。比如为自己造势，自己的企业即将成功上市、自己的公司将被评为某某先进企业、自己的产品即将获得某某光荣称号、本公司的新产品即将下线等，如果在这个时候开展一系列的造势活动，比如召开新闻发布会、聘请名流到企业参观等，通过这些造势活动再切入有针对性的促销活动必将取得很好的宣传效果。如果组织一个促销活动前，能认真分析促销的目的性，并科学设计各个促销环节并保证每个环节的联动性，就能抓住机会巧借东风。这样的促销活动效果一定差不了。

四、初创企业的营销管理实训

（一）实训目的

通过表格模拟和调查，了解企业经营管理中的一些基本内容。

（二）实训内容

创业初期为了有效提高管理的效益，我们可以制作一些表格，实现标准化管理，为以后规范化管理打下基础。

管理常用表格如下：

表 6.1 竞争厂商调查表

地区		姓名		开会检讨日		年 月 日
竞争厂商名称						
公司地址						
工厂地址						
业务人员姓名						
学历、年龄						
服务时间						
业务员的口才						
行销能力						
业务员给客户的印象						
业务的方针及做法						
待遇						
销售的对象						
代理商名称						
产品的种类（特殊规格）						
产品的性能						
产品的品质						
产品的价格						
市场占有率						
其他特别 人、事、地、物、时						

表 6.2 企业畅销产品分析表

品名				
条件		项目	内容	
门市条件	地区	靠近车站		
		近铁路沿线		
	门市	大型百货公司		
		综合市场		
		杂货店		
顾客条件	时间	平时营业时间		
		假日营业时间		
	年龄层	10 岁		
		20 岁		
		30 岁		
		40 岁		
		50 岁以上		
商品条件	畅销商品	商品种类		
		商品数量		
		销售柜台布置		
		销售柜台环境		
		商品特长		
		包 装		
		品 质		
		价 格		
调查	议评	对销售人员的议评		
		对店长的议评		
		对消费者的调查		

表6.3　　　　　　　　　　　　　新产品潜在客户追踪表

编号	产品名称	潜在客户		预定采购时间				预算金额	报价表号码	竞争者	结果
		客户名称	接洽人（电话）	一个月内	三个月内	六个月内	一年内				

第三节　初创企业的财务管理

一、创业企业的融资管理

（一）创业企业的融资

投资和融资是进入企业的两个门。如果不会管钱，你有再多的钱最终也会破产。投资者要把学问越做越深，让人把钱给他管。融资者要把学问越做越浅，让投资者听明白深奥的道理，没有人会投资一个自己不明白的项目。

在经济生活中，几乎每天都有公司倒闭，同时又会有新的公司诞生。从广义的角度来说，凡是新开张的企业都属于新创企业。创立一个新企业、新公司，需要创业资本。创业资本，从通俗意义上讲是你现在所拥有或者你能够使用的一切资源，包括你自己所拥有的资金以及各种实物，也包括从他人那里借来的钱财、物品。假设你想开一家蛋糕房，初步预算你需要10万块，而你手里的自有资金只有5万，那么你只有两个选择：一是彻底放弃，等以后有钱了再去投资；二是想办法从别处获取5万，这第二种办法就是融资。融资简单来说就是当一个企业确认某个产品在技术上是可行的、某个项目在短期内具有高效回报时。它就要面对一个最重要的问题，即筹措资金。

（二）创业企业不同时期的融资

创业企业的资金需求与财务特性，决定了创业企业必须根据企业成长各阶段的资金需求的不同而采取多轮融资的特点。一般来说，多轮融资与企业的发展阶段相对应，分为四个时期：

1. 种子期

正如我们所知，种子期是指技术的酝酿与发明阶段，这一时期的资金需要量很少，这时的资金投入被称作种子资本（seed capital）。其主要来源有：创业者个人的积蓄、家庭财产、朋友借款、申请国家创业基金等。如果不够，还可以寻找专门的创业资本家。要获得资本家的资金，仅凭一个"念头"是远远不够的，最好能有一个样品。然而，仅仅说明这种产品的技术如何先进、如何可靠、如何有创意是不够的，必须站在投资者的立场，思考如果我是投资者，我会在什么情况下才对你的公司进行投资。投资者的目的不外乎是赢利。因此我们也必须对某种产品的市场销售情况和利润情况进行详细的调查、科学的预测，并使形之成文，将它交给创业资本家。若考察合格，创业资本家会同意出资。对于创业资本家来说，创业企业收益的不确定性因素多而且不易评测，等待回报的时间越长，所要求的资金回报率就越高，因此在制定融资计划书时，创业者们必须考虑到投资回报期、资金回报率等关键性因素。

2. 导入期

导入期是指技术创新和产品试销阶段，这一阶段的经费投入显著增加。在这一阶段，企业需要制造少量产品。一方面要进一步解决技术问题，尤其是要通过测试排除技术风险；另一方面，还要进入市场试销，观察市场反应。

这个阶段主要资金来源是创业资本家增加的资本投入。这一部分追加资本又被叫做导入资本（startup capital）。

3. 成长期

成长期对应于创业企业发展中的成长阶段（development stage）和扩张阶段（expansion stage），是指技术发展和生产扩大的阶段。成长期是创业企业的主要阶段，这一阶段的主要风险已不是技术风险，因为技术风险在前两个阶段已基本解决，但市场风险和管理风险加大。由于新技术已趋于成熟，市场反应不错，竞争者也开始效仿，因此会夺取一部分市场。同时，企业规模日渐扩大，会对原有组织结构提出挑战。如何既保持技术先进又享受市场成果，这都是市场风险和管理风险来源之所在。

这一阶段的资金被称作成长资本（expansion capital）或叫扩展资本。由于创业企业的特殊性，企业资金主要来源于原有创业资本家的增资和新的创业资本的投入。

4. 成熟期

成熟期是指技术成熟和产品进入产业化大生产阶段，这一阶段的资金被称为成熟资本（mature capital）。该阶段企业的资金需求量很大，但此时企业已很少再增加投资了。一方面是企业产品的销售本身已能产生相当大的现金流入，另一方面是因为这一阶段的技术成熟、市场稳定，企业已有足够的自信去吸引银行存款，发行债券或发行股票。值得注意的是，在这一阶段企业的市场占有量已趋于稳定，企业的利润率已接近行业平均利润率，对创业投资不再具有足够的吸引力。

（三）创业企业的一般融资途径

当一个创业企业确认它的产品在技术上是可行的，并且会有市场的时候，它就要开始面对一个最重要的问题，即筹措资金。在创业企业的起步阶段，由于创业风险的不确定性和企业自身承担风险的能力脆弱，往往导致资金需求的特殊性和供给障碍。原有的资金供给方式无法从根本上解决这一障碍。在这种情况下，出现了适应创业企业发展阶段所需要的融资方式。

1. 信用担保融资

信用担保作为一种特殊的中介活动，介于商业银行与企业之间，它是一种信誉证明和资产责任保证结合在一起的中介服务活动。而担保人是被担保人潜在的债权人和资产所有者，因此，担保人有权对被担保人的生产经营活动进行监督，甚至参与其经营管理活动。

主要特点：由于担保的介入，使得原本在商业银行与企业两者之间发生的贷款关系变成了商业银行、企业与担保公司三者之间的关系。担保的介入分散了商业银行贷款风险，从而增强了商业银行对中小企业贷款的信心，使中小企业的贷款渠道变得畅通起来。

担保的实质就是风险的防范和分散而非风险的转移，由于担保的介入分散了商业银行对企业贷款的风险，却给担保业本身带来了高风险。对风险的识别与控制首先取决于对担保业专业人员业务经验的积累。还有最重要的一点是与商业银行达成共识，共同建立风险分散机制，实行比例担保。这样对于商业银行业务的开展和担保业的发展则是一个共赢的结果。

实务运作：随着中小企业信用担保体系的日趋成熟，越来越多的中小企业开始申请机构担保。中小企业要选择可靠的信用担保机构，评定信用担保机构的信用等级，可以从以下几个方面进行分析。

（1）风险管理是否完备、有效

对担保机构而言，面临的风险主要是信用风险、流动性风险、市场风险和操作风险等。一般而言，风险管理分析着重于担保机构的管理政策、技术、组织构架以及具体执行的有效性。

（2）资本资源是否充足、确定

对高杠杆经营的担保机构而言，资本是其财务实力最重要的组成部分。担保公司资本充足性的评价不仅要分析当前担保组合，还要考虑其业务和战略的持续性，以判断今天的资本是否能在未来准确地发挥代偿损失的作用。

（3）再担保是否健全

再担保通过向担保行业提供有价值的附加资本资源而在担保业务发展中起着非常重要的作用。使用再担保对担保机构的最终作用在于管理组合的风险暴露和缓减资本损失。另外，再担保折扣的程度还受担保机构与担保机构风险组合的相关度、再担保机构的代偿意愿、担保机构向同一再担保机构转移较多的风险时再担保机构不及时代偿的风险增大等影响。

（4）管理战略是否现实、可靠

管理战略是一个过程，注重研究担保机构为实现这些目标所采取的具体方法和组织，而不是目标本身。因此，管理层的经验、风险偏好、信息来源于可靠性、健全的决策流程等都将成为战略评价的主要因素。

2. 国内银行贷款

银行贷款是指银行以一定的利率将资金贷放给资金需要者，并约定期限归还的一种经济行为。企业对融资的需求不同，对融资渠道的选择不同。如果需要一种风险小、成本低的资金，银行贷款是最合适的。建立良好的银企关系，合理利用银行贷款，是中小企业解决资金困难，取得经营成功的重要手段。

主要特点：作为一种有着悠久历史的融资方式，银行贷款具有如下特点：

（1）贷款的主要条款制定只需取得银行的同意，不必经过诸如国家金融管理机构、证券管理机构等部门的批准，因此与其他商业性融资形式相比，手续较为简单，融资速度快。

（2）在经济发生变化的情况下，如果需要变更协议的有关条款，借贷双方可以灵活地协商处理。

（3）商业信贷由借款者和贷款者直接商定贷款条件，无须做广泛的宣传与广告推广，无须大量的文件制作，因而融资成本较低，且借款利率也低于债券融资。

（4）银行贷款利息可以进入成本，取得所得税前抵减效应，从而相对减轻企业税负。

（5）发行股票和债券融资这两种形式仅适合于公司制的大中型企业，而银行则可根据企业的信用状况相应给予恰当的贷款，从而成为中小型企业长期资本的主要来源。

实务运作：银行贷款程序。

（1）借款人提出贷款申请

借款人若需要银行贷款，应当向银行或其经办机构直接提出书面申请，填写《贷款申请书》。申请书的内容包括贷款金额、贷款用途、偿还能力及还款方式，同时还须向银行提交以下材料：

①借款人及保证人基本资料；

②财务部门或会计师事务所核准的上年度财务报告，以及申请贷款前一期财务报告；

③原有不合理占用贷款的纠正情况；

④抵押物、质物清单和处分权人的同意抵押、质押的证明以及保证人拟同意保证的相关文件；

⑤项目建议书和可行性报告；

⑥银行认为需要提供的其他相关材料；

⑦固定资金贷款要在申请时附可行性研究报告、技术改造方案或经批准的计划任务书、初步设计和总概。

（2）银行的审批

①立项；

②对借款人进行信用等级评估；

③进行可行性分析；

④综合判断；

⑤进行贷前审查，确定能否贷款。

（3）签订借款合同

若银行对借款申请进行审查后，认为各项均符合规定，并同意贷款，便与借款人签订《借款合同》。在《借款合同》中约定贷款种类、贷款用途、贷款金额、利率、贷款期限、还款方式、借贷双方的权利和义务、违约责任、纠结处理及双方认为需要约定的其他事项。《借款合同》自签订之日起即生效。

（4）贷款的发放

借款合同签订以后，双方即可按合同规定核实贷款。借款人可以根据贷款合同办理提款手续，按合同计划一次或多次提款。借款人提款时，由借款人填写银行统一制定的提款凭证，然后到银行办理提款手续。银行贷款从提取之日起开始计算利息。借款人取得借款后，必须严格遵守借款合同，按合同约定的用途、方式使用贷款。

（5）银行贷后检查

贷后检查是银行在借款人提取贷款后，对其贷款提取情况、有关经营情况、财务活动的监督和跟踪调查。

（6）贷款的收回与延期

贷款到期时，借款人应按借款合同按期足额归还贷款本息。通常，银行在短期贷款到期前1个星期、中长期贷款到期前1个月，向借款人发送还本付息通知单。借款人应及时筹备资金，贷款到期时，一般由借款人主动开出结算凭证，交银行办理还款手续。对于贷款到期而借款人未主动还款的，银行可采取主动扣款的办法，从借款人的存款账户中收回贷款本息。借款人如因客观原因不能按期归还贷款，应按规定提前的天数向银行申请延期，填写延期金额及延期日期，交由银行审核办理。

3. 民间借贷融资

民间借贷融资是指自然人与法人、其他组织之间的借贷关系。民间借贷多发生于经济较发达、市场化程度较高的地区，例如，我国广东、江浙一带。这些地区经济活跃，资金流动性强，资金需求量大。

主要特点：

（1）借贷主体与资金来源

目前，参与民间金融的主体主要是私人个体，包括企业、行政事业单位、村委、公务员、个体户、私营企业主、农村中的专业经营户等。

民间借贷的资金主要来源于以下几个方面：一是商人在生产经营过程中的积累；二是城乡居民的劳动收入和历年的积蓄；三是借入资金，包括向银行借入和向亲戚朋友借入。在资金来源中，自有资金占绝对比重，借入资金占的比重很小。

（2）民间借贷能有效解决信息不对称问题

民间借贷包括个人与个人，企业与企业之间的借贷，一般不用抵押或者担保，手续比较简单，而借贷多是在亲戚朋友等较为熟悉的人中进行的，贷款人对于借款人（或借款企业）的背景情况、经营情况、还款能力、道德品格和资信状况等都有比较清楚的了解，这样有利于解决正规金融机构信息不对称的问题。

（3）民间借贷以风险加成为定价机制

由于民间借贷多是在无法从正规金融机构获得借款的情况下发生的，通常民间金融利润率都以官方利率为基准，实行风险和交易费用加成定价法，即根据借款的主体、借款的用途、借款的缓急程度、借款的时间长短而定，大部分在国家规定的银行同期利率4倍以内，月利率从8‰到30‰不等，有的甚至高达50‰。

实务运作：民间借贷过程中的注意事项。

在采取民间借贷融资的过程中，需要认真考虑和分析很多问题，以确保民间借贷融资活动的顺利进行。

（1）借款前需注意的事项

通过民间借贷钱，必须对有关问题进行衡量。例如，要衡量所借贷的资金将要投入的项目的风险，并且要以适宜、贷出者能够接受的方式向其介绍资金的用途，令贷出者放心地将钱贷出。还需要确定借入资金的金额和期限，金额的多少关系到企业的经营风险，而期限的长短则与借款利率有直接的关系。

（2）借款中要注意的事项

在借款的过程中，有一些事项也必须明确。第一，借贷双方应就借贷的金额、利息、期限、责任等内容签订书面借据或协议，必要时还可以办理公证。第二，有关法规规定民间借贷的利率适当可以高于银行借款利率，但最高不得超过银行同类贷款利率的4倍，超过此限度的部分被称为"高利贷"，不受法律保护，以及一方以欺诈、胁迫等手段或乘人之危，使对方违背真实意愿的情况下所形成的借贷关系无效。第三，担保行为的规定，在借贷关系中，仅起介绍作用的人，是不承担担保责任的，而对债务的履行确有保证意识表示的，才认定为担保人，要承担担保责任。第四，由于借据是借贷行为发生的凭证，明确了借贷行为双方的责任与义务，一定要妥善保管借据。

（3）争议的处理

由于民间借贷主体的特殊性，民间借贷很容易产生纠纷。一旦产生纠纷或者争议，一定要依法进行处理，并掌握诉讼时效。借贷双方权利受侵害的，被侵害者应从知道或者应当知道权利被侵害之日算起的2年内向法院提起诉讼。

二、创业投资管理

企业的投资，就是企业为获取收益而向一定对象投放资金的行为。按投资的方向不同，分为对内投资和对外投资。对内投资，是指在本企业范围内部的资金投放，用于购买和配置各种生产经营所需的经营性资产。对外投资，是指向本企业单位以外的资金投放。一般来说，创业企业大都把资金用在设备的购买、厂房的建设等经营性支出上，因此我们根据创业企业的特点，着重介绍企业的对内投资。

（一）固定资产投资的特点

1. 固定资产的回收时间长

固定资产是指使用年限在1年以上，用于生产商品、提供劳务、出租或经营管理而持有的资产。由固定资产的概念可知，固定资产投资决策一经做出，便会在较长时间内影响企业，一般的固定资产投资都需要几年甚至十几年才能收回。因此固定资产投资对企业今后长期的经济效益有着决定性的影响。

2. 固定资产投资的变现能力较差

固定资产投资的实物形态主要是厂房和机器设备等固定资产，这些资产不易改变其用途，出售困难，变现能力较差。因此固定资产想要变现，改变其用途，不是无法实现就是代价太大。所以，固定资产投资具有不可逆转性。

3. 固定资产投资的资金占用数量相对稳定

固定资产投资一经完成，在资金占用数量上便保持相对稳定。因为营业量在一定范围内增加，往往并不需要立即增加固定资产投资，可以通过提高效率完成增加的业务量。而业务量在一定范围内的减少，企业为维持一定的生产能力，也不必大量出售固定资产。

4. 固定资产投资的实物形态和价值形态可以分离

固定资产投入使用后，随着固定资产的磨损，固定资产价值便有一部分脱离其实物形态，转化为货币准备金，而其余部分仍存在于实物形态中。随着使用年限的累积，保留在固定资产实物形态上的价值逐年减少，而脱离实物形态转化为货币准备金的价值却逐年增加。直到固定资产报废，其价值才得到全部补偿，实物也得到更新。

5. 固定资产投资的次数相对较少

与流动资产相比，固定资产投资一般较少发生，尤其是大规模的固定资产投资，一般需要几年甚至十几年才发生一次。虽然投资次数少，但每次资金的投放量却比较多，对企业未来的财务状况有较大影响。

（二）企业内部投资的现金流分析

企业内部投资决策中所说现金流量是指与长期内部投资决策有关的现金流入和流出的数量。它是评价投资方案是否可行时必须事先计算的一个基础性指标。

现金流量的构成如下：

1. 初始现金流量

（1）投资现金流量。投资在固定资产上的现金流出量。主要指固定资产的购入或建造成本、运输费用、安装费用等。

（2）垫支的流动资金。企业进行内部投资，引起对流动资产需求的增加，主要包括用在材料、存货、现金上的资金。这些资金只有在营业终了或固定资产出售（报废）时才能收回，并用于别的用途。

（3）原有资产的变价收入。主要指出售原有的机器和设备获得的现金收入。

（4）其他投资费用。指与内部投资有关的职工培训费、谈判费、注册费用等。

初始现金净流量 = -（货币性资本性支出 + 营运资本投资）

2. 营业现金流量

营业现金流量是指固定资产投资项目投入使用后，在项目的寿命期内由于生产经营所带来的现金流入和流出。现金流入一般是指营业现金收入，现金流出是指营业现金支出和缴纳的税金。这种营业现金流量一般按年度进行计算。

营业现金净流量 NCF = 净利润 + 折旧

或营业现金净流量 NCF = 营业收入 − 付现成本 − 所得税

= 营业利润 + 非付现成本 − 所得税

= 税后净利润 + 非付现成本

或　营业现金净流量 NCF = 税后收入 − 税后成本 + 非付现成本抵税

= 收入 × （1 − 税率）− 付现成本 × （1 − 税率）+ 非付现成本 × 税率

3. 终结现金流量

终结现金流量是指投资项目完结时所发生的现金流量，主要包括：①固定资产的残值收入或变价收入；②原来垫支在各种流动资产上的资金的回收；③停止使用的土地的变价收入。

（三）企业内部投资的评价决策指标

1. 非贴现现金流量指标

非贴现现金流量指标是指不考虑资金时间价值的各种指标，这类指标主要有两个。

（1）投资回收期

投资回收期是指投资项目的未来净现金流量与原始投资额相等时所经历的时间，即通过项目的现金净流量使初始投资收回所需要的时间，一般以年为单位。

投资者希望投入的资本能通过某种方式尽快地收回来，如果收回的时间越长，所承担的风险就越大。因此，投资方案回收期的长短是投资者十分关心的问题，也是评价方案优劣的标准之一。用投资回收期法评价方案时，投资回收期越短越好。

每年现金净流量相等时：

投资回收期 = 原始投资额 ÷ 每年现金净流入量

【例 6.1】某项目投资 100 万元，没有建设期，每年现金净流量为 40 万元，则：

回收期 = 100 ÷ 40 = 2.5 （年）

每年现金净流量不等时。或原始投资是分几年投入的，在这种情况下，应把每年的现金净流量逐一贴现并加总，根据累计现金流量现值来确定回收期。

【例 6.2】某项目原始投资 9 000 万元，寿命期三年，每年现金流入分别为 1 200 万元、6 000 万元、6 000 万元。要求计算该项目的回收期。

表 6.4　　　　　　　　　　　　　　预计现金流量表　　　　　　　　　　单位：万元

年限	0	1	2	3
现金净流量	−9 000	1 200	6 000	6 000
累计现金净流量	−9 000	−7 800	−1 800	4 200

回收期 = 2 + 1 800 ÷ 600 = 2.3 （年）

【例 6.3】若甲、乙两个项目的初始投资额分别为 45 000 元和 100 000 元，各年份的税后现金流量如表 6.5 所示，试求甲、乙两个项目的投资回收期，并进行决策。

表6.5   **预计现金流量表**   单位：元

年份	税后净现金流量	
	项目甲	项目乙
1	20 000	35 000
2	20 000	30 000
3	20 000	25 000
4	20 000	20 000
5		15 000
6		40 000

解：甲项目各年税后现金流量相等，所以

甲项目的投资回收期 = 45 000 ÷ 20 000 = 2.25（年）

乙项目各年税后现金流量不等，可以看出：

3 年后收回投资余额

= 10 000 − 35 000 − 30 000 − 25 000 = 10 000（元）

乙项目的投资回收期 = 3 + 1 000 ÷ 20 000 = 3.5（年）

投资回收期法的优点是计算简便，容易为决策人正确理解。缺点是忽视了时间价值，把不同时间的货币收支看成是等效的；没有考虑回收期以后的现金流，也就是没有衡量赢利性；促使公司接受短期项目，放弃有战略意义的长期项目可以大体上衡量项目的流动性和风险。

（2）投资报酬率

投资报酬率是指投资项目寿命周期内平均的年投资报酬率，也称平均投资报酬率（average rate of return，ARR）。

投资报酬率 = 年平均利润额/原始投资额

年平均利润额 = 各年利润之和/年数总和

【例6.4】某公司拟购买一台设备，需投资 80 000 元，使用年限 4 年，无残值，按使用年限法折旧。投入使用后，每年现金流入量为 28 000 元。要求：计算该投资方案的投资报酬率。

每年折旧费 = 80 000 ÷ 4 = 20 000（元）

每年平均利润 = 28 000 − 20 000 = 8 000（元）

投资报酬率 = 8 000 ÷ 80 000 = 10%

投资报酬率的优点是简单，便于计算。由于投资报酬率受利润额和投资额两个因素的影响，所以，采用这种方法评价投资方案，可以促使投资人重视利润额和投资额的增减情况。

这种方法的不足之处是忽略了货币的时间价值，只考虑了投资所得，忽略了投资回收。用平均利润和直线法折旧会出现偏差。

2. 贴现现金流量指标

贴现现金流量指标是指考虑了资金时间价值的指标。这类指标主要有三个：

（1）净现值

净现值（net present value，NPV）是指项目投入使用后预期未来每年的现金流量的现值减去初始投资以后的余额。

其计算公式为：净现值（NPV）＝未来净现金流入量的现值－原始投资额。

$$NPV = \frac{NCF_1}{1+k} + \frac{NCF_2}{(1+k)^2} + \ldots + \frac{NCF_n}{(1+k)^n} - C$$

$$= \sum_{t=1}^{n} \frac{NCF_t}{(1+k)^t} - C$$

式中：

NCF_t 表示第 t 年的净现金流量；

k 表示折现率（资本成本或必要报酬率）；

C 表示初始投资现金流出。

任何企业或者个人进行投资，总希望投资项目的未来现金流入量超过初始投资的成本，从而获得投资报酬。但长期投资中净现金流入量的时间和数量是不同的，因此就需要将净现金流入量按预定的贴现率折算成现值，再与原始投资成本比较，其差额就是该投资方案的净现值。净现值按预定的贴现率是投资者所期望的最低投资报酬率，净现值为正，方案可行，说明方案的实际报酬率高于所要求的报酬率；净现值为负，方案不可取，说明方案的实际投资报酬率低于所要求的报酬率。

【例 6.5】设企业资本成本为 10%，某项目的现金流量如下：

表 6.6   单位：万元

年份	0	1	2	3
现金流量	（9 000）	1 200	6 000	6 000

要求：计算该项目的净现值。

净现值（NPV）＝（1 200×0.909 1＋6 000×0.826 4＋6 000×0.751 3）－9 000＝1 557（万元）

如果 $NPV > 0$，表明投资报酬率大于资本成本，该项目可以增加股东财富。应予采纳；

如果 $NPV = 0$，表明投资报酬率等于资本成本，不改变股东财富，没有必要采纳；

如果 $NPV < 0$，表明投资报酬率小于资本成本，该项目将减损股东财富，应予放弃。

【例 6.6】万达公司计划购买一台新型机器，以代替原来的旧机器。新机器买价为 30 000 元，购入时支付 60% 的货款，余款下年付清，按 20% 计息。机器使用年限 6 年，报废后估计有残值收入 3 000 元。使用新机器后，公司每年新增利润 5 000 元。当时的银行存款利率为12%。要求：用净现值法分析万达公司能否购买新机器。

机器购入使用后：

$$每年折旧费 = \frac{30\,000 - 3\,000}{6} = 4\,500（元）$$

每年现金净流量 = 利润 + 折旧

$$= 5\,000 + 4\,500$$

$$= 9\,500（元）$$

（1）未来现金净流量现值：

每年现金净流量的现值　　9 500 ×（P/A，12%，6）= 39 054.50

第一年利息费　　30 000 × 40% × 20% = 2 400（元）

2 400 ×（P/A，12%，1）= -2 143.20

残值收入 3 000 ×（P/A，12%，6）= 1 521

现金净流量现值合计：　　　　　　　　38 432.30（元）

（2）原始投资额现值：

目前支付额　　　　　　　　30 000 × 60% = 18 000（元）

下年支付额　　　　　　　　30 000 × 40% = 12 000（元）

12 000 ×（P/A，12%，1）= 10 716（元）

原始投资额现值合计：　　　　　　　28 716（元）

（3）净现值 = 38 432.30 - 28 716 = 9 716.30（元）

该方案净现值 9 716.30 元，说明方案的报酬率大于资本成本率12%，方案可行。

【例6.7】根据例6.6资料，假定贴现率为10%，对该公司增添自动生产线进行决策。

$NPV_甲 = 259\,480 ×（P/A，10%，1）+ 252\,780 ×（P/A，10%，2）+ 246\,080 ×（P/A，10%，3）+ 239\,380 ×（PA，10%，4）+ 452\,680 ×（PA，10%，5）- 700\,000$

$= 259\,480 × 0.909\,1 + 252\,780 × 0.826\,4 + 246\,080 × 0.751\,3 + 239\,380 × 0.683\,0 + 452\,680 × 0.620\,9 - 700\,000$

$= 1\,074\,236 - 700\,000$

$= 374\,236（元）$

$NPV_乙 = 282\,020 ×（P/A，10%，4）+ 612\,020 ×（P/A，10%，5）- 1\,000\,000$

$= 282\,020 × 3.169\,9 + 612\,020 × 0.620\,9 - 1\,000\,000$

$= 1\,273\,978 - 1\,000\,000$

$= 273\,978（元）$

可见，甲、乙两方案的净现值均大于0，表明两个方案的报酬率均高于设定的贴现率，因此均为可接纳方案。由于甲方案的报酬率相对较高，因而属于本项决策的最佳方案。

净现值法简便易行，其主要优点在于：

第一，适用性强，能基本满足年限相同的互斥投资方案的决策。所谓互斥投资方案，是指两个以上的投资项目不能同时并存，必然互相排斥。如购一件设备有 A 和 B 设备可供选择，购买了 A 就不能购买 B，不能同时购买。如有 A、B 两项目，资本成本率均为 10%，A 项目投资 5 000 元可获得净现值 1 000 元，B 项目投资 2 000 元可获得净现值 800 元。尽管 A 项目的投资额大，但是在计算净现值时已考虑了实现该项目所承担的利息和成本，因此净现值大的 A 项目优于 B 项目。

第二，考虑了投资风险。净现值法在所采用的贴现率中考虑了要求的投资风险报酬率，就表明考虑了投资的风险。例如，某投资项目期限是 20 年，资本成本率是 20%，由于投资项目时间长，风险也较大，所以投资者认定，在投资项目有效使用期限 20 年中的第一个五年期内以 20% 折现，第二个五年期内以 22% 折现，第三个五年期内以 25% 折现，第四个五年期内以 30% 折现，以此来体现投资风险。

第三，考虑了时间价值，净现值法在计算的时候考虑到投资中现金流入量和流出量的时间和数量是不相同的，因此都将现金流入量和流出量折算成现值，再将两者进行比较。这样做体现了货币时间价值。

净现值也有明显的缺陷，主要表现在：

第一，不能说明该方案本身报酬率的大小。

第二，所采用的贴现率是资本成本，这一成本不可能长期保持不变，并带有一定的主观色彩。

第三，净现值法以预期净现金流量为基础，而准确预测项目未来的现金流非常困难。

第四，如果两个投资项目的净现值都为负，但必须任选其中之一时，则净现值法就不能作为评价的依据。

（2）内含报酬率

内含报酬率（internal rate of return，IRR）是对投资方案的每年现金净流量进行贴现，使所得的现值恰好与初始投资额现值相等，从而使净现值等于零时的贴现率。

内含报酬率的基本原理是：在计算方案的净现值时，以预期投资报酬率作为贴现率计算，净现值的结果往往大于零或小于零，这就说明方案实际可能达到的投资报酬率大于或小于预期投资报酬率；而当净现值为零时，说明两种报酬率相等。根据这一原理，内含报酬率法就是要计算出使净现值等于零时的贴现率，这个贴现率就是投资方案实际可能达到的投资报酬率。

计算公式为：

$$\frac{NCF_1}{1 + IRR} + \frac{NCF_2}{(1 + IRR)^2} + \cdots + \frac{NCF_n}{(1 + IRR)^n} - C = 0$$

或：$\sum\limits_{t=1}^{n} \dfrac{NCF_t}{(1 + IRR)^t} - C = 0$

从中算出 IRR。

NCF_t 表示 t 年的净现金流量；

C 表示初始投资额；

IRR 表示内含报酬率。

内含报酬率的计算，一般情况下需要采用逐步测试法，特殊情况下，可以直接利用年金现值表来确定。当内含报酬率低于资本成本率时，则不采纳该方案。

【例 6.8】已知某投资项目的有关资料如下：

表 6.7　　　　　　　　　　　　　　　　　　　　　　　　　　　　　　　单位：万元

年份	0	1	2	3
现金净流量	− 12 000	4 600	4 600	4 600

要求：计算该项目的内含报酬率。

净现值 = 4 600 × $(P/A, i, 3)$ − 12 000

令净现值 = 0，得出：$(P/A, i, 3)$ = 12 000 ÷ 4 600 = 2.609

查年金现值系数表，当贴现率 = 7% 时，年金现值系数 = 2.624；当贴现率 = 8% 时，年金现值系数 = 2.577。由此可以看出，该方案的内含报酬率在 7% ~ 8% 之间，采用内插法确定。

IRR = 7.32%

【例 6.9】已知某投资项目的有关资料如表 6.8 所示：

表 6.8　　　　　　　　　　　　　　　　　　　　　　　　　　　　　　　单位：万元

年份	0	1	2	
现金净流量	(20 000)	11 800	13 240	

要求：计算该项目的内含报酬率。

"正确答案" NPV = 11 800 × $(P/F, i, 1)$ + 13 240 × $(P/S, i, 2)$ − 2 000，采用逐步测试法：

(1) 使用 18% 进行测试；

(2) NPV = − 499；

(3) 使用 16% 进行测试。

NPV = 9

经过以上试算，可以看出该方案的内含报酬率在 16% ~ 18% 之间。采用内插法确定：

表 6.9　　　　　　　　　　　　　　　　　　　　　　　　　　　　　　　单位：万元

贴现率	净现值
16%	9
IRR	0
18%	− 499

$$\frac{IRR-18\%}{16\%-18\%}=\frac{0-(-499)}{9-(-499)}$$

解之得：$IRR=16.04\%$

【例 6.10】某个投资项目的前期启动成本总计为 450 万元。第一年现金流量为 100 万元，第二年现金流量为 200 万元，第三年现金流量为 300 万元。试求 IRR。如果企业的资本成本为 15%，问是否应该进行这项投资？

解：

$$450=\frac{100}{1+IRR}+\frac{200}{(1+IRR)^2}+\frac{300}{(1+IRR)^3}$$

当 $IRR=15\%$ 时，右边 $=435.440$

当 $IRR=13\%$ 时，右边 $=453.040$

$$\therefore IRR=13\%+\frac{453.040-450}{453.040-435.440}(15\%-13\%)$$

$$=13.35\%$$

因为资本成本为 15%，而内含报酬率为 13.35%，低于资本成本率，因此该方案不可取。

含报酬率法的主要优点在于：

第一，内含报酬率法直接反映了投资项目可能达到的报酬率。

第二，对于独立投资方案的决策，如果各方案原始投资额不同，可以通过计算各方案的内含报酬率，并与现值指数法结合，反映各独立投资方案的获利水平。

内含报酬率的主要缺点在于：

第一，计算复杂，不易直接考虑投资风险的大小。

第二，反常的现金流量可能会造成 NPV 与折现率关系反常。

第三，有时会出现有多个内含报酬率或无内含报酬率的情况。

第四，内含报酬率法认为资本成本保持不变，但是随着时间的累积，资本成本率也要相应变化。

（3）获利指数

获利指数（profitability index，PI）是指投资项目预期报酬的总现值与初始投资额的现值之比。获利指数法反映了某项目带来的现金流收益与成本的相对效率，其计算公式为：获利指数＝投产后各年净现金流量的现值合计/原始投资的现值合计

或 ＝1＋净现值率

$$PI=\frac{预期净现金流现值}{初始投资额}$$

$$=\frac{\sum_{t=1}^{n}\dfrac{NCF_t}{(1+k)^t}}{C_0}$$

采用获利指数法进行决策时，若为独立方案，获利指数大于等于 1，则接受；否则拒绝。在互斥项目中，则应选择获利指数最大的项目。

【例6.11】现有甲、乙两个方案，甲方案的未来报酬的总现值时12 131元，初始投资额10 000元；乙方案未来报酬的总现值是15 861元，初始投资额为15 000元。

甲方案的获利指数＝未来报酬的总现值/初始投资＝12 131÷10 000＝1.21

乙方案的获利指数＝未来报酬的总现值/初始投资＝15 861÷15 000＝1.06

甲、乙两个方案的获利指数都大于1，故两个方案都可以进行投资，但因为甲方案的获利指数更大，故应采用甲方案。

获利指数法的优点是，考虑了资金的时间价值，能够真实地反映投资项目的盈亏程度。由于获利指数是用相对数来表示，所以，有利于在初始投资额不同的投资方案之间进行对比；获利指数的缺点除了无法直接反映投资项目的实际收益率外，计算也相对复杂。

指标间的关系：

净现值＞0——现值指数＞1——内含报酬率＞项目资本成本

净现值＜0——现值指数＜1——内含报酬率＜项目资本成本

净现值＝0——现值指数＝1——内含报酬率＝项目资本成本

3. 企业投资决策的基本程序

首先提出投资项目，再在投资项目的基础上进行考核、决策，决策的内容包括投资决策成本的确定、未来现金流入量的估计、投资风险的分析、投资折现率及成本的确定、未来现金流量的折现、未来现金流量现值与投资成本的比较、评析和决策。决策会出现三种情况：接受、拒绝、进一步再调研。

【例6.12】天明公司准备引进一条新的生产线。预计购置该生产线的成本为100 000元，该生产线的寿命周期5年，5年后无残值。投入使用后每年能生产10 000件产品，单价9元。每件产品所需支付的营业费用及生产成本4元。另外，公司开始销售时需要40 000元的流动资金，设公司所得税率为40%，采用直线法折旧。试估算此项目的现金流量，并用净现值法进行决策（假设该企业资本成本为15%）。

解：每年折旧额＝100 000÷5＝20 000（元）

期初现金流出＝生产线成本＋流动资金垫支＝100 000＋40 000＝140 000（元）

年营业现金净流量：

销售收入＝10 000×9＝90 000（元）

付现成本＝10 000×4＝40 000（元）

税前利润＝90 000－40 000－20 000＝30 000（元）

净利润＝30 000×（1－40%）＝18 000（元）

现金净流入＝净利润＋折旧＝18 000＋20 000＝38 000（元）

表6.10　　　　　　　　　　　　　　　　　　　　　　　　　单位：元

	第一年	第二年	第三年	第四年	第五年
销售收入	90 000	90 000	90 000	90 000	90 000
减：付现成本	40 000	40 000	40 000	40 000	40 000

表6.10(续)

	第一年	第二年	第三年	第四年	第五年
折旧	20 000	20 000	20 000	20 000	20 000
税前利润	30 000	30 000	30 000	30 000	30 000
减：所得税	12 000	12 000	12 000	12 000	12 000
净利润	18 000	18 000	18 000	18 000	18 000
加：折旧	20 000	20 000	20 000	20 000	20 000
	38 000	38 000	38 000	38 000	38 000
现金净流入	垫支流动资金回收				40 000
	第五年现金净流入				78 000

用净现值法进行决策：

$$NPV = 38\ 000 \times (P/A, 15\%, 5) + 40\ 000 \times (P/F, 15\%, 5) - 140\ 000$$
$$= 7\ 256(元)$$

NPV 大于零，所以可以接受该投资。

三、创业会计核算

(一) 会计核算前提与会计核算基础

组织会计核算工作之前，首先应当解决与会计核算有关的一系列会计核算前提和会计核算基础问题，这是建立会计核算工作的首要条件。

1. 会计核算前提

会计核算前提又称会计基本假设。会计基本假设是企业会计确认、计量和报告的前提，是对会计核算所处时间、空间环境等所作的合理设定。会计基本假设包括会计主体、持续经营、会计分期和货币计量。

(1) 会计主体

会计主体，是指企业会计确认、计量和报告的空间范围。

在会计主体假设下，企业应当对其本身发生的交易或者事项进行会计确认、计量和报告，反映企业本身所从事的各项生产经营活动。明确界定会计主体是开展会计确认、计量和报告工作的重要前提。即明确会计主体，才能划定会计所要处理的各项交易或事项的范围。在会计实务中，只有那些影响企业本身经济利益的各项交易或事项才能加以确认、计量和报告，那些不影响企业本身经济利益的各项交易或事项则不能加以确认、计量和报告。明确会计主体，才能将会计主体的交易或者事项与会计主体所有者的交易或者事项以及其他会计主体的交易或者事项区分开来。

会计主体不同于法律主体。一般来说，法律主体必然是一个会计主体。例如，一个企业作为一个法律主体，应当建立财务会计系统，独立反映其财务状况、经营成果和现金流量。但是，会计主体不一定是法律主体。例如，企业集团中的母公司拥有若干子公司，母、子公司虽然是不同的法律主体，但是母公司对子公司拥有控制权，为了全面反映企业集团的财务状况、经营成果和现金流量，有必要将企业集团作为一个会计主体，编制合并财务报表。在这种情况下，尽管企业集团不属于法律主体，但它却是会计主体。再如，由企业管理的证券投资基金、企业年金基金等，尽管不属于法律主体，但属于会计主体，应当对每项基金进行会计确认、计量和报告。

（2）持续经营

持续经营，是指在可以预见的将来，企业或会计主体的生产经营活动将会按当前的规模和状态继续经营下去，不会停业，也不会大规模削减业务。在持续经营假设下，会计确认、计量和报告应当以企业持续、正常的生产经营活动为前提。明确这一基本假设，就意味着会计主体将按照既定的用途使用资产，按照既定的合约条件清偿债务，会计人员就可以在此基础上选择会计政策和估计方法。当一个企业在不能持续经营时就应当停止使用这个假设，如果仍按持续经营基本假设选择会计确认、计量和报告原则与方法，就不能客观地反映企业的财务状况、经营成果和现金流量，会误导会计信息使用者的经济决策。

（3）会计分期

会计分期是指将一个企业持续经营的生产经营活动划分为一个个连续的、长短相同的期间。会计分期的目的，在于通过会计期间的划分，将持续经营的生产经营活动划分成连续、相等的期间，据以结算盈亏，按期编报财务报告，从而及时向财务报告使用者提供有关企业财务状况、经营成果和现金流量的信息。

根据持续经营假设，一个企业将按当前的规模和状态持续经营下去。但是，无论是企业的生产经营决策还是投资者、债权人等的决策都需要及时的信息，需要将企业持续的生产经营活动划分为一个个连续的、长短相同的期间，分期确认、计量和报告企业的财务状况、经营成果和现金流量。由于会计分期，才产生了当期与以前期间、以后期间的差别，才使不同类型的会计主体有了记账的基准，进而出现了折旧、摊销等会计处理方法。

在会计分期假设下，企业应当划分会计期间，分期结算账目和编制财务报告。会计期间通常分为年度和中期。中期，是指短于一个完整的会计年度的报告期间。

（4）货币计量

货币计量，是指会计主体在财务会计确认、计量和报告时以货币作为计量尺度，反映会计主体的生产经营活动。

在会计的确认、计量和报告过程中之所以选择货币为基础进行计量，是由货币的本身属性决定的。货币是商品的一般等价物，是衡量一般商品价值的共同尺度，具有价值尺度、流通手段、贮藏手段和支付手段等特点。会计以货币为量度时，是以币值稳定这一假设为前提的。它适用于物价稳定或基本稳定的商品经济，却不适用于出现持续物价变动如持续的、恶性通货膨胀的商品经济。

在有些情况下，统一采用货币计量也有缺陷，某些影响企业财务状况和经营成果的因素，如企业经营战略、研发能力、市场竞争力等，往往难以用货币来计量，但这些信息对使用者决策来讲也很重要，为此，企业可以在财务报告中补充披露有关非财务信息来弥补上述缺陷。

2. 会计核算基础

会计主体的经济活动中，经济业务或者会计事项的发生和货币的收支并非完全一致，即存在着现金流动与经济活动的分离。由此产生了会计确认、计量和报告会计要素的两个标准，一个标准是以取得收款权利或者付款责任作为记录收入或费用的依据，称为权责发生制。另一个标准根据货币收支是否属于本期作为收入和费用确认、计量和报告的依据，称为收付实现制。

（1）权责发生制

权责发生制亦称应计基础，是指企业以取得收取现金的权利或支付现金的责任为标志来确认本期收入和费用，而不是以款项的实际收付作为记账基础。在权责发生制下，应归属本期的收入和费用，不论其款项是否实际收到或付出，均应作为本期的收入和费用处理。我国企业会计准则规定，企业应当以权责发生制为基础进行确认、计量和报告。

（2）收付实现制

收付实现制是与权责发生制相对应的一种会计基础，它是以收到或支付的现金作为确认收入和费用等的依据。在收付实现制下，凡是本期实际收到的收入或支付的费用，不论其是否属于本期，均作为本期收入处理。目前，我国的行政单位会计主要采用收付实现制，事业单位会计除经营业务可以采用权责发生制以外，其他大部分业务采用收付实现制。

（二）会计要素

会计要素是根据交易或者事项的经济特征所确定的财务会计对象的基本分类。基本准则规定，会计要素按照其性质分为资产、负债、所有者权益、收入、费用和利润。其中，资产、负债和所有者权益要素表现资金运动的相对静止状态，即反映企业的财务状况；收入、费用和利润三项会计要素表现资金运动的显著变动状态，即反映企业的经营成果。

1. 资产

企业从事生产经营活动，必须拥有一定数量的资产。如购买商品需要现金、银行存款，生产产品需要及其设备、厂房、材料等，这些都是企业的资产。会计学中将资产定义为，资产是指企业过去的交易或者事项形成的、由企业拥有或者控制的、预期会给企业带来经济利益的资源。资产按其流动性可以分为流动资产和非流动资产。流动资产是指预计在一个正常营业周期中变现、出售或耗用，或者主要为交易目的而持有，或者预计在资产负债表日起1年内（含1年）变现的资产。流动资产主要包括库存现金、银行存款、交易性金融资产、应收票据、应收账款、预付账款、应收利息、应收股利、其他应收款、存货等。非流动资产是指企业流动资产以外的资产，主要包括长期股权投资、固定资产、无形资产和其他非流动资产。

2. 负债

负债是指企业过去的交易或者事项形成的，预期会导致经济利益流出企业的现时义务。负债按偿还期限不同分为流动负债和非流动负债。流动负债是指在一年或者超过一年的一个营业周期内偿还的债务，包括短期借款、应付票据、应付账款、预收账款、应付职工薪酬、应交税费、应付利息、应收股利、其他应付款和 1 年内到期的长期负债等。非流动负债是指偿还期在 1 年或者超过 1 年的一个营业周期以上的债务，包括长期借款、应付债券、长期应付款和其他非流动负债。

3. 所有者权益

所有者权益是指企业资产扣除负债后由所有者享有的剩余权益。公司的所有者权益又称为股东权益。所有者权益是所有者对企业资产的剩余索取权，它是企业资产中扣除债权人权益后应由所有者享有的部分，既可反映所有者投入资本的保值增值情况，又体现了保护债权人权益的理念。

所有者投入的资本是指所有者投入企业的资本部分，它既包括构成企业注册资本或者股本部分的金额，也包括投入资本超过注册资本或者股本部分的金额，即资本溢价或者股本溢价，这部分投入资本在我国企业会计准则体系中被计入资本公积，并在资产负债表中的资本公积项目下反映。

直接计入所有者权益的利得和损失，是指不应计入当期损益、会导致所有者权益发生增减变动的、与所有者投入资本或者向所有者分配利润无关的利得或者损失。其中，利得是指由企业非日常活动所形成的、会导致所有者权益增加的、与所有者投入资本无关的经济利益的流入，利得包括直接计入所有者权益的利得和直接计入当期利润的利得。损失是指由企业非日常活动所发生的、会导致所有者权益减少的、与向所有者分配利润无关的经济利益的流出，损失包括直接计入所有者权益的损失和直接计入当期利润的损失。直接计入所有者权益的利得和损失主要包括可供出售金融资产的公允价值变动额、现金流量套期中套期工具公允价值变动额（有效套期部分）等。

留存收益是企业历年实现的净利润留存于企业的部分，主要包括累计计提的盈余公积和未分配利润。

4. 收入

收入是指企业在日常活动中形成的、会导致所有者权益增加的、与所有者投入资本无关的经济利益的总流入。这种流入表现为资产的增加或债务的清偿，收入最终会导致所有者权益增加。日常活动是指销售商品、提供劳务及让渡资产使用权等。与日常经济活动无关所形成的经济利益总流入，不能确认为收入，而应当计入利得，不属于本要素的范畴。收入可以按照企业经营业务的主次分为主营业务收入和其他业务收入。

5. 费用

费用是指企业在日常活动中发生的、会导致所有者权益减少的、与向所有者分配利润无关的经济利益的总流出。企业费用的增加表现为资产的减少或负债的增加，最终会减少企业的所有者权益。与日常经营活动无关的支出，不能确认为费用，而应当计入损失，不属于本要素的范畴。费用通常可以分为产品生产成本和期间费用。

6. 利润

利润是指企业在一定会计期间的经营成果。通常情况下，如果企业实现了利润，表明企业的所有者权益将增加，业绩得到了提升；反之，如果企业发生了亏损（即利润为负数），表明企业的所有者权益将减少，业绩下降。利润是评价企业管理层业绩的指标之一，也是投资者等财务报告使用者进行决策时的重要参考。利润通常包括营业利润、利润总额、净利润。

（三）会计建账与核算

一个企业不管它的规模大小，都应该对发生的日常经济业务如发生的金额、发生的时间做相关的记录。企业可以自行设置会计、出纳人员进行基础的会计核算工作，也可以委托代理记账机构对本单位发生的经济业务事项进行代理记账。不管是自己记账还是代理记账，会计核算的基本环节都包括填制和取得原始凭证、编制记账凭证、设置和登记会计账簿、编制和提供财务报表。

1. 会计凭证

（1）会计凭证的概念

为了保证会计信息真实、可靠，对任何单位所发生的每一项经济业务都必须由经办业务的相关人员填制或取得会计凭证。所谓会计凭证是记录经济业务、明确经济责任的书面说明，是登记账簿的依据。填制和审核会计凭证，对于完成会计工作任务，充分发挥会计职能，加强企业经济管理具有重要意义。

（2）会计凭证的种类

会计凭证按照编制的程序和用途不同，分为原始凭证和记账凭证两大类。

①原始凭证

原始凭证又称单据，是在经济业务发生或完成时取得或填制的，任何原始凭证都应该具备以下基本内容：原始凭证名称、填制原始凭证的日期、接受原始凭证单位名称、经济业务的内容、填制单位签章、有关人员签章等。原始凭证按来源不同分为外来原始凭证和自制原始凭证；按填制手续及内容分为一次原始凭证和累计原始凭证。

表6.11　　　　　　　　　　　　　　　领　料　单

领料部门：　　　　　　　　　　　　　　　　　　　　　　　　　　　编号：

用途：　　　　　　　　　　　　　年　月　日　　　　　　　　发料仓库：

材料编号	材料名称及规格	计量单位	数量		单价	金额
			请领	实领		
备注				合计		

发料：　　　　　　审批：　　　　　　　　　领料：　　　　　　记账：

表 6.12　　　　　　　　　　　发料汇总表

汇字第　号

年　月　　　　　　　　　　　　附件　张

会计科目	领料部门	领用材料			
		1—10 日	11—20 日	21—30 日	合　计
生产成本	A 产品 B 产品				
	合　计				
制造费用	基本车间				
管理费用	行政部门				
	合　计				

②记账凭证

记账凭证又称记账凭单，是会计人员根据审核无误的原始凭证按照经济业务事项的内容加以归类，据以确定会计分录后所填制的会计凭证。它是登记账簿的直接依据。记账凭证一般具备以下基本内容：记账凭证的名称、记账凭证的日期、记账凭证的编号、经济业务的内容摘要、经济业务所涉及的会计科目及其记账方向、记账金额、记账标记、所附原始凭证张数、有关人员签章。记账凭证按填列方式不同，分为复试记账凭证和单式记账凭证；记账凭证按其反映的经济内容不同，分为收款凭证、付款凭证和转账凭证。

表 6.13　　　　　　　　　　　收款凭证

收字第　号

借方科目：　　　　　　　　年　月　日　　　　　　　附件　张

摘要	贷方科目		账页	金额
	一级科目	明细科目		
合计				

会计主管　　　　　记账　　　　　出纳　　　　　审核　　　　　制单

表 6.14　　　　　　　　　　　付款凭证

付字第　号

贷方科目：　　　　　　　　年　月　日　　　　　　　附件　张

摘要	借方科目		账页	金额
	一级科目	明细科目		
合计				

会计主管　　　　　记账　　　　　出纳　　　　　审核　　　　　制单

表6.15 转账凭证

转字第 号

贷方科目： 年 月 日 附 件 张

摘要	会计科目		账页	金额
	一级科目	明细科目		
合计				

会计主管 记账 审核 制单

2. 会计账簿

（1）会计账簿的概念

在会计核算工作中，每项经济业务发生以后，首先要取得或填制会计凭证，并加以审核确认，然后根据以后有关账户中进行登记。所谓会计账簿是指由一定格式，相互联系的账页组成，以经过审核的会计凭证为依据，全面、系统、连续地记录各项经济业务的簿籍。会计账簿按用途可分为序时账、分类账和备查账簿；按外表形式分为订本式账簿、活页式账簿和卡片式账簿。

（2）会计账簿的设置和登记

①日记账的设置与登记

在实际工作中，企业一般都需要设置现金日记账和银行存款日记账。其账页格式通常采用"三栏式"，即"收入"、"支出"和"结余"三栏。现金日记账和银行存款日记账都是出纳人员根据审核无误的收款凭证和付款凭证，按照时间先后顺序逐笔登记的（表6.16）。

表6.16 银行存款日记账

年		凭证		摘要	结算凭证		对方科目	收入	支出	结余
月	日	字	号		种类	号数				

②总分类账的设置与登记

每个企业单位都必须开设总分类账。其账页格式通常采用"借方"、"贷方"和"余额"三栏式（表6.17）。

表6.17 总分类账

年		凭证		摘要	借方	贷方	借或贷	余额
月	日	字	号					

③明细账的设置与登记

各企业在设置总账的同时，还应设置明细分类账，以进一步了解该账户的具体详细情况。明细账的账页格式，一般有"三栏式"、"数量金额式"和"多栏式"三种（表6.18）。

表 6.18　　　　　　　　　　　　原材料明细分类账

材料类别：

材料名称：　　　　　　　　　　　计量单位：　　　　　　　　　　第　　页

年		凭证		摘要	收入			支出			结存		
月	日	字	号		数量	单价	金额	数量	单价	金额	数量	单价	金额

表 6.19　　　　　　　　　　　　制造费用明细分类账

年		凭证		摘要	借　　方					贷方	余额
月	日	字	号		机物料消耗	工资及福利费	办公费	……	合计		

（四）账簿登记的一般要求

会计账簿的登记必须遵循一定的规则，以保证可靠、完整、及时地反映会计信息，主要包括以下几点：

（1）登记会计账簿时，必须以审核无误的会计凭证为依据。

（2）登记会计账簿时，应当将会计凭证日期、编号、业务内容摘要、金额和其他有关资料逐项记入账内，做到数字准确、摘要清楚、登记及时、字迹工整。

（3）登记会计账簿时，必须使用蓝色或黑色墨水书写，不得使用铅笔或圆珠笔书写，红色墨水笔只能在画线、改错、结账和冲账时使用。

（4）各种账簿应按页次顺序连续登记，不得跳行、隔页。

（5）登记完毕后，要在记账凭证上签名或盖章，并注明已经登账的符号，表示记账完毕，避免重记、漏记。

（6）凡需要结出余额的账户，结出余额后，应当在借贷栏处写明"借"或"贷"的字样。没有余额的账户，应当在借贷栏处写"平"字，并在余额栏用零表示。

（7）每一账页登记完毕，应在最后一行加计总数，结出余额，并在摘要栏注明"转次页"，然后在下一账页的摘要栏写"承前页"，并将总数和余额转入新账页的第一行。

（8）账簿记录发生错误时，不得刮、擦、挖、补、抹，或者用退色墨水更改，应该根据错误性质的具体情况，采用适当的错账更正方法进行更正。

（五）财务报表

财务报表是财务会计报告的主要组成部分。它是根据会计账簿记录和有关资料，按照规定的报表格式，总括反映企业一定期间的经济活动和财务收支情况及其结果的一种报告文件。财务报表主要包括资产负债表、利润表、现金流量表、所有者权益变动表等。每个企业可根据自身经营的不同情况来选择编制何种报表，一般而言资产负债表和利润表是每个企业都必须编制的，现金流量表和所有者权益变动表可以根据自身情况选择是否需要编制。在这里我们主要介绍资产负债和利润表的编制。

1. 资产负债表

资产负债表是反映企业在某一特定日期财务状况的会计报表。它根据"资产 = 负债 + 所有者权益"这一会计基本等式，按照一定的分类标准和次序，把企业在特定日期的资产、负债和所有者权益项目予以适当排列，并对日常工作中形成的大量数据进行高度浓缩整理后编制而成的。它表明了企业在某一特定日期所拥有或控制的经济资源、所承担的现时义务和所有者对净资产的要求权。

【例6.13】远达公司2010年12月31日全部总分类账户和所属明细分类账户余额如下表所示：

表6.20　　　　　　　　　　　总分类账及明细分类账账户余额表

总账科目	明细科目	借方余额	贷方余额	总账科目	明细科目	借方余额	贷方余额
库存现金		500		短期借款			30 000
银行存款		8 500		应付账款			5 000
交易性金融资产		7 000			——A工厂		3 500
应收账款		11 500			——B工厂	2 500	
	——甲公司	5 000			——C工厂		4 000
	——乙公司		1 000	预收账款			500
	——丙公司	7 500			——A单位		2 000
预付账款		2 350			——B单位	1 500	
	——甲单位	2 500		其他应付款			4 500
	——乙单位		150	应付职工薪酬			17 350
其他应收款		500		应交税费			30 000
原材料		13 500		应付股利			11 500
生产成本		4 000		长期借款			15 000
库存商品		10 000		其中一年内到期			5 000
持有至到期投资		100 000		实收资本			140 000

总账科目	明细科目	借方余额	贷方余额	总账科目	明细科目	借方余额	贷方余额
固定资产		200 000		盈余公积			11 040
累计折旧				利润分配	未分配利润		79 960
无形资产		15 000					
长期待摊费用		2 000					

根据表6.20所给资料，编制远达公司2010年12月的资产负债表，格式见表6.21。资产负债表的"年初余额"栏中的数据是根据该公司上年度12月份资产负债表中的"期末余额"栏的数字直接填列。

表6.21　　　　　　　　　　　　　　　　资产负债表

编制单位：　　　　　　　　　　　2010年12月31日　　　　　　　　　　单位：元

资产	行次	年初余额	期末余额	负债和所有制权益	行次	年初余额	期末余额
流动资产：				流动负债：			
货币资金		5 100	9 000	短期借款		31 000	30 000
交易性金融资产		5 000	7 000	应付账款		15 000	7 650
应收账款		10 000	14 000	预收账款		12 000	19 000
其他应收账款		1 500	500	其他应付款		8 400	14 500
预付账款		2 500	5 000	应付职工薪酬		15 500	17 350
存货		32 000	27 500	应缴税费		25 000	33 219.50
流动资产合计		102 000	63 000	应付股利		17 500	11 500
非流动资产：				一年内到期的长期负债			5 000
持有至到期投资		20 000	100 000	流动负债合计：		124 400	138 219.50
固定资产		129 500	170 000	非流动负债			
无形资产		47 500	15 000	长期借款		20 000	30 000
长期待摊费用		11 000	2 000	非流动负债合计		20 000	30 000
非流动资产合计		208 000	287 000	负债合计		144 400	168 219.50
所有者权益（或股东权益）							
实收资本		130 000	130 000				
盈余公积		13 000	14 618				
未分配利润		22 600	37 162.50				
所有者权益合计		165 600	187 780.50				
资产合计		310 000	350 000	负债及所有者权益合计		310 000	350 000

2. 利润表

利润表又称损益表、收益表，是指反映企业一定会计期间经营成果的会计报表。它是根据"收入－利润＝费用"这一会计等式，按照一定的标准和顺序，把企业一定期间的收入、费用和利润予以适当的排列编制而成的一种报表。每一个独立核算的企业必须按期编制利润表。

【例6.14】远达公司2010年度利润表账户本年累计发生额如表6.22所示。

表6.22　　　　　　　　　　　2010年度利润表账户本年累计发生额

账户名称	12月份发生额	本年1～12月份累计发生额
主营业务收入	60 000	400 000
主营业务成本	28 500	230 000
营业税金及附加	1 400	12 000
其他业务收入		20 000
其他业务成本		12 500
销售费用	1 500	17 500
管理费用	2 400	25 000
财务费用	1 600	7 500
营业外收入	750	1 000
营业外支出	1 200	4 000
所得税费用	7 969.50	39 600

根据上述资料编制利润表，如表6.23所示：

表6.23　　　　　　　　　　　　利润表

编制单位：　　　　　　　　　　2010年　　　　　　　　　　单位：元

项目	本期金额	上期金额
一、营业收入	60 000	420 000
减：营业成本	28 500	242 500
营业税金及附加	1 400	12 000
销售费用	1 500	17 500
管理费用	2 400	25 000
财务费用	1 600	7 500
二、营业利润	24 600	115 500
加：营业外收入	750	1 000
减：营业外支出	1 200	4 000
三、利润总额	24 150	112 500
减：所得税费用	7 969.50	39 600
四、净利润	16 180.50	72 900

四、创业企业财务预算

财务预算是一系列专门反映企业未来一定预算期内预计财务状况和经营成果，以及现金收支等价值指标的各种预算的总称，具体包括现金预算、财务费用预算、预计利润表和预计资产负债表等内容。对创业企业来说，初始投资金额有限、投资项目类别也会根据企业定位资金的多少而慎重选择，因此对创业企业的财务预算我们重点介绍融资需求预测、销售预算（包括销售收入和销售费用）、成本预算以及预计利润表和预计资产负债表。

（一）财务预算概述

财务预算属于企业计划体系的组成内容，是以货币表现的企业长期发展规划和近期经济活动计划。同时，财务预算又是企业全面预算的一个重要方面，它与企业业务预算相互联系、相辅相成，共同构成企业完整的全面预算体系。

1. 财务预算的功能

（1）规划。财务预算可以事先预测日常经营活动的各种预算，使管理层在制度经营计划时更具有前瞻性。

（2）沟通和协调。通过编制预算让各部门的管理者更好地扮演纵向与横向沟通的角色。

（3）资源分配。由于企业资源有限，可以通过财务预算将资源分配给获利能力较高的相关部门或项目、产品，达到资源的最优配置。

（4）营运控制。预算可视为一种控制标准；可以将实际经营成果与预算相比较，让管理层找出差异，分析原因，改善经营。

（5）绩效评估。通过预算建立绩效评估体系，可帮助各部门管理者做好绩效评估工作。

2. 财务预算的作用

（1）明确工作目标。财务预算作为一种以价值尺度编制的计划，规定了企业一定时期的总目标以及各级部门的具体财务目标。这样就可使各个部门从价值上了解本单位的经济活动与整个企业经营目标之间的关系，明确各自的职责及其努力方向，从各自的角度去完成企业的总战略目标。

（2）协调部门关系。财务预算可以把企业各方面的工作纳入统一计划，促使企业内部各部门的预算相互协调，环环紧扣，达到平衡，在保证企业总体目标最优的前提下，组织各自的生产经营活动。如多数日常业务预算需要在反映具体业务的同时，反映现金收支情况。

（3）控制日常活动。编制预算是企业经营管理的起点，也是控制日常经济活动的依据。在预算执行过程中，各部门应通过计量、对比，及时揭露实际脱离预算的差异并分析其原因，以便采取必要措施，消除薄弱环节，保证预算目标的顺利完成。

（4）考核业绩标准。企业财务预算确定的各项指标，也是考核各部门工作成绩的基本尺度。在评定各部门工作业绩时，要根据财务预算的完成情况，分析偏离预算的程度和原因，划清责任，奖惩分明，促使各部门为完成预算规定的目标努力工作。

（二）财务预算的编制

1. 融资需求预测

融资需求预测是指估计企业未来的融资需求量。预算的真正目的是有助于应变。融资需求预测虽然不可能准确地预算出所需要的资金量，但是它会给人们展现未来的各种可能的前景，促使人们制订出相应的应急计划。预测和计划是超前思考的过程，其结果并非仅仅是一个资金需要量，还包括对未来各种可能前景的认识和思考。预测可以提高企业对不确定事件的反应能力，从而减少不利事件带来的损失，增加利用有利机会带来的收益。对于初创的企业来说，融资大多指的是从外部筹集的资金，因为创业企业最初没有利润，无法利用创造利润而剩下的留存收益进行融集资金，因此在这里我们主要介绍外部融资的预测。

外部融资需求我们主要采用销售百分比法，销售百分比法是根据能够反映企业生产经营规模的销售因素与能够反映企业资金占用的资产因素之间的数量比例关系来预计企业融资需求量的融资需求预测方法。具体的计算方法如下：

外部融资需求量 = 经营资产销售百分比 × 销售变动额 − 经营负债销售百分比 × 销售变动额 − 销售净利率 × 计划销售额 × 留存收益比率

经营资产销售百分比 = 随销售变化的资产/基期销售额

经营负债销售百分比 = 随销售变化的负债/基期销售额

【注意】该公式的假设条件：可以动用的金融资产为0。

【例6.15】远通公司2010年12月31日的简要资产负债表如表6.24所示。

表6.24　　　　　　　　　　　远通公司简要资产负债表

2010年12月31日　　　　　　　　　　　单位：万元

资产		负债与所有者权益	
现金	500	应付费用	500
应收账款	1 500	应付账款	1 000
存货	3 000	短期借款	2 500
固定资产净值		公司债券	1 000
		实收资本	2 000
		留存收益	1 000
资产合计	8 000	负债与所有者权益	8 000

已知：远通公司2010年的销售收入为10 000万元，现在还有剩余生产能力，即增加收入不需要进行固定资产方面的投资。假定销售净利率为10%，如果2011年的销售收入提高到12 000万元，那么需要从外界融通多少资金？

首先，将资产负债表中预计随销售变动而变动的项目分离出来，在本例中，资产一方除固定资产外都将随销售量的增加而增加，因为较多的销售量需要占用较多的存货，发生较多的应收账款，导致现金需求量增加。在负债与所有者权益一方，应付账款和应付费用也会随销售的增加而自动增加，但实收资本、公司债券、短期借款等不会自动增加。公司的利润如果不全部分配出去，留存收益也会有适当增加。

预计随表示增加而自动增加的项目列示在表 6.25 中。

表 6.25　　　　　　　　　　　　　远通公司销售百分率表

资产	占销售收入%	负债与所有者权益	占销售收入%
现金	5	应付费用	5
应收账款	15	应付账款	10
存货	30	短期借款	N
固定资产	N	公司债券	N
		实收资本	N
		留存收益	N
合计	50	合计	15

在表中，N 为不变动，是指该项目不随销售的变化而变化。表中的百分率都用表中有关项目的数字除以销售收入求得，如对现金：$500 \div 10\,000 = 5\%$。

其次，确定需要增加的资金，从表中可以看出，销售收入每增加 100 元，必须增加 50 元的资金占用，但同时增加 15 元的资金需求。从 50% 的资金需求中减去 15% 自动产生的资金来源，还剩下 35% 的资金需求。因此，每增加 100 元的销售收入，远通公司必须取得 35 元的资金来源。在本例中，销售收入从 10 000 万元增加到 12 000 万元，增加了 2 000 万元，按照 35% 的比率可以预期将增加 700 元的资金需求。

最后，确定外部融资需求的数量。上述 700 万元的资金需求有些可以通过企业内部来筹集，2011 年的净利润为 1 200 万元（12 000×10%），如果公司的利润分配给投资的比率为 60%，则将有 40% 的利润即 480 万元被留存下来，从 700 万元中减去 480 万元的留存收益，则还有 220 万元的资金必须向外界来融通。

根据远通公司的资料，可以求得对外融资的需求量为：

外部融资需求量 = 50%×2 000 - 15%×2 000 - 10%×40%×12 000

　　　　　　　 = 220（万元）

财务预测的百分比法是一种简单实用的方法。它的好处是：使用成本低；便于了解主要变量之间的关系；可以作为复杂方法的补充或检验。但它也有一定的局限性，主要是假设资产、负债、收入、成本与销售额成正比，经常不符合实际情况，使其应用范围受到限制。由于存在规模经济现象和批量购销问题，资产、负债、收入、成本与销售额不一定成正比。为了改进融资预测的质量，有时需要使用更精确的方法。

2. 销售预算

销售预算是指为规划一定预算期内因组织销售活动而引起的预计销售收入而编制的一种日常业务预算。销售预算是整个预算的编制起点，其他预算的编制要以销售预算为基础。销售预算的主要内容是销售量、单价和销售收入。销售预算中通常还包括预计现金收入的计算，其目的是为编制现金预算提供必要的资料。其编制程序如下：

（1）计算各种产品的预计销售收入

某种产品预计销售收入 = 该种产品预计单价 × 该产品预计销售量

（2）预计销售收入总额

预计销售收入总额 = ∑ 某种产品预计销售收入

（3）预计在预算期发生的与销售收入相关的增值税销项税

某期增值税销项税额 = 该期预计销售收入总额 × 该期适用的增值税率

（4）预计预算期含税销售收入

某期含税销售收入 = 该期预计销售收入 + 该期预计销项税额

（5）本期实际收到的销售收入与收回前期的应收账款

某期经营现金收入 = 当期含税销售收入 × 当期预计现销率 + 上期未收到的款项

【例6.16】M公司编制的2010年分季度销售预算如表6.26所示。

其中，在各季度的销售收入中，60%货款于本季度收到，另40%货款将于下季度收到。

表6.26　　　　　　　　　　　　　　　　销售预算

季度		一	二	三	四	全年
销售数量（件）	（1）	100	150	200	180	630
销售单价（元/件）	（2）	200	200	200	200	200
销售收入（元）	（1）＊（2）	20 000	30 000	40 000	36 000	126 000

表6.27　　　　　　　　　　　　　　　　预计现金流入

上年应收账款	6 200				6 200
第一季度（销售20 000）	12 000	8 000			20 000
第二季度（销售30 000）		18 000	12 000		30 000
第三季度（销售40 000）			24 000	16 000	40 000
第四季度（销售36 000）				21 600	21 600
现金流入合计	18 200	26 000	36 000	37 600	117 800

3. 销售及管理费用预算

销售费用预算是指为规划一定预算期内企业在销售阶段组织产品销售发生各项费用水平而编制的一种日常业务预算。它以销售预算为基础，要分析销售收入、销售利润和销售费用的关系，力求销售费用的最有效使用。管理费用是搞好一般管理业务所必要的费用，它多属于固定成本，所以，一般是以过去的实际开支为基础，按预算期可预见的变化来调整。重要的是，必须充分考察每种费用是否必要，以便提高费用利用效率。

【例6.17】M公司编制的2010年销售费用预算和管理费用预算如表6.28所示。

表6.28　　　　　　　　　　　　销售费用和管理费用预算　　　　　　　　　单位：元

项目	金额
销售费用：	
销售人员工资	2 000
广告费	5 500
包装、运输费	3 000
保管费用	2 700
管理费用：	
管理人员薪酬	4 000
福利费	800
保险费	600
办公费	1 400
合计	20 000
每季度支付现金（20 000÷4）	5 000

（三）预计财务报表的编制

1. 预计资产负债表编制

预计资产负债表是用于总括反映企业预算期末财务状况的一种财务预算。预计的资产负债表与实际的资产负债表内容、格式相同，只不过数据是反映预算期末的财务状况。该表是利用本期期初资产负债表，根据销售、生产、资本等预算的有关数据加以调整编制的。

【例6.18】M公司编制的2010年简化的资产负债表预算如表6.29所示。

表6.29　　　　　　　　　　　　资产负债表预算　　　　　　　　　　单位：元

流动资产		流动负债	
库存现金	45 000	应付账款	6 000
应收账款	18 000	长期负债	
存货	11 520	负债合计	6 000
合计	74 520		
固定资产		所有者权益	
土地	60 000	实收资本	200 000
房屋及设备	240 000	盈余公积	128 520
减：折旧	400 000	所有者权益合计	328 520
合计	260 000		
资产总计	334 520	负债及所有者权益合计	334 520

2. 预计利润表

预计利润表是指以货币形式综合反映预算期内企业经营活动成果（包括利润总额、

净利润）计划水平的一种财务预算。

【例6.19】M公司编制的2010年简化的利润预算如表6.30所示。

表6.30 利润预算

单位：元

销售收入	126 000
减：销货成本	56 700
销售毛利	69 300
减：销售及管理费用	20 000
营业净利润	49 300
减：利息费用	4 000
税前利润	45 300
减：所得税	11 325
净利润	33 975

五、创业初期财务分析

与成熟企业相比，创业期的企业受市场环境变化和政策调控因素的影响程度更大，对所受影响因素的经验把握相对较差，对外部因素的控制能力较弱。而企业外部经营环境的变化多端，使得初创期企业遭遇风险损失的概率要高得多。

企业资金不足，甚至周转困难，企业在其生产经营过程中面临的最大困难是资金短缺，处于创业期的企业资金短缺问题是全方位的，主要表现为企业创立之时初始资本投入不足、资本积累能力差。企业成立之后，由于产品及市场等因素，一般来说收益水平低于成熟企业，再加上初始投资资本不足，规模较小，资本增值无论是速度还是绝对额都受到了限制，缺乏流动资金周转计划。由于创业期企业缺乏专业管理人才，资金使用随意性大，没有制定有关库存管理与资金结算必要的内部控制制度，与此相关的是资金周转效率不高，缺乏严密的资金调度计划。忽视内部财务管理会导致企业资金周转困难。

（一）财务分析的概述

1. 财务分析的意义

财务分析是以企业的财务报告等其他相关资料为主要依据，对企业的财务状况和经营成果进行分析和评价的一种方法。财务分析是企业财务管理的重要方法之一，反映企业在运营过程中的利弊得失和发展趋势，从而为改进企业财务管理工作和优化经营决策提供重要的财务信息。

财务分析的意义在于评价企业的实力、经营业绩、管理效率及企业的风险和前景，为利益相关者进行决策提供依据。

2. 财务分析的目的

对企业财务分析所依据的资料是客观的。但是，财务分析的信息需求者主要包括企业所有者、企业债权人、企业经营决策者和政府等。不同主体出于不同的利益考虑，对财务分析信息有着各自不同的要求。企业所有者的利益与企业的经营成果密切相关，他们主要关心企业的资本营利能力、企业生产经营的前景和投资风险；企业债权人则更关心企业能否按期还本付息，他们一般侧重于分析企业的偿债能力；企业经营管理者必须全面了解企业的生产经营状况和财务状况，他们进行财务分析的目的是全面的；政府兼具多重身份，既是宏观经济管理者，又是国有企业的所有者和重要市场的参与者，因此政府对企业财务分析的关注点因所具身份不同而异。

（二）财务指标的分析

财务比率分析是企业财务分析中最基本，也是最重要的分析方法。总结和评价企业财务状况和经营成果中需要计算和分析的财务指标包括偿债能力指标、运营能力指标、获利能力指标和发展能力指标。

1. 偿债能力指标

偿债能力是指企业偿还到期债务（包括本息）的能力。偿债能力指标包括短期偿债能力指标和长期偿债能力指标。

（1）短期偿债能力指标

短期偿债能力是指企业对一年内到期债务的清偿能力，主要是指企业流动资产对流动负债及时足额偿还的保证程度，是衡量企业当前财务能力，特别是流动资产变现能力的标志。

短期偿债能力的衡量指标主要有流动比率、速度比率、现金比率和现金流量比率。

①流动比率

流动比率是流动资产与流动负债的比率，其计算公式为：

流动比率 = 流动资产 ÷ 流动负债 × 100%

流动资产主要包括现金、短期投资、应收账款及预付账款、存货、待摊费用和1年内到期的长期债券投资等，一般用资产负债表的期末流动资产总额；流动负债主要包括短期借款，应付及预收款项、各种应交款项、1年内即将到期的长期负债等，通常用资产负债表中的期末流动负债总额表示。流动比率是从流动资产对流动负债的保障程度的角度说明企业的短期偿债能力，其比值越高，表明企业流动资产对流动负债的保障程度越高，企业资产变现的能力越强。但从优化资本结构和提高资本金利用率效率方面考虑，该比率并非越高越好。因为比率值越高，可能表明企业的负债较少，没有充分发挥负债的财务杠杆效应；也可能是资产存量过大，资产利用效率不高。该指标的一般公认标准为2.0，我国目前的较好水平在1.5左右。

②速动比率

速动比率是企业速动资产与流动负债的比值。其计算公式如下：

速动比率 = 速动资产 ÷ 流动负债 × 100%

速动资产 = 货币资金 + 交易性金融资产 + 应收账款 + 应收票据

＝流动资产－存货－预付账款－一年内到期的非流动资产－其他流动资产

速动资产是指流动资产减去变现能力较差且不稳定的存货、预付账款、一年内到期的非流动资产和其他流动资产等之后的余额。该比率是从速动资产对流动负债的保障程度的角度说明企业的短期偿债能力，其比值越高，表明企业速动资产对流动负债的保障程度越高，企业的短期偿债能力越强。该指标一般公认的标准为1.0，我国目前的较好水平为0.8左右。

③现金比率

现金比率是企业的现金资产与流动负债的比率。其计算公式如下：

现金比率＝现金及其等价物÷流动负债×100%

现金类资产包括企业的库存现金、随时可以用于支付的存款和现金等价物，即现金流量表中所反映的现金。该比值过高，可能表明企业的现金存量过大，资产利用有失充分。该指标一般公认的标准为20%。

④现金流量比率

现金流量比率是企业经营活动现金净流量与流动负债的比率。其计算公式为：

现金流量比率＝经营活动现金净流量÷流动负债

现金流量比率是从动态现金支付能力的角度说明企业的短期偿债能力，其指标值越高，表明企业的短期偿债能力越强。但该比率值也并非越高越好，因为比率值过高，可能表明企业流动资金的利用不充分，影响收益能力。

（2）长期偿债能力指标

企业长期偿债能力是指企业偿还长期负债（期限在一年或一个营业周期以上的债务）的能力。企业的长期负债主要有长期借款、应付长期债券、长期应付款等。反映长期债务能力的指标主要有资产负债率、股东权益比率、有形净值债务比率、已获利息倍数、到期债务本息偿还比率。

①资产负债率

资产负债率是企业负债总额与资产总额的比率，它反映企业的资产总额有多少是通过举债而得到的。其计算公式如下：

资产负债率＝负债总额÷资产总额×100%

该比率越高，企业偿还债务的能力越差；反之，偿还债务的能力越强。但是不同的利益主体，看待指标的立场也就不同。从债权人的角度看，他们所关心的是能否按期足额地收回贷款本息，若该比值越大，说明在企业的全部资产中，股东提供的资本所占比重太低，这样企业的财务风险主要由债权人承担，因此债权人总是希望该比率低一些；从股东立场看，他们主要关心的是举债引起的财务杠杆效益，及总资本报酬率是否高于借入资本的利息率。若全部资本的报酬率高于借入资本利息率，则举债越多，企业收益就越多，股东此时希望资产负债率越大越好。反之，若全部资本的报酬率低于借入资本利息率，则举债越多，企业损失就越多，此时资产负债率不应过高；站在经营者的立场，他们既要考虑企业的赢利，又要顾及企业承担的财务风险。因此该资产负债率应保持在一个适度范围内波动。我国目前的较好水平为50%左右。

②股东权益比率

股东权益比率是股东权益与资产总额的比率，该比率反映企业资产中有多少是投资者投入的。其计算公式为：

股东权益比率＝股东权益总额÷资产总额×100%

股东权益比率与负债之和比率等于1。因此，股东权益比率越大，负债比率就越小，企业的财务风险也就越小，偿还长期债务的能力就越强。

股东权益的倒数也称权益乘数，即资产总额是股东权益的多少倍。该乘数越大，说明股东投入的资本在资产中所占比重越小。其计算公式为：

权益乘数＝资产总额÷股东权益总额

产权比率是负债总额与股东权益总额的比率，其计算公式为：

产权比率＝负债总额÷股东权益总额×100%

一般情况下，产权比率越低，表明企业的长期偿债能力越强，债权人权益保障的程度越高，承担的风险越小，但企业不能充分发挥负债的财务杠杆效应。所以，企业在评价产权比率适度与否，应从提高获利能力和增强偿债能力两个方面综合进行。

③有形净值债务比率

有形净值债务比率＝负债总额÷（股东权益－无形资产净值）

有形净值债务比率实际上是产权比率的延伸，它更为保守地反映了企业清算时债权人投入的资本受到股东权益的保障度。该比率越低，表明企业的财务风险越小。

④已获利息倍数

已获利息倍数，是指企业一定时期息税前利润与利息支出的比率，反映了获利能力对债务偿付的保证程度。其中，息税前利润总额是指利润总额与利息支出的合计数，利息支出是指实际支出的借款利息、债券利息等。其计算公式为：

已获利息倍数＝息税前利润÷利息支出

其中：息税前利润＝利润总额＋利息支出

＝净利润＋所得税＋利息支出

已获利息倍数既是企业举债经营的前提，也是衡量企业长期偿债能力大小的重要标志。一般情况下，已获利息倍数越高，表明企业长期偿债能力越强。一般来说，企业的利息倍数至少要大于1，否则企业就难以偿付债务及利息。若长此以往，甚至会导致企业破产。

⑤到期债务本息偿还比率

到期债务本息偿还比率是经营活动产生的现金净流量与本期到期债务比率。其计算公式为：

到期债务本息偿还比率＝经营活动现金净流量÷（本期到期债务本金＋现金利息支出）

到期债务本息偿还比率主要衡量本年度内到期的债务本金及相关的现金利息支出可由经营活动所产生的现金来偿还的程度。该项财务比率越高，说明企业经营活动产生的现金对偿还本期到期的债务本息的保障程度越高，企业的偿债能力就越强。

2. 营运能力指标

营运能力指标是用于衡量企业组织、管理和营运特定资产的能力和效率的指标。企业的营运能力反映了企业资金周转情况，企业的资金周转状况与供、产、销各个环节密切相关，任何一个环节出问题都会影响企业资金的正常周转。评价企业营运能力常用的财务指标有存货周转率、应收账款周转率、流动资产周转率、固定资产周转率、总资产周转率。

（1）应收账款周转率

应收账款周转率是企业一定时期赊销收入净额与应收账款平均余额的比率。其计算公式为：

应收账款周转率 = 赊销收入净额 ÷ 与应收账款平均余额

应收账款平均余额 = （期初应收账款 + 期末应收账款）÷2

应收账款周转天数 = 应收账款平均余额 ×360 ÷ 销售收入

应收账款周转率是用于衡量企业应收账款管理效率的财务比率，应收账款周转率越高，周转天数越少，表明企业应收账款的管理效率高，变现能力强。应收账款周转率同企业的应收账款信用政策密不可分，如果应收账款周转率过高，可能是企业执行了比较严格的信用政策。如果应收账款周转率过低，说明企业催收账款的效率太低，信用政策十分宽松。

（2）存货周转率

存货周转率也称存货利用率，是企业一定时期的销售成本与平均存货的比率。其计算公式为：

存货周转率 = 销售成本 ÷ 平均存货

平均存货 = （期初存货余额 + 期末存货余额）÷2

存货周转天数 = 平均存货余额 ×360 ÷ 销售成本

存货周转速度的快慢，不仅反映出企业采购、储蓄、生产、销售各环节管理工作状况的好坏，而且对企业的偿债能力及获利能力产生决定性影响。一般来讲，存货周转率越高越好，表明其变现的速度快、周转额大，资产占用水平低。但是存货周转率过高，说明企业管理方面可能出现问题；如果太低，则常常是库存管理不力，销售状况不好，造成存货积压。因此要结合企业实际情况来作出判断。

（3）流动资产周转率

流动资产周转率是销售收入与流动资产平均余额的比率，反映了企业全部流动资产的利用效率。其计算公式为：

流动资产周转率 = 销售收入 ÷ 流动资产平均余额

流动资产平均余额 = （动资产期初余额 + 流动资产期末余额）×2

流动资产周转天数 = 流动资产平均余额 ×360 × 销售收入

在一定时期内，流动资产周转次数越多，表明以相同的流动资产完成的周转额越多，流动资产利用效果好。流动资产快，可以节约流动资金，提高资金的利用效率。但是，流动资产率为多少才算好，并没有一个确定的标准。通常分析流动资产周转率应结合企业历年数据的特点。

（4）固定资产周转率

固定资产周转率反映企业一定时期销售收入与平均固定资产净值的比值，是衡量固定资产利用效率的一项指标。其计算公式为：

固定资产周转率＝销售收入÷固定资产平均净值

固定资产平均净值＝（期初固定资产净值＋期末固定资产净值）÷2

固定资产周转期＝固定资产平均净值×360÷销售收入

固定资产净值是固定资产原价扣除已计提的累计折旧后的金额（即固定资产净值＝固定资产原价－累计折旧）。一般情况下，固定资产周转率越高，表明企业固定资产利用越充分，同时也表明企业固定资产投资得当，固定资产结构合理，能够充分发挥效率。

（5）总资产周转率

反映总资产周转情况的主要指标是总资产周转率，它是企业一定时期销售收入与资产平均总额的比值，可以用来反映企业全部资产的利用效率。其计算公式为：

总资产周转率＝销售收入÷平均资产总额

资产平均总额＝（期初资产总额＋期末资产总额）÷2

总资产周转期＝资产平均总额×360÷销售收入

总资产周转率越高，表明企业全部资产的使用效率越高；反之，如果该指标较低，则说明企业利用全部资产进行经营效率较差，最终会影响企业的获利能力。企业应采取各项措施来提高企业的资产利用程度。

3. 获利能力指标

获利能力是指企业赚取利润的能力。赢利是企业的重要经营目标，企业的债权人、所有者以及管理者都十分关心企业的获利能力。获利能力是企业财务分析的重要组成部分，也是评价企业经营管理的重要依据。评价企业获利能力的财务指标有营业利润率、成本费用利润率、总资产报酬率、净资产收益率、每股收益、每股股利、市盈率、每股净资产。

（1）营业利润率

营业利润率是指企业一定时期营业利润与营业收入的比率。其计算公式为：

营业利润率＝营业利润÷营业收入×100%

营业利润率越高，表明企业市场竞争力越强，发展潜力越大，从而获利能力越强。在实务中也经常用营业净利率、营业毛利率来分析企业经营业务的获利水平。

营业净利率＝净利润÷营业收入×100%

营业毛利率＝（营业收入－营业成本）÷营业收入×100%

（2）成本费用利润率

成本费用利润率是指企业一定时期利润总额与成本费用总额的比率。其计算公式为：

成本费用利润率＝利润总额÷成本费用总额×100%

其中：成本费用总额＝营业成本＋营业税金及附加＋销售费用＋管理费用＋财务费用

该指标越高，表明企业为取得利润而付出的代价越小，成本费用控制得越好，获利能力越强。同利润一样，成本费用的计算口径也可以分为不同层次，比如主营业务成本、营业成本等。在评价分析时，应注意口径一致。

（3）总资产报酬率

总资产报酬率是指企业一定时期内获得的报酬总额与平均资产总额的比率。它是反映企业资产综合利用效果的指标，也是衡量企业利用债权人和所有者权益总额所取得赢利的重要指标。其计算公式为：

总资产报酬率＝息税前利润总额÷平均资产总额×100%

息税前利润总额＝利润总额＋利息支出＝净利润＋所得税＋利息支出

总资产报酬率全面反映了企业全部资产的获利水平，该指标越高，表明企业的获利能力越强，整个企业获利能力越强，经营管理水平越高。

（4）净资产收益率

净资产收益率是企业一定时期净利润与平均净资产的比率。它是反映自有资金投资收益水平的指标，是企业获利能力指标的核心。其计算公式为：

净资产收益率＝净利润÷平均净资产×100%

其中：平均净资产＝（所有者权益年初数＋所有者权益年末数）×2

净资产收益率是评价企业自由资本及其积累获取报酬水平的最具综合性与代表性指标，反映企业资本运营的综合效益。一般认为，净资产收益率越高，企业自有资本获取收益的能力越强，运营效益越好，对企业投资人和债权人权益的保证程度越高。

（5）每股收益

每股收益，也称每股股利或每股盈余，反映企业普通股股东持有每一股份所能享有的企业利润和承担的企业亏损，是衡量上市公司获利能力时常用的财务分析指标。每股收益越高，说明公司的获利能力越强。每股收益主要是针对普通股而言，因此要扣除优先股股东。

每股收益＝（净利润－优先股股利）÷期末总股本

（6）每股股利

每股股利是指上市公司本年发放的普通股现金股利总额与发行在外的普通股股数。其计算公式为：

每股股利＝普通股股数总额÷发行在外的普通股股数

每股股利的高低，不仅取决于公司获利能力的强弱，还取决于公司的股利政策和现金是否充裕。

（7）市盈率

市盈率是上市公司普通股每股市价相当于每股收益的倍数，反映投资者对上市公司每元净利润愿意支付的价格，可以用来估计股票的投资报酬和风险。其计算公式为：

市盈率＝普通股每股市价÷普通股每股收益

市盈率是反映上市公司获利能力的一个重要财务比率，一般来说，市盈率高，说明投资者对该公司的发展前景看好，愿意出较高的价格购买该公司股票，所以一些成长性较好的高科技公司股票的市盈率通常要高一些。但是，如果某一种股票的市盈率过高，则也意味着这种股票具有较高的投资风险。

（8）每股净资产

每股净资产，也称每股账面价值，是股东权益总额除以发行在外的普通股股数。其计算公式为：

每股净资产＝股东权益总额÷发行在外的股票股数

该比率反映公司发行在外的每股普通股的账面权益额，该比率越高，表明公司股票的财务含量越高，内在价值越大；反之股票财富含量低，则内在价值小。

4. 发展能力指标

发展能力是企业在生存的基础上，扩大规模、壮大实力的潜在能力。发展能力指标主要包括营业收入增长率、资本积累率、总资产增长率、三年销售平均增长率、三年资本平均增长率。

（1）营业收入增长率

营业收入增长率是企业本年营业收入增长额与上年营业收入总额的比率。它反映企业收入的增减变动情况，是评价企业成长状况和发展能力的重要指标。其计算公式为：

营业收入增长率＝本年营业收入增长额÷上年营业收入总额×100%

式中，本年营业收入增长额＝本年营业收入总额－上年营业收入总额

营业收入增长率是衡量企业经济状况和市场占有能力、预测企业经营业务拓展趋势的重要标志。该指标若大于0，表示企业本年的营业收入有所增长，指标值越高，表明增长速度越快，企业市场前景越好；若该指标小于0，则说明产品或服务不适销对路。

（2）资本积累率

资本积累率是企业本年所有者权益增长额与年初所有者权益的比率。它反映企业当年资本积累的能力，是评价企业发展潜力的重要指标。其计算公式为：

资本积累率＝本年所有者权益增长额÷年初所有者权益×100%

资本积累率是企业当年所有者权益总的增长率，反映了企业所有者权益当年的变动水平，展示了企业发展的潜力。若该指标大于0，则指标值越高，则表明企业的资本积累越多，应付风险、持续发展的能力越强；该指标值如为负值，表明企业资本受到侵蚀，所有者利益受到损害。

（3）总资产增长率

总资产增长率是企业本年总资产增长额同年初资产总额的比率，它反映本期资产规模的增长情况。其计算公式为：

总资产增长率＝本年总资产增长额÷年初资产总额×100%

总资产增长率是从企业资产总量扩张方面衡量企业的发展能力，表明企业规模增

长水平对企业发展后劲的影响。该指标越高，表明企业一定时期内资产经营规模扩张的速度越快。

（4）营业收入三年平均增长率

营业收入三年平均增长率表明企业营业收入连续三年的增长情况，体现企业的持续发展态势和市场扩张的能力。其计算公式为：

$$营业收入三年平均增长率 = \left[\sqrt[3]{\left(\frac{本年营业收入总额}{三年前营业收入总额}\right)} - 1 \right] \times 100\%$$

营业收入是企业积累和发展的基础，该指标越高，表明企业积累的基础越牢，可持续发展能力越强，发展的潜力越大。

（5）资本三年平均增长率

资本三年平均增长率表示企业资本连续三年的积累情况，在一定程度上体现了企业的持续发展水平和发展趋势。其计算公式为：

$$资本三年平均增长率 = \left[\sqrt[3]{\left(\frac{年末所有者权益总额}{三年前年末所有者权益总额}\right)} - 1 \right] \times 100\%$$

该指标能够反映企业资本积累或资本扩张的历史发展状况，以及企业稳步发展的趋势。该指标越高，表明企业所有者权益得到保障程度越大，企业可以长期使用的资金越充足，抗风险和持续发展的能力越强。

六、税务管理

1. 与初创企业相关的税种

主要包括增值税、营业税、消费税、企业所得税和个人所得税。前 3 种属于流转税。此外，城市里的企业还需要缴纳城市维护建设税和教育费附加，从事进出口业务的还要缴纳关税。

增值税：是企业生产经营活动带来的增值所征收的税，征税对象包括工业生产性企业，商业批发和零售企业，提供加工、修理修配劳务以及进口货物的企业。如果你是商品生产或劳务提供者，且年销售额在 100 万元以上；或者你是商品批发或零售经营者，且年销售额在 180 万元以上，都可申请成为一般纳税人，基本税率为 13% 或 17%，享有进项税额抵扣权。如果是小规模纳税人，不能抵扣进项税额，增值税征收率为 6%，而商业企业小规模纳税人的增值税征收率为 4%。多数初创企业都属于小规模纳税人的范畴。

营业税：是服务企业的营业额所征收的税，征税对象包括交通运输业、建筑业、金融保险业、邮电通信业、文化体育业、娱乐业、服务业等企业，税率为 3%～20%。多数服务行业，如饮食、旅游、租赁、咨询、广告等，都适用 5% 的税率。

如果你经营的产品或商品不在这 11 种产品之列，就不用交纳消费税。

企业所得税：是针对企业的生产经营所得所征收的税，征税对象包括所有企业。税率为 5%～45% 不等。这里所谓"企业所得"，是指经营所得的纯利润。鉴于企业初创期一般是指尚未实现赢利的经营阶段，因此除少数开业即赢利的企业外，绝大多数初创企业都没有缴纳企业所得税的问题。

个人所得税：个体工商户经营所得的纯利收入不必缴纳企业所得税，但必须缴纳个人所得税。同样，初创期因为没有赢利，也不存在缴纳个人所得税的问题。

作为企业的经营者，应当明确你的企业适用于哪个税种和税率，并将税费开支列入企业的经营成本。

2. 如何报税和缴税

报税，即纳税申报，这是每个企业的法定义务。需要申报的主要是以下两方面的内容：

（1）纳税申报表，或代扣代缴、代收代缴报告表。

（2）与纳税申报有关的资料或证件。

应当按照国家相关法规，按期安排财务人员向国家税务机关报税。作为企业主，可聘请公司会计进行报税，也可委托会计公司做这项工作。

缴税：企业必须在税务机关规定的期限内按时缴纳流转税。有关缴税的具体事务可交由会计或会计公司办理。

作为业主或经营者，应当充分树立报税和缴税的意识，重视按时报税缴税的工作，以免受到税务机关的处罚。同时，在合法的前提下，做好纳税筹划，可以适当节税，减少经营的成本。

3. 初创企业的税务设计

所谓税收筹划，又称纳税筹划，是指在国家税收法规、政策允许的范围内，通过对经营、投资、理财活动进行的前期筹划，尽可能地减轻税收负担，以获取税收利益。通过税收筹划获取的利益，受法律保护，属于纳税人合法权益，所以税收筹划是纳税人的一项基本权利。税收筹划的方向主要有以下3个方面：

（1）税收政策筹划

影响企业应纳税额的因素通常有2个，即计税依据和税率。计税依据越小，税率越低，应纳税额也越小。开展税收筹划，应从这2个因素入手。例如，企业所得税种，计税依据就是应纳税所得额，税率有3档：应纳税所得额在3万元以下，税率为8%；应纳税所得额在3万~10万元，税率为27%；应纳税所得额在10万元以上的，税率为33%。所以，进行税种税收筹划，仅从税率因素考虑，就能发现很大的税收筹划空间。

（2）办税费用筹划

办税费用包括办税人员费用、资料费用、差旅费用、邮寄费用、利息等。尽管办税费用在纳税成本中所占的份额不大，但仍有筹划必要。比如，对企业财会人员进行合理分工，由财会人员兼任办税员；通过网上进行办税申报，降低资料费用；采取递延纳税的办法降低费税利息等。

（3）额外税收负担筹划

额外税收负担是指按照税法规定应当予以征税，但却完全可以避免的税收负担。企业常出现的额外税收负担主要是与会计核算有关的3种非正常税收负担：一是税法规定，纳税人兼营增值税（或营业税）应税项目适用不同税率的，应当单独核算其销售额，未单独核算的，一律从高适用税率。二是纳税人兼营免税、减税项目的，应当单独核算免税、减税销售额，未单独核算销售额的，不得免税、减税。三是对纳税人账目混乱或者成本资料、收入凭证、费用凭证残缺不全，难以查账的，税务机关有权核定其应纳税额。对于额外税收负担，纳税人可以通过加强财务核算，按规定履行各项报批手续，履行代扣代缴、代收代缴义务，认真作好纳税调整等方案。

思考与讨论

1. 员工管理对初创企业有什么价值和意义？员工管理中最重要的管理工作是什么？
2. 员工的薪酬包括哪些部分？
3. 试用期和试岗期有哪些作用和特点？
4. 绩效考核有哪些内容、标准、方法和工具？
5. 什么是创业企业的财务管理？创业企业的财务管理包括哪些方面？
6. 创业企业有哪些融资渠道？
7. 如何选择最优的投资项目？
8. 应该从哪些角度对企业的财务能力进行分析评价？

案例分析

两年前，张先生和李先生共同投资成立了 A 工程公司。张先生出资金和市场，占公司 2/3 的股份；李先生出技术和资金，占 1/3 的股份。张先生负责公司全面工作的开展并主抓市场和财务；李先生主管技术与施工；公司会计由张先生的一个同学担任。由于公司人数较少，在两年的经营期内，有长达 10 个月的时间会计、出纳由一人兼任。

公司发展十分顺利，第一年营业额达 1 000 万元，第二年前 10 个月营业额达到 1 600 万元。业务发展了，问题也出来了。营业额不少，每项工程测算也有利润，按理讲该挣到钱了，但是公司总是处于资金紧张状况，流动资金缺乏，该分红分不出来。

这种状况出现后引发了两个投资者之间的矛盾，他们都怀疑对方在财务上做了手脚。但仅从账目表面看，两个财务外行又都找不到问题所在。无奈之下，李先生提出退股分家。为了做最后清算，双方请了一家财务公司做"第三方财务管理服务"，进行了 15 天的内部审计工作。

结论出来后，两个股东都傻眼了。会计用虚支的手段分批把公司 200 万元的资金挪为己用，时间长达半年。

请分析：该公司出现严重财务问题的关键原因是什么？应怎样避免？会计可能采用的虚支手段有哪些？如何防范？

第七章　企业经营管理综合实训

本章讲的是企业创立后企业经营管理模拟实训，需要运用所学的知识进行科学的管理和决策，在仿真的市场环境下参与企业的竞争。通过模拟，学生可以体验到企业经营管理，探索创立的企业如何成长，如何在市场竞争环境中取得优势，为以后真实企业打下基础。

第一节　企业经营管理综合实训准备

企业管理（business management）是对企业的生产经营活动进行组织、计划、指挥、监督和调节等一系列职能的总称。核心就是管理功能定位，管理是企业发展的灵魂。企业管理的现实效益取决于管理的落地程度，管理落地是企业生命力强弱的核心指标。

一、企业管理的内容

企业管理包括：

（一）行政中心

负责员工招聘、人事培训、人事考核、薪酬管理、制度拟定。

（二）市调中心——STP 分析

市调中心是学员创立的企业在市场中运行的操作管理平台，教师控制虚拟时间的开启，学员管理经营自己的虚拟企业，主要是负责市场前期调查、调查问卷管理，并撰写市场调查报告、STP 报告、SWOT 分析、SWOT 分析报告、竞争战略分析报告等。

STP 分析即市场细分（segmenting）、选择目标市场（targeting）和产品定位（positioning）。STP 是整个营销建设的基础，STP 法则对各自的市场进行了细分，并选择了自己的目标市场，传达出各自不同的定位。

1. 市场细分

（1）市场细分的概念

市场细分是指根据消费者在需求上的各种差异，把整体市场划分为在需求上大体相似的若干个市场部分，形成不同的细分市场，即小市场。

（2）市场细分的依据

市场细分的依据是整体市场存在消费需求的差异性。由于消费者所处的地理环境、社会环境及自身的教育、心理因素不同，他们对产品的价格、质量、款式、服务等的要求也不尽相同，存在消费需求的差异性。因此，客观存在的需求差异是市场细分的依据。

（3）市场细分的作用

市场细分的作用具体表现为：

第一，市场细分有利于企业认识市场，选择合适的目标市场；

第二，市场细分有利于企业充分、合理利用现有资源，制定或调整企业的营销策略；

第三，市场细分有利于满足消费者的需求，提高企业的经济效益。

（4）市场细分的标准

市场细分是以消费需求差异为划分依据的，因此形成需求差异的各种因素均可作为市场细分的标准。市场细分标准通常可以分为四大类：地理细分标准、人口细分标准、心理细分标准、行为细分标准。

（5）市场细分原则

在进行市场细分时，应该遵守以下三条基本原则：

可衡量性：要求市场细分的标准是明确的，细分出来的不同细分市场之间有明显不同的需求差异。

可进入性：所选择的细分市场，企业有足够的能力进入。

可赢利性：细分出的市场能够使企业获得足够的利润，才有开发的价值。

2. 目标市场选择

（1）目标市场选择评估

企业要选择哪些细分市场作为自己的目标市场，必须要对这些细分市场进行评估。具体评估内容有：细分市场规模和增长潜力；细分市场获利情况；细分市场竞争状况；企业营销目标和资源是否适应。

（2）目标市场策略选择

企业进入目标市场应该根据企业实力、产品差异性、市场差异性、产品寿命周期和竞争对手策略等因素进行，可供选择的目标市场策略主要有无差异营销策略、差异营销策略、集中营销策略。

3. 市场定位

（1）市场定位的实质

市场定位实质是确定本企业产品在市场中的竞争地位。通过市场定位，来创造和形成区别于竞争对手的企业产品特色，使产品在消费者心目中留下深刻印象，树立良好形象。

（2）市场定位的方法

企业经营的产品不同，面对的顾客不同，所处的竞争环境也不同，因而市场定位的方法也不同。企业进行市场定位的方法是多维度的。

根据产品特色定位：根据产品本身特征，确定它在市场上的位置。构成产品内在特色的许多因素都可以作为市场定位所依据的原则，如产品功能、成分、材料、质量、档次、价格等。

根据产品利益定位：产品本身的属性及由此衍生的利益，解决问题的方法以及重点需要满足的程度也能使顾客感受到产品的定位。

根据使用者类型定位：企业把产品指引给适当的潜在使用者，根据使用者的心理和行为特征，以及特定消费迷失塑造出适当的印象。

根据竞争需要定位：企业根据竞争者的特色和市场位置，结合企业自身发展需要，将本企业产品定位在与其相似的另一类竞争产品的档次，或定位在与竞争直接有关的不同属性或利益。

（3）市场定位策略

填补定位策略：填补定位策略是指企业为避开强有力的竞争对手，将产品定位在目标市场的空白部分或是"空隙"部分。此策略可以避开竞争，迅速在市场上站稳脚跟，并能在消费者或用户心目中迅速树立一种形象。这种定位方式风险较小，成功率较高，常常为多数企业所采用。

并列定位策略：并列定位策略是指企业将产品定位在现有竞争者的产品附近，服务于相近的顾客群，与同类同质产品满足同一个目标市场部分。采用这种定位方式有一定的风险，但不少企业认为这是一种更能激励自己奋发向上的可行的定位尝试，一旦成功就会取得巨大的市场优势，因为这个市场肯定是最有利可图的部分。

对抗定位策略：对抗定位策略是指企业要从市场上强大的竞争对手手中抢夺市场份额，改变消费者原有的认识，挤占对手原有的位置，自己取而代之。采用此策略的目的在于企业准备扩大自己的市场份额，决心并且有能力击败竞争者。

重新定位策略：重新定位策略是指随着企业的发展、技术的进步、社会消费环境的变化，企业对过去的定位作修正，以使企业拥有比过去更多的适应性和竞争力。

4.《市场开发分析报告》

（1）《市场开发分析报告》撰写内容

①项目目标市场分析

市场环境分析：对被选的项目的市场环境进行分析，对总体市场状况、消费者需求情况、竞争对手状况进行客观、重点分析。

市场商机分析：对被选的项目（业态）进行，要求说明该项目具有值得开发的价值；该项目具有很大的发展空间。

目标顾客分析：采用市场细分表，进行目标顾客的选择，确定本项目的目标顾客，对他们的年龄、性别、职业、收入及购买特点等情况进行分析，论证目标市场选择的准确性。

②项目选址环境分析

针对项目开发一般以商业店铺开发为主，店址选择是店铺开发项目的重要内容。理想的店址一般都选择在交通便利、人群密集的商圈中。商圈是指店铺能够吸引消费者购买的地理区域。店铺选址必须分析商圈。一般以店铺设定的地点为圆心，周围一定距离为半径，作为店铺环境分析的范围。商圈半径的确定视不同店铺而定，一般来说便利店、小商铺的商圈半径在500～800公尺，而大卖场、大型商场在5公里，甚至更远。商圈根据具体情况再可以分为中心商圈、次级商圈和边缘商圈。

店铺选址初步确定：确定所选店铺的具体地址和方位，一般的项目报告都要求设计店铺地址的方位示意图，这样可以对店铺选址一目了然。

店铺选址环境分析：对其商圈环境进行分析，主要内容有三方面：商圈道路交通分析；商圈购买量的分析；商圈竞争状况的分析。

③项目损益分析

店铺损益分析一般考虑投资经营期为5～8年以上，分析分为七个部分：

月营业额计算：对开业营业额进行估算，应考虑商圈内常住居民、学员、企事业单位的购买量，以及流动顾客群的购买量。

合适店铺面积估算：根据预估的日营业额指标来确定的合适的店铺面积，月营业额才能得到保障。除此之外，还要注意其他因素的影响，如店铺所在的区域地段好坏、租金高低。

开店经营费用估算：开店经营费用可分为固定费用与变动费用两类。固定费用是指与销售额的变动没有直接关系的费用支出，如工资、房租、折旧费、水电费、管理费等。变动费用是指与商品销售额的变化有直接关系的费用支出，如运杂费、保管费、商品损耗、营业税等。根据范文资料估算：

项目损益预算

经营损益＝销售毛利－变动费用－固定费用

投资风险估算：投资风险是对投资的"经营安全率"进行分析。经营安全率是衡量店铺经营状况的重要指标，一般测定的标准为：安全率在30%以上为优秀店；20%～30%为优良店；10%～20%为一般店；10%以下为不良店。计算经营安全率必须要计算出损益平衡点。损益平衡点是指店铺收益与支出相等时的营业额，超过此点，店铺即有赢利，低于此点即表示亏损。

投资回报估算：项目投资回报估算应该包括年投资收益率与投资回收期。

④经营特色分析

店铺开发需要进行市场定位，要有自己的经营特色，即要设计店铺的特色，展示自己的形象。

根据消费者的需求和竞争状况进行经营特色定位，制作市场定位图，进行项目经营特色分析。

店铺特色可以在这些方面进行定位：店铺布局；商品陈列；环境布置；商品结构；商品价格；顾客服务。

⑤分析结论

店铺开发分析目的在于保证项目投资的有效性。这是分析报告所作的结论性部分，是报告的最后一个部分，对此项目能否立项表明自己的态度。分析结论应从报告分析的目标市场、店铺选址、项目损益、经营定位全面进行归纳，提出项目结论。其中项目损益数据很重要，是分析结论的主要参考依据。结论意见表述要简练，要作高度概括。

（2）《市场开发分析报告》撰写格式

封面：封面需作规范性设计，上面需要标明项目分析报告名称，报告日期，报告人姓名，所属单位。

前言：交代报告撰写背景。一般要交代清楚企业经营目标、经营规模、经营条件、经营业绩及市场营销状况，特别要交代店铺开发的优势条件。

说明报告撰写的必要性。市场开发是企业营销的重要活动，是市场竞争的长效手段，要求从营销角度说明报告撰写的必要性。

交代报告撰写的组织情况。主要交代报告撰写人员及其分工，组织了哪些重要活动。

目录：除非报告的页数很少，否则不要省略目录页的内容。因为通过目录可以让人们对分析报告有个概括的了解。在目录中应包括各章次标题，如果报告的内容多的话，还需标上各节次标题。本报告要求立二级目录。

正文：正文是分析报告的主体部分。运用目标市场策略理论，对项目的目标市场、选址环境、损益情况、市场定位、决策结论进行全面、客观的分析。

附录：项目分析报告中若有很具体的方案，或较大的表格、图表以及需要附加说明的材料都可以作为该报告的附件。

（三）产品中心

在市场调查阶段的工作进行之后，创立的企业已经明确了市场、产品、价格、渠道战略，依据这些要进行的是研发符合自身设定的市场定位的产品，从产品研发、设计产品包装、购买产品生产线等方面去生产产品、进行产品销售。

（四）营销中心

产品研发后，要进行产品销售信息发布，以及渠道管理、促销管理、企业广告设计、产品广告设计、服务管理。（重点强调：一定要在营销中心为产品定完价后再在产品中心对产品进行发布、销售。）

1. 企业价格构成

价格由生产成本、流通费用、税金和利润构成。生产成本、流通费用组成产品成本。产品成本是企业制定价格时的最低界限。定价低于产品成本，企业不可避免地产生经营亏损。在市场竞争中，产品成本低的企业具有有利的价格竞争优势。

2. 影响定价的因素

（1）定价目标：企业定价目标有利润最大化定价、市场最大化定价、应对竞争定价、维持生存定价，根据不同的目标制定不同价格。

（2）产品差异性：根据产品的质量、款式、品牌、包装和服务特点进行定价。

（3）企业销售能力：根据企业销售力量进行定价。

（4）市场需求：根据需求能力、需求轻度、需求层次进行定价。

（5）政府力量：企业定价要受到政府干预，表现为一系列的经济法规制约企业的定价行为。

（6）竞争者力量：企业定价无时不受到竞争者定价行为的影响和约束，产品定价必须考虑竞争对手的定价情况。

（五）促销管理

1. 促销的概念

促销就是营销者向消费者传递有关本企业及产品的各种信息，说服或吸引消费者购买其产品，以达到扩大销售的目的。

促销实质上是一种沟通活动，即营销者（信息提供者或发送者）发出作为刺激物的各种信息，把信息传递到一个或更多的目标对象（即信息接受者，如听众、观众、读者、消费者或用户等），以影响其态度和行为。

2. 促销方式

无偿、惠赠、折价、竞赛、活动、双赢、直效、服务、组合。

（六）广告管理

1. 内涵

以广告主的名义，并由其支付一定费用，通过大众传播媒介向公众传递关于商品或劳务劝说其购买的一种促销活动。

2. 广告的作用

传递信息，沟通供需；激发需求，扩大销售；介绍知识，指导消费；扩大产品影响，增强竞争力。

3. 广告促销的原则

真实性、思想性、艺术性、效益性。

4. 广告的类型

按广告的覆盖面分为全国性广告、地方性广告和地区性广告；按广告的不同对象分为对生产者的广告、对经营者的广告和对消费者的广告；按广告的目的和内容可分为介绍性广告、说服性广告、提示性广告和形象性广告；按照广告媒体一般可分为电视广告、广播广告、报纸广告、杂志广告、户外广告和网络广告。

5. 广告媒体的选择

不同的媒体具有不同的特点、适用范围和效果，随着科学技术和广告业务的发展，可供选择的广告媒体越来越多，要取得满意的广告效果，实现促销的目的，企业应根据广告目标的要求，正确、合理地选择广告媒体。广告媒体的选择一般考虑如下因素：广告目标、产品特点、广告媒体特点、目标顾客特点、竞争特点、广告媒体成本。

6. 广告策略

广告的产品策略：广告产品定位策略、广告产品周期策略、广告产品消费观念策略。

广告的市场策略：广告目标市场策略、广告竞争策略、广告促销策略。

广告媒体组合策略：企业内外广告媒体相结合、各种不同的媒体组合、广告的时机频率组合。

广告心理策略：广告诱导心理策略、广告迎合心理策略、广告猎奇心理策略。

创业小故事

"中意"的广告意识

我国冰箱行业发展较晚，各个企业几乎是在同一时期（20 世纪 80 年代中期）、同一水平上起步，实力相近，因此，赢得市场的关键是要有好的产品。长沙电冰箱厂生产的"中意"电冰箱全套引进意大利设备，技术比较先进，产品质量比起引进部分设备的企业要略胜一筹。但长沙电冰箱厂的决策者们在市场竞争中认识到：光有产品优势还不够，还要有宣传优势、广告优势。为了取得这种优势，他们的产品广告不是以市场的变化来决定做与不做，或做多做少的。他们认为，产品滞销时，固然要做广告，产品畅销时同样也要做广告，广告要做得深入人心；当人们需要购买该产品时，自然而然就会想到你的产品，选购的可能性就大得多。因此，该厂每年广告支出都在 200 万元左右，1990 年近 300 万元。特别值得一提的是，该厂 1989 年获得北京工人体育场广告部向海内外征集亚运会主会场的广告权。当时，国际社会对我国心存疑虑，对第十一届亚运会能否如期举行表示怀疑。因此，应征者寥寥无几。长沙电冰箱厂厂长邓文全却认定北京亚运会一定能如期举行。他立即赴京，以 12 万元买下主会场全部 24 个出口上方和场外 36 根灯管的广告位置。结果，不出所料，北京亚运会如期举行。到 1990 年 5 月，即亚运会开幕前四个月，外国厂商才纷纷来争购位置做广告。有一家美国公司竟提出要以 10 万美元从长沙电冰箱厂手里购买圣火下的通道的广告位置，但被该厂婉言拒绝。亚运会开幕，当火炬手手持火种去点燃亚运会的主火炬时，电视荧屏上醒目地跳出了"中意冰箱"四个字；伴随着亚运会的影响，中意冰箱又一次在亿万电视观众的脑海里留下了印象，企业也因此受益。即使在 1989 年和 1990 年市场疲软、部分冰箱滞销的情况下，"中意"冰箱仍然畅销不衰，1990 年销售总额超过 3 亿元，实现利税达 6 000 万元。

第二节 创业经营管理综合实训

踏踏实实做人，实实在在做事，厚积才能薄发。有了夯实的基础才能享受成功的甘醇，企业经营就应该从企业管理开始。

一、实训系统介绍

创业实训模块，通过创业经营环节，根据公司经营管理流程管理和岗位设置了虚拟竞争，并采用国内领先的虚拟购买的机理，采用国际上领先的商业模拟技术来实现创业模拟。系统应用计算机虚拟市场仿真技术虚拟市场模拟器（virtual market generator）、模拟抽样调查技术（simusurvey）、仿真市场博弈技术（simulation marketing game），仿真模拟了虚拟市场、市场调查和市场营销的市场竞争。系统应用成熟的经济学模型来计算模拟市场的变化，如市场需求反应模型、价格模型、广告促销市场反应模型、离散事件博弈模型等。系统预设十三种不同行业学生进行实战模拟。采用了虚拟时间概念，即一分钟对应实际一天，使用创业者在时间内完成一个行业的创业模拟。模拟者根据公司经营的需要可以担任不同的领导岗位工作，也可以独立完成创业实战全过程，设立了总经理，行政中心、市场调研中心、产品中心、营销中心五个角色，分别或单独完成创业过程，利用平台真正仿真模拟真实创业过程。

通过实训了解企业经营全过程，融会贯通，提高学生实践运用经营管理知识，培养科学管理的思维。从能力培养方面，可以培养全局观念，提高管理能力，锻炼分析问题、解决问题及应变能力，让实训者的综合素质得以提高。

二、实训的准备

（一）重置风投和招聘模拟

此功能模块和重置工商注册模拟的功能相同，在此不做详细讲解。

（二）进入实战后台

此模块是教师管理系统的核心部分，也是学生实战模块参数的设置区。

1. 虚拟时间的设置与运行

系统内设了行业的初始参数，此参数只能查看，不可任意修改。

2. 虚拟时间的运行和停止

学生在实战模拟前，教师必须开启学生将模拟的行业，学生可以进入模拟，点击运行，虚拟时间开始走动，点击暂停，学生可以模拟，但虚拟时间则停止，不再向下走动（如图7.1）。

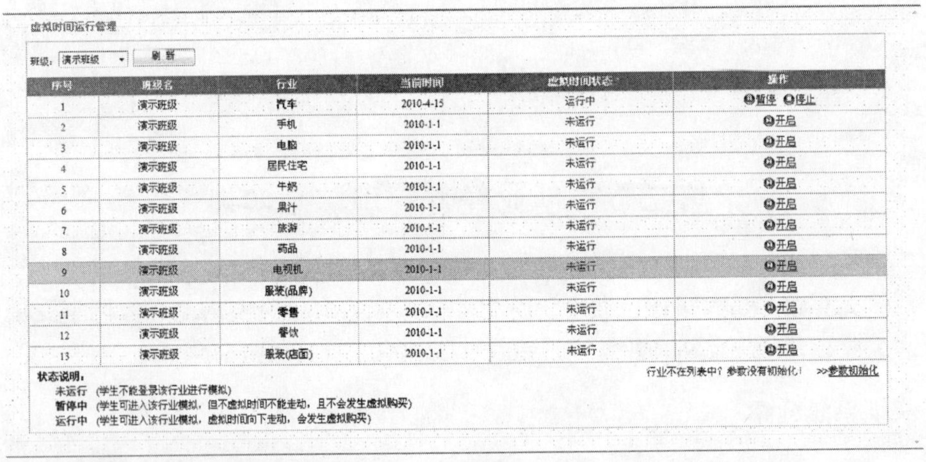

虚拟时间运行管理

班级：演示班级 ▼ 刷新

序号	班级名	行业	当前时间	虚拟时间状态	操作
1	演示班级	汽车	2010-4-15	运行中	暂停 停止
2	演示班级	手机	2010-1-1	未运行	开启
3	演示班级	电脑	2010-1-1	未运行	开启
4	演示班级	居民住宅	2010-1-1	未运行	开启
5	演示班级	牛奶	2010-1-1	未运行	开启
6	演示班级	果汁	2010-1-1	未运行	开启
7	演示班级	旅游	2010-1-1	未运行	开启
8	演示班级	药品	2010-1-1	未运行	开启
9	演示班级	电视机	2010-1-1	未运行	开启
10	演示班级	服装(品牌)	2010-1-1	未运行	开启
11	演示班级	零售	2010-1-1	未运行	开启
12	演示班级	餐饮	2010-1-1	未运行	开启
13	演示班级	服装(店面)	2010-1-1	未运行	开启

状态说明：
未运行（学生不能登录该行业进行模拟）
暂停中（学生可进入该行业模拟，但不虚拟时间不能走动，且不会发生虚拟购买）
运行中（学生可进入行业模拟，虚拟时间向下走动，会发生虚拟购买）

行业不在列表中？参数没有初始化！ >>参数初始化

图7.1

3. 市场数据与参数

此模块主要用于教师为了提高软件的仿真性和对抗性，对市场的参数进行修改和设置，"行业、区域、消费者特征类别、渠道、促销、广告、服务、产品属性、生产线类型"等市场参数的修改功能相似，在此以行业管理为例进行操作说明。

4. 行业管理

步骤一：点击"行业管理"，显示所有行业信息，查看某一行业参数，即可显示该行业的一些参数，点击"修改参数"，弹出图7.2所示界面。

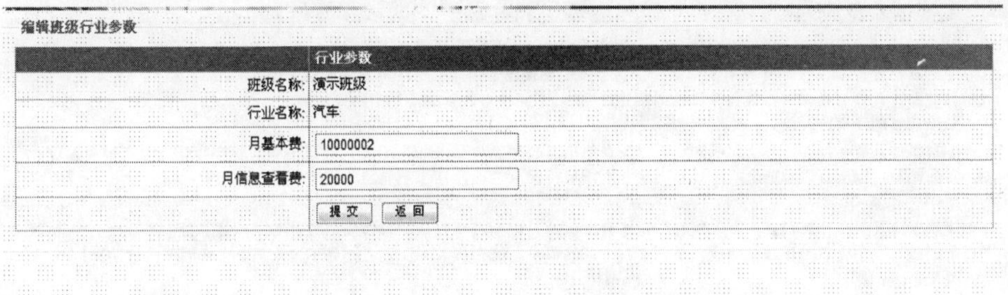

图 7.2

步骤二：修改有关参数，点击"提交"按钮，则修改成功。

5. 评分管理

市场分析评分：

此模块是教师对学生在经营企业中做的各项报告（STP 报告、SWOT 分析、SWOT 分析报告、竞争战略分析报告）的评分管理，教师对学生的报告进行打分及给出评语。

企业、产品、广告策划评分：

主要是教师对学生为企业设计的 logo、产品的外包装以及广告语的拟定进行的评分。

综合得分查看与评定教师可以进行评分及为学生写评语，可以查看学生的综合得分，也可打印、导出成绩。

三、实训内容

实训是经营管理一个新建的中小型企业，企业类型是制造业。作为总经理，从企业的发展战略，到各个职能部门的发展策略，都需要作出正确的决策。模拟对手就是与你同时参与经营实训的同学。

创业实施——创立企业的实训，在完成企业工商税务登记注册后，正式成立一家模拟企业，组建经营管理团队，并完成老师规定的创业实战。在这一环节，以个人公司开展实训，学员即是一家模拟企业的首席执行官，完成一家企业的运营管理。独立进行实训，一方面便于教师组织授课实训，另一方面也更利于提升学习训练的效果。

（一）投融资和人员招聘操作步骤

1. 进入实战操作界面

登录界面后完成创业计划书的提交评审（图 7.3）。

获得风险投资基金提供的创业风险金 500 万元（图 7.4）。

2. 员工招聘

系统提示招聘工作人员，招聘人员工种不定义，人数可以选择，系统将自动扣除员工费用（图 7.5）。

| 计划书审查报告 | 法律审核签署协议 | 天使公司注资 | [风投流程] | [关闭窗口] |

大学生创业计划评审报告

经专家组评价和综合评审,评审专家组一致认为该公司提出一个具有市场前景的产品/服务,并围绕这一产品/服务,完成一份完整、具体、具有可行性和操作性的创业计划书 下面是对该创业计划书的评定:

关于摘要的评审:

该计划书概述简明、扼要,具有鲜明的特色。重点包括对公司及产品/服务的介绍、市场概貌、营销策略、生产销售管理计划、财务预测;指出新理念的形成过程和对企业发展目标的展望;介绍了创业团队的特殊性和优势等。

关于产品/服务:

详细说明了满足关键用户需要;进入策略和市场开发策略;说明其专利权,著作权,政府批文,鉴定材料等;指出产品/服务目前的技术水平是否处于领先地位,是否适应市场的需求,能否实现产业化。产品不过分超前市场而无法被接受。

关于市场:

详细说明了市场容量与趋势、市场竞争状况、市场变化趋势及潜力,细分目标市场及客户描述,估计市场份额和销售额。市场调查和分析应当严密科学。

关于竞争:

细致阐述了包括公司的商业目的、市场定位、全盘战略及各阶段的目标等,同时对现有和潜在的竞争者的分析,替代品竞争,行业内原有竞争的分析。总结本公司的竞争优势并研究战胜对手的方案,并对主要的竞争对手和市场驱动力进行适当分析。

关于营销:

创业计划书中提出了如何保持并提高市场占有率,把握企业的总体进度,对收入、盈亏平衡点、现金流量、市场份额、产

图 7.3

图 7.4

图 7.5

（二）创业实训操作步骤

1. 进入创业模拟功能选择模块

系统中有十大生产制造行业：果汁、家电、手机、汽车、医药、房地产、洗发水、方便面、服装和商务旅游；三种服务行业：零售行业、服装行业、餐饮行业。以汽车行业为例，实训步骤如下（图7.6）。

图7.6

2. 注册公司

要确定企业名称、品牌、可用资金等详细信息后点击注册企业。用户选择好行业之后只能开设该行业所对应的公司或店铺，而不能跨行业开设其他公司或店铺（图7.7）。

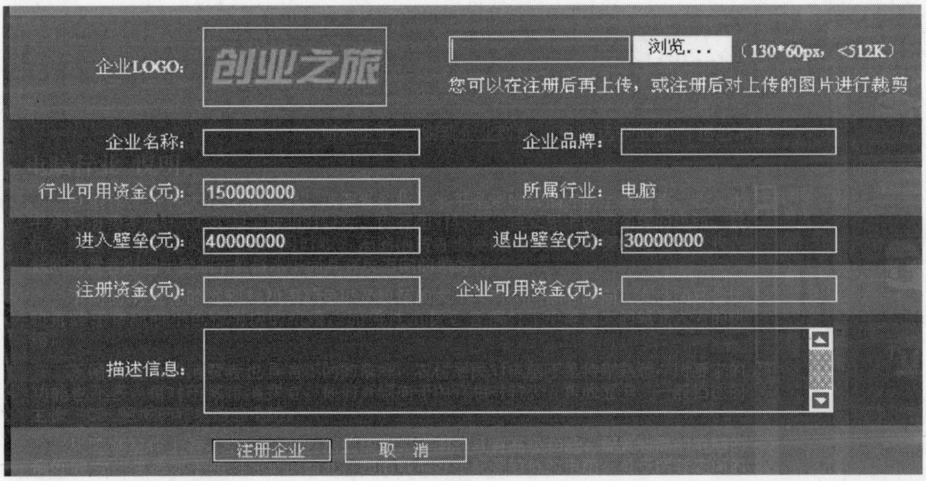

图7.7

注册完成后，进入模拟系统界面，处于开启状态下的行业，学生才能进入模拟。

3. 点击进入模拟

界面如图7.8所示。

图 7.8

整个界面分为五部分：

公司运作信息显示框：显示用户经营的行业类别，企业名称、可用资金、当前虚拟时间。其中班级排名是用户经营的企业在整个班级中经营业绩排名变化；虚拟时间是提醒用户在模拟操作中研发、包装、销售产品一定要与当前的虚拟时间吻合，在具体操作流程中将做详细说明。

企业运作操作栏：是商战系统模拟企业运营整个过程实际操作的重要环节，依次为公司概况、行政中心、市调中心、产品中心、营销中心、财务中心、市场统计、评分考核。下面将分别做重要讲解。

内容显示框：显示当前用户操作的界面内容。

系统帮助框：显示学生在当前操作状态下的帮助信息。

学生互动交流区：在学生列表中选择用户进行企业经营各方面的交流，也可以选择私聊。

4. 公司概况

用户注册公司后，要了解公司组织结构构成。公司部门设置有行政中心、市调中心、产品中心、营销中心、财务中心（图 7.9）。

图 7.9

5. 行政中心

行政中心为用户列出了企业人事管理中的五个基本步骤：员工招聘、人事培训、人事考核、薪酬管理、制度拟定（图 7.10）。

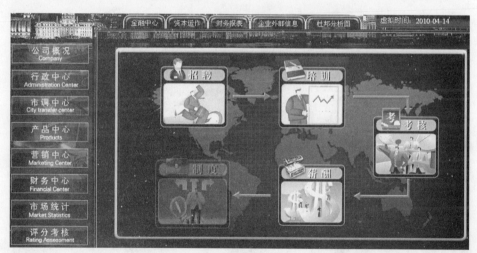

图 7.10

系统为用户制定了招聘流程，以及面试表、使用保证书、聘任书等供学员参考和学习，是工作说明书的参考范本，是企业为员工设定的部门岗位、所需技能，以及所要明确的工作职责及职业发展方向（图 7.11）。

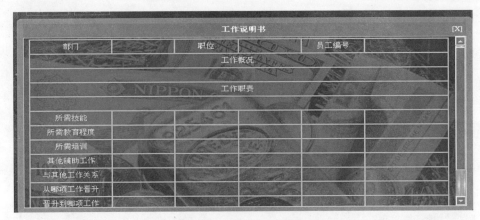

图 7.11

6. 市调中心

市调中心是学生创立的企业在市场中运行的操作管理平台，教师控制虚拟时间的开启，学生管理经营自己的虚拟企业，主要是负责市场前期调查、调查问卷管理，并撰写市场调查报告、STP 报告、SWOT 分析、SWOT 分析报告、竞争战略分析报告（图7.12）。

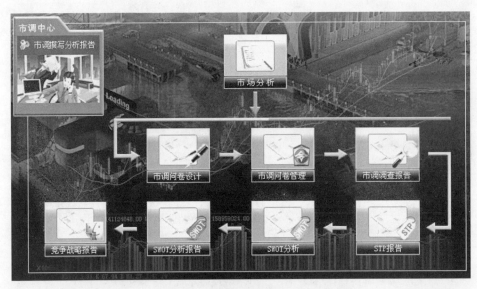

图 7.12

（1）市场调查问卷设计

学生要设计要发布的市场调查问卷，问卷的类型有两种：分别为消费者构成调查和消费者偏好调查。教师将对调查问卷的设计评分。

问卷标题：调查问卷的题目，如《东北地区消费者年龄构成调查》等。

问卷说明：对调查问卷进行说明，主要说明调查背景、调查项目等。

问卷内容：根据所选的调查项目设计的调查问题，调查问题设计的好坏直接影响教师对调查问卷的评分。

调查项目：选择要调查的项目，每份问卷最多只能选择十个项目。每选择一个调查项目，相应的单份费用将从广告费中扣除。

单份费用：一份调查问卷的发布费用，是所选择的调查项目的单位费用之和。

添加问卷：用户拟定问卷的标题，明确问卷说明、调查项目，使得调查结果能为企业发展做出明确的指导。

以消费者构成调查为例，添加问卷（图7.13）。

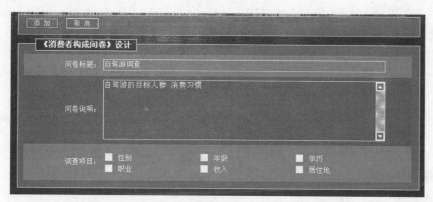

图7.13

（2）市场调查问卷管理

学生对已设计的调查问卷要进行发布管理，包括设置调查日期、设置发布份数、查看合计调查费用、查看调查结果等。调查结果在问卷发布后到达调查日期时即发出。

查看调查结果：调查结果将显示有效问卷回收份数。调查的统计结果是进行产品定位的重要依据。调查结果出来后，相应的调查费用也随之扣除。

调查结果是很重要的数据，是问卷调查的最终目的，是进行市场定位的参考。调查问卷发放的份数越多，调查结果越准确，但调查费用越高。

发放调查问卷：系统自动提示执行日期要与当前虚拟时间吻合（图7.14）。

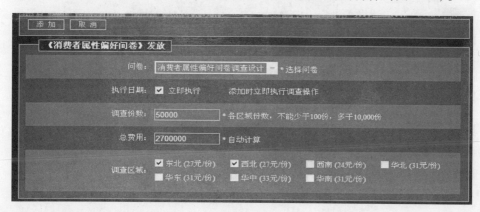

图7.14

管理问卷：学生对于问卷调查列表里已经设定好的问卷，进行发放调查、修改调查、删除调查，首先要在每一个问卷相应的选择状态上点击选中。以消费者属性偏好调查为例（图 7.15）。

图 7.15

查看结果：对已经执行完成的问卷查看结果。

（3）市场调查报告

根据市场调查问卷的调查结果以及对市场统计中的企业外部信息中的市场信息查询，编写市场调查报告。报告的内容包括报告标题、调查目的、调查方法、调查结果分析、结论和建议等。调查报告将由教师进行评分。

添加调查报告：系统提供了市场调查报告的范文，用户在设定报告过程中可以借鉴（图 7.16）。

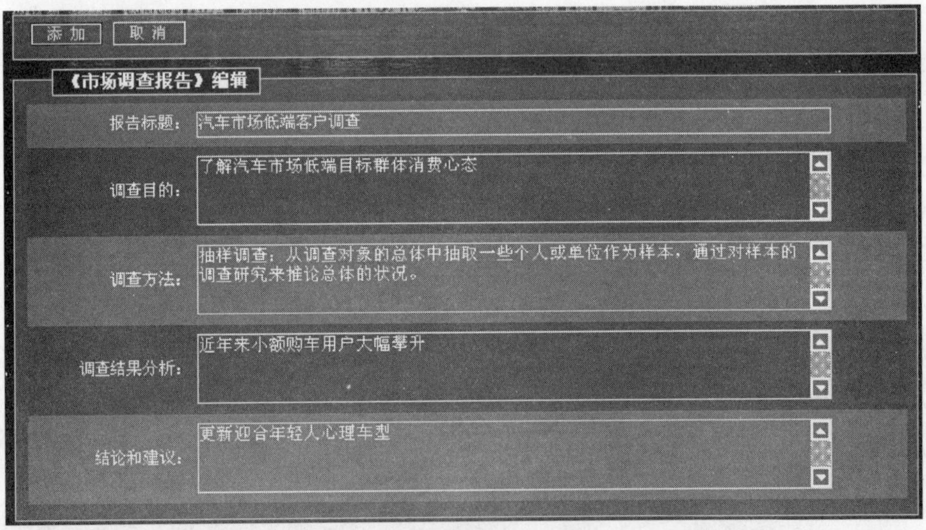

图 7.16

调查报告管理：设定完成的市场调查报告，可以进行修改或删除管理。

（4）STP 报告

学生根据市场调查以及对市场统计中的市场竞争情况的查看分析、编写市场细分、目标市场、市场定位报告。报告将由教师进行评分。

添加 STP 调查报告：根据市场调查情况用户要为自己的产品制定目标市场，进行准确的市场定位（图 7.17）。

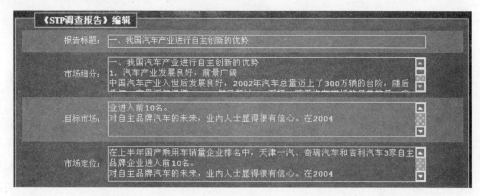

图 7.17

STP 调查报告管理：对设定完成的 STP 报告进行修改删除管理，要在每一个报告相应的选择状态上点击选中"删除 STP 调查报告"。

（5）SWOT 分析

SWOT 分析是根据 STP 报告以及市场统计中的市场竞争情况的查看分析。

SWOT 是一种分析方法，用来确定企业本身的竞争优势，竞争劣势，机会和威胁，从而将公司的战略与公司内部资源、外部环境有机结合。因此，清楚地确定公司的资源优势和缺陷，了解公司所面临的机会和挑战，对于制定公司未来的发展战略有着至关重要的意义。

SWOT 分别代表 strengths（优势）、weaknesses（劣势）、opportunities（机会）、threats（威胁）。

进行 SWOT 分析（图 7.18）：

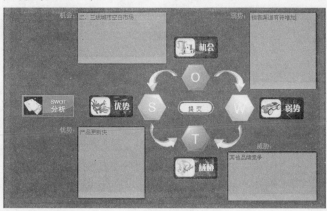

图 7.18

（6）SWOT 分析报告

根据 SWOT 分析编写 SWOT 分析报告，报告将由教师进行评分。

添加 SWOT 分析报告（图 7.19）：

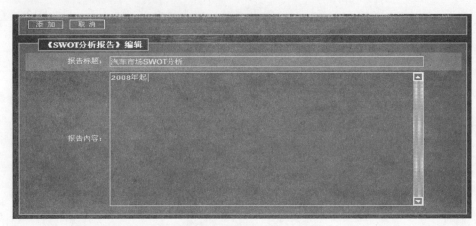

图 7.19

管理 SWOT 分析报告：修改和删除报告要在"SWOT 分析报告"列表对应的标题后选择状态上点击选中。

（7）竞争战略分析报告

学生根据所有的市场调查、市场竞争情况查看分析、企业外部信息的查看分析、企业经营情况的查看分析，编写市场竞争战略分析报告，包括市场战略、产品战略、价格战略、渠道战略、促销和服务战略。企业营销策略的执行根据所确定的市场竞争战略分析进行，报告将由教师进行评分。

添加竞争战略分析报告（图 7.20）。

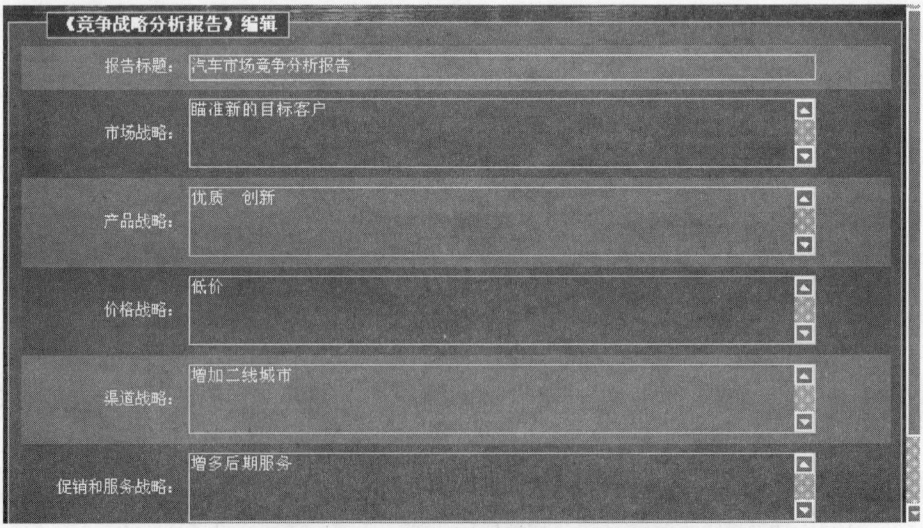

图 7.20

竞争战略分析报告管理：修改和删除报告要在"竞争战略分析报告"列表对应的标题后选择状态上点击选中。

7. 产品中心

（1）产品研发

产品研发这一环节，包括开发新产品属性，设计产品包装，生产线管理，进行产品生产，发布销售产品。

产品编号：为产品自行设置的编号，一般可设001、002、003等。

研发日期：当虚拟时间运行到研发设定的日期时，产品将研发出来，且产品的研发费用也随之花费。

研发成本：产品研发成本为所选的各产品属性的研发成本之和。当虚拟时间运行到研发设定的日期时，产品将研发出来，且产品的研发成本将作为研发费用也随之花费。

产品单位生产成本：产品的单位生产成本为所选的各产品属性的单位生产成本之和。

产品描述：对产品的定位、目标客户、产品的卖点、产品的特点等进行描述。

产品属性选择：研发一款产品必须选择该产品的属性，产品所具备的属性也就说明了产品的实质内容，产品属性分为基本属性和高级属性，基本属性为必选属性，高级属性为不必选属性。选择属性时请注意产品研发成本和单位生产成本的变化。

研发产品（图7.21）。

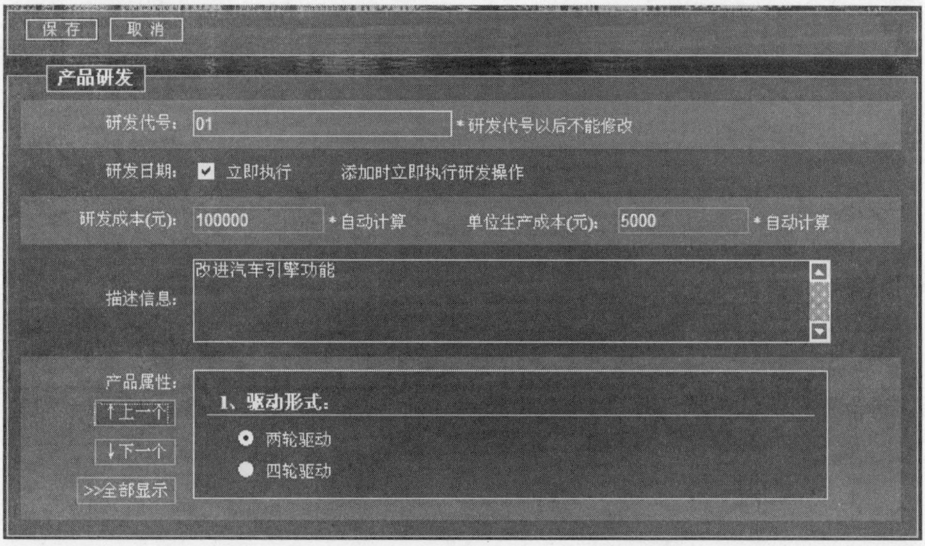

图7.21

保存产品：选择完产品的每一个属性，保存设计的产品（图7.22，7.23）。

产品管理：针对产品情况，用户可以进行研发其他新产品，或进行产品改造，对淘汰产品进行停产（图7.24）。

图 7.22

图 7.23

图 7.24

（2）产品包装

学生为已研发的产品设计包装。无论产品是否研发完毕（研发完毕指产品研发计划已经执行），都可以进行包装设计。

产品名称：为该产品设计产品品牌名称，请仔细为产品命名，教师对此的评分将影响产品的销售。同一企业内，产品名称必须唯一。已发布产品不允许修改产品名称。

产品商标：为该产品设计的产品 logo，可以和企业 logo 相同，教师对此的评分将影响产品的销售。

产品内包装：该产品的内部外观，或产品去掉外包装后的实体外观，可以上传图片。

产品外包装：该产品的外观，或产品的外包装，可以上传图片。

产品包装管理：为产品列表中的某一个产品做包装（图 7.25）。

图 7.25

点击"保存包装"，显示产品包装成功（图 7.26）。

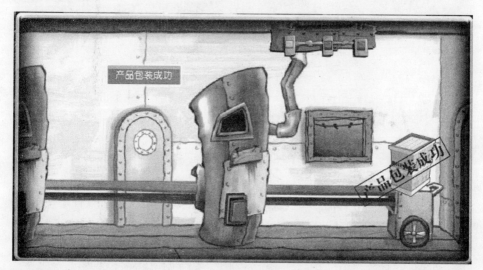

图 7.26

（3）生产线管理

学生进行产品生产必须先购买生产线，生产线若不用也可卖出，但卖出生产线将损失生产线的折旧费用。

请按照生产线生产能力购买生产线，以免浪费。

日产量：指该生产线每日生产产品的数量，即每日的生产能力。

生产线价格：指该生产线的购买价格，产品生产必须先购买生产线。

折旧年限：指该生产线的使用期限，系统按照折旧年限对生产线进行折旧计算。

生产线列表（图 7.27）。

图 7.27

购买产品生产线（图 7.28）。

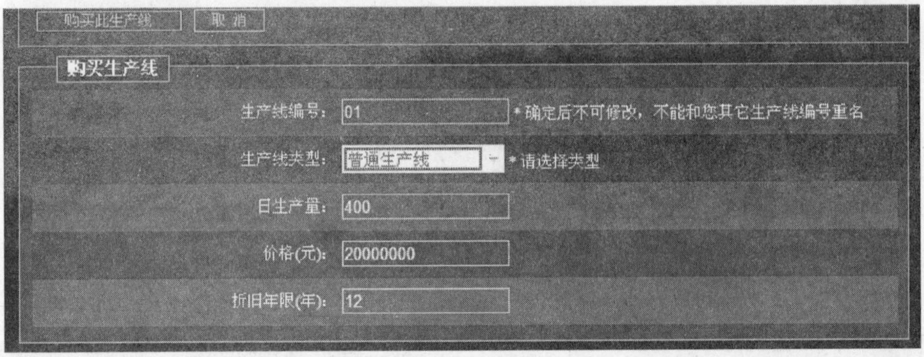

图 7.28

（4）产品生产

学生经过了产品研发、包装，生产线购买之后进入到产品生产的正式阶段。

按月制定产品生产计划：生产计划是按月执行的，虚拟时间到此月结束后即执行计划。产品必须是本企业研发完毕的产品，且已经在包装设计中定义了产品名称后才能进行此产品的生产。

计划产量：生产计划设置的产量。

产品单位生产成本：产品的单位生产成本为所选的各产品属性的单位生产成本之和。

总生产成本：计划产量下的总生产成本。

剩余产能：所购买的生产线除去本月计划生产的产量外，所剩余的生产能力。

注意不要盲目生产太多产品形成库存积压，要注意查看市场竞争信息中的各产品市场占有率和销量来估计自己的产量。

产品生产：制定产品生产计划并保存计划，月份填写时间不能在系统虚拟时间之前（图 7.29）。

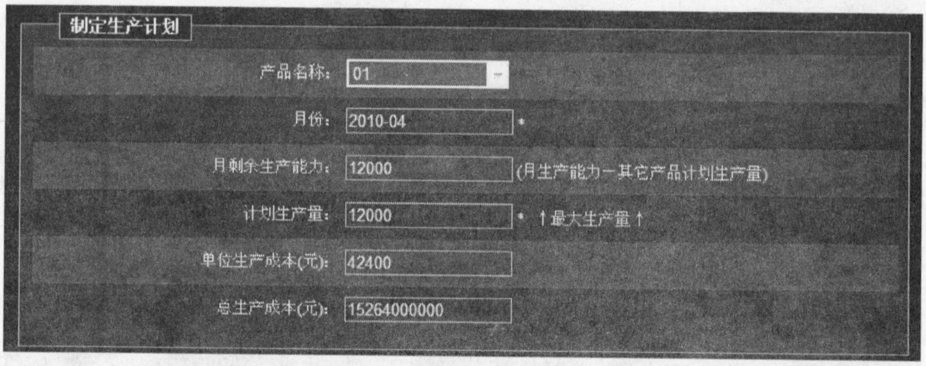

制定生产计划

产品名称： 01

月份： 2010-04 *

月剩余生产能力： 12000 （月生产能力－其它产品计划生产量）

计划生产量： 12000 * ↑最大生产量↑

单位生产成本(元)： 42400

总生产成本(元)： 15264000000

图 7.29

产品生产过程（图 7.30）。

图 7.30

产品生产完成（图 7.31）。

图 7.31

（5）产品销售

产品销售即是对已生产的产品进行市场发布。

需要注意的是产品发布要满足以下条件：必须是当前企业已经研发完毕的产品，必须已经在包装设计中定义了产品名称，必须对该产品已经确定了产品定价方案。

产品发布日期：产品上市的日期。如果在此日期时已经设立了销售渠道，则此产品已经开始销售。

发布产品：选择列表中未发布的产品进行发布（图 7.32）。

刷 新	返 回		发布新产品
产品销售发布 列表			
产品名称	状态	发布日期	☐
01-6	已发布	2010-01-07	——
QQ-5	未发布	——	☑

图 7.32

产品正在发布，产品发布成功。

8. 营销中心

（1）产品定价

学生为产品确定各区域市场价格，包括市场零售价、代理价。虚拟时间到定价日期后所确定的价格将生效。代理利润和零售利润系统分别自动算出，但此时只考虑了产品的生产成本，注意在计算产品销售利润时应考虑产品的研发成本、生产线折旧以及相应的渠道、促销、广告、服务等成本。产品定价不宜过低和过高，过低虽然能投放销量但获得的利润少，过高虽然能获得较高利润但会影响产品销量，只有去分析市场表现再通过市场销售才能找到合适的产品定价。

产品定价过程（图 7.33）。

保 存	返 回
产品定价 编辑	
产品名称：	01
区域：	☑ 全国统一价格
生产成本：	42400
代理价格：	80000.0
代理利润：	37600
零售价格：	100000.0
零售利润：	57600

图 7.33

产品定价成功，可以进行发布销售（图 7.34）：

图 7.34

制定完成的产品列表（图 7.35）。

产品名称	区域	生产成本	代理价格	零售价格	选择
no1	东北	58900	70000	80000	
no1	西北	58900	70000	80000	
no1	西南	58900	70000	80000	
no1	华北	58900	70000	80000	
no1	华东	58900	70000	80000	
no1	华中	58900	70000	80000	
no1	华南	58900	70000	80000	

图 7.35

（2）渠道管理

学生为产品确定各区域的销售渠道，区域中只有确定销售渠道后产品才能销售出去。

渠道类型：为可选择的渠道方式。

渠道商：填写的渠道商名称。

建立日期：渠道建立日期，到此日期渠道建立，并开始扣除渠道费用。渠道的费用在市场统计中的企业外部信息中查询。

建立方式：自建渠道和非自建渠道的作用以及费用是不相同的。

销售产品：选择该渠道销售的产品。

注销渠道：经营中的渠道可注销。注销渠道时，当月经营费用将从企业可用资金中扣除。

注意，建立渠道是要花费一定费用的，渠道的费用请查看市场外部信息。不同的渠道类型其作用将不同，只有选择合适渠道对于销售和节约成本才是最佳的，渠道是否合适，只有通过选择建立后查看销售的结果来判断。所以如果发现销售量不理想则可选择不同的渠道进行尝试。每个地区建立的渠道并不是越多越好，但也不能数量不足，要经过不断地摸索才能找到合适的渠道组合。如果一个地区没有渠道则产品在该地区无法销售。

新建产品渠道（图 7. 36）。

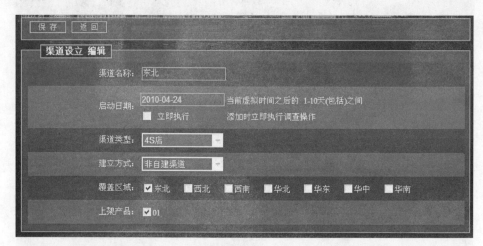

图 7. 36

建立完成的渠道列表（图 7. 37）。

渠道名称	渠道类型	建立方式	上架产品	区域	启动日期	状态	费用(元/月)
21	4S店	非自建	01	东北	2010-01-08	已建立	400000
21	4S店	非自建	01	华北	2010-01-08	已建立	440000
21	4S店	非自建	01	华东	2010-01-08	已建立	420000
21	4S店	非自建	01	华中	2010-01-08	已建立	450000
21	4S店	非自建	01	华南	2010-01-08	已建立	440000
21	区域代理	非自建	01	东北	2010-01-23	已建立	200000

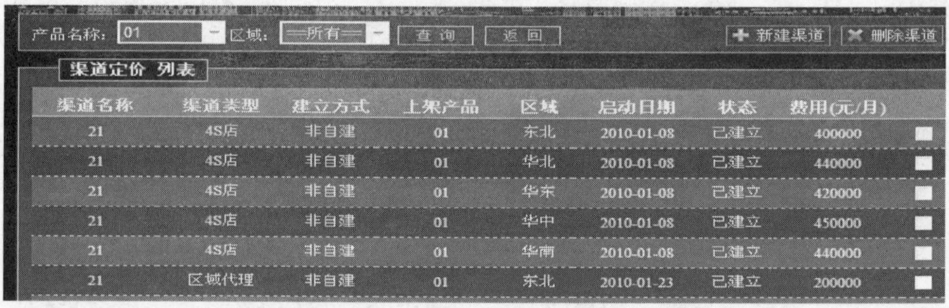

图 7. 37

（3）促销管理

促销管理是学生为产品设计促销活动以及投放销售量。促销活动有时间设定，在设定的时间范围内促销活动有效。在此期间将花费促销活动费用，促销活动的费用在市场统计中的企业外部信息中查询。促销活动可以停止，已执行的促销活动不能修改和删除。

促销描述：对选择的促销活动进行内容说明。

注意，开展促销活动是要花费一定费用的，促销活动的费用请查看市场外部信息。不同的促销类型其作用将不同，合适的促销对于销售和节约成本才是最佳的，促销活动是否合适，只有通过选择开展后查看销售的结果来判断。所以如果发现销售量不理想则可选择不同的促销活动进行尝试。每个地区针对不同产品展开的促销活动并不是越多越好，要经过不断地摸索找到适合该产品的促销活动，才能取得最佳的销售效果。

新建促销活动（图7.38）。

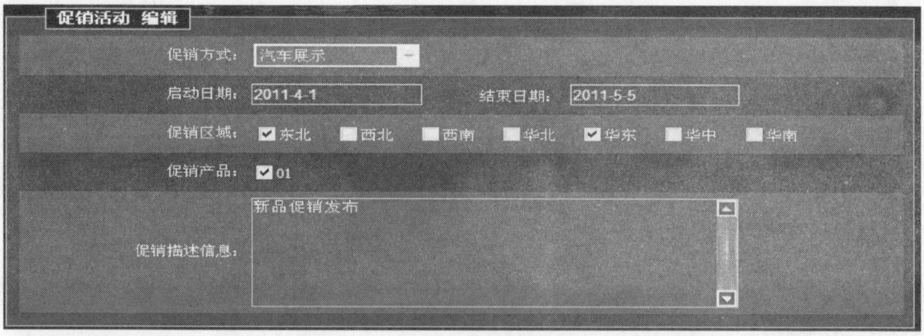

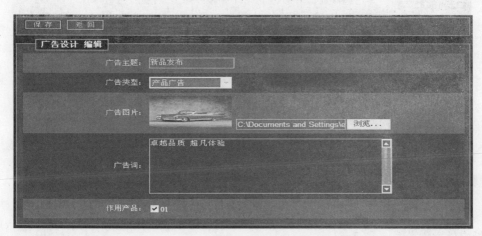

图 7.38

制定完成的促销活动列表：用户可以进行更改以及删除操作（图7.39）。

图 7.39

（三）广告设计

1. 企业广告设计

企业广告设计的过程是指设计、修改和删除企业、产品广告，包括广告主题、广告图片和广告内容。教师对此的评分将影响产品的销售。

设计企业广告方案，以产品广告为例（图7.40）。

图 7.40

广告设计列表：可进行修改和删除操作，在列表相应的选择状态点击选中（图7.41）。

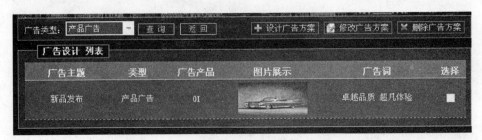

图 7.41

2. 广告管理

这一环节的工作是给自己经营的企业产品制定广告发布计划：包括选择媒体类型、媒体名称、选择发布的规格、选择要发布的广告主题、广告开始和结束日期等。

广告发布分为企业广告和产品广告，广告将影响企业和产品的知名度。在发布期间将扣除发布广告的费用，各媒体的广告发布费用在市场统计中的企业外部信息中查询，广告计划可以停止，已执行的计划不能修改和删除。

开展广告活动花费很大，不同的媒体、不同的时段、规格，广告发布费用不同，对销售的作用也不同。选择合适的广告对于销售和节约成本才是最佳的，广告活动是否合适，只有通过发布后查看销售的结果来判断。所以如果发现销售量不理想则可选择不同的广告进行尝试。每个媒体覆盖的区域也不同，针对不同产品展开的广告活动并不是越多越好，要经过不断地摸索找到适合的广告发布规律，才能取得最佳的销售效果。

投放广告（图 7.42）。

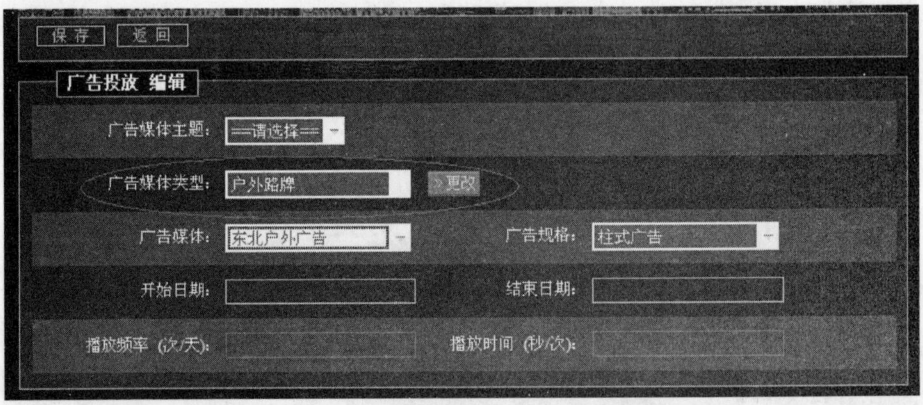

图 7.42

其中广告媒体类型系统中有网络媒体、户外广告、电视台、广播媒体、杂志广告、报纸媒体六大分类（图 7.43）：

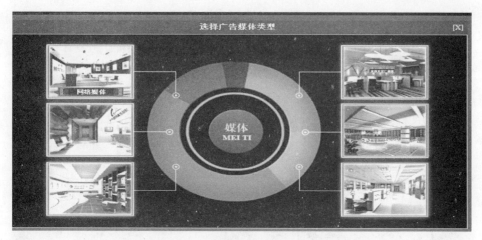

图 7.43

选择不同广告媒体，有不同的广告规格分类供用户选择，例如报纸媒体（图7.44）。

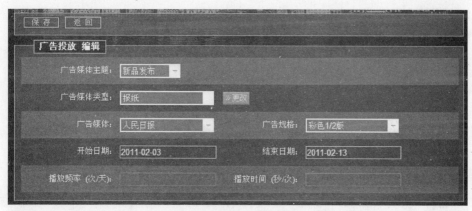

图 7.44

（四）服务管理

进行制定各区域的服务计划，包括服务类型、服务的产品、服务开始和结束的日期、服务内容的描述，服务将影响产品的美誉度。

在发布期间将扣除服务的费用，各服务类型的费用在市场统计中的企业外部信息中查询。服务计划可以停止，已执行的计划不能修改和删除。

不同的服务形式费用不同，产生的作用也不同。只有选择合适的服务形式对于销售和节约成本才是最佳的，服务活动是否合适，只有通过开展后查看销售的结果来判断。所以如果发现销售量不理想则可选择不同的服务形式进行尝试。每个地区针对的不同产品展开的服务活动并不是越多越好，要经过不断地摸索找到适合该产品的服务活动，才能取得最佳的销售效果。

添加服务（图 7.45）。

图 7.45

服务管理：进行修改、删除服务管理。

（五）财务中心

1. 企业信息查询

学生可以查询同行业企业名称、企业品牌、所属行业、注册时间、注册资金、可用资金。在企业详情中有企业描述及企业各产品销售总量、平均单价、总市场占有率。

我的企业信息：查询、修改企业的高级信息（图 7.46）。

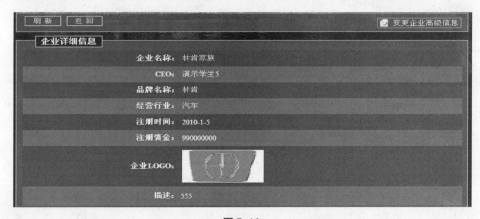

图 7.46

2. 企业净利润统计

可以查询按年、月统计的企业净利润报表。报表中可显示当年、当月的销售收入、费用支出和净利润（销售收入－费用支出）。

以企业年统计为例，其图表方式如图 7.47 所示。

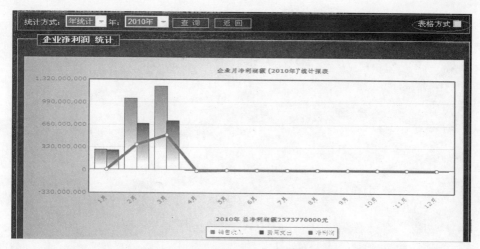

图 7.47

其表格方式如图 7.48 所示：点击图标方式右上角“表格方式”，即可以表格形式查看。

统计方式：年统计 年：2010年 查询 返回 表格方式

企业净利润 统计

企业净利润额 统计报表 2010年总净利润额2573770000元

时间(月份)	销售额	费用支出	净利润
1月	297660000	288473979	9186021
2月	1048410000	679017191	369392809
3月	1227700000	717921987	509778013
4月	0	11365002	-11365002
5月	0	0	0
6月	0	0	0
7月	0	0	0
8月	0	0	0
9月	0	0	0
10月	0	0	0
11月	0	0	0

图 7.48

3. 企业费用明细统计

学生查询按年、月统计的企业基本运营费用、渠道费用、促销费用、广告发布的媒体及费用情况、各地区服务的类型及费用情况等。

以月统计为例，企业的费用统计报表如图 7.49 所示。

统计方式：月统计 月：2010-04 查 询 返 回 [注：当前经营月的 销售收入 在月末统计]

费用统计 报表

费用支出		进帐收入	
支出帐目	金额	收入帐目	金额
基本运营费用	10000002	银行贷款	0
信息查看费用	20000	吸纳投资	0
调查费用	0	产品线变卖	0
研发费用	1345000	向外投资回款	0
生产线费用	0	销售收入	0
渠道费用	0		
生产费用	0		
促销费用	0		
广告费用	0		
服务费用	0		
税收费用	0		
银行贷款偿还	0		
外来投资还款	0		
向外投资支出	0		
费用总计	11365002	收入总计	0

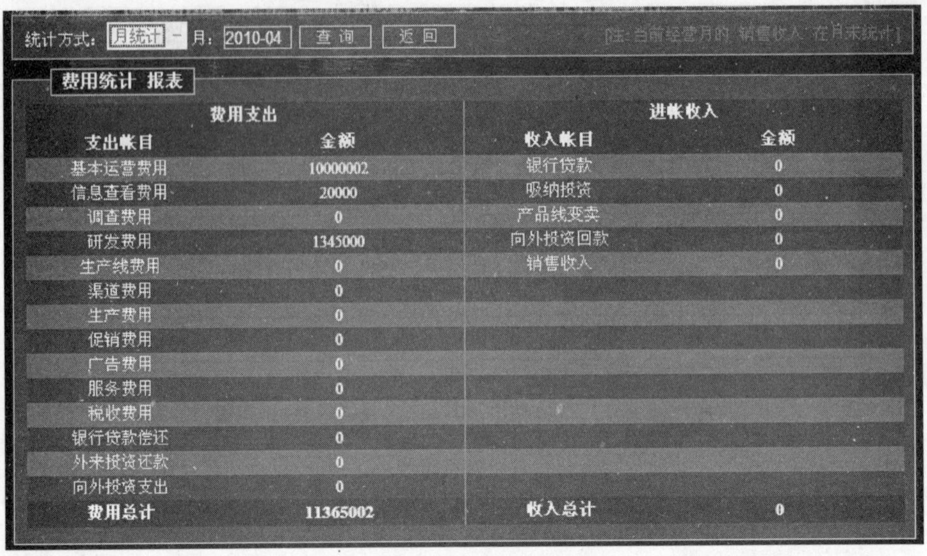

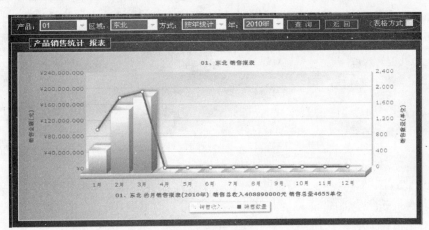

图 7.49

4. 产品销售统计

按年、月查询企业各产品在各地区的销售量、销售收入。

以按年查询为例，其图表方式如图 7.50 所示。

图 7.50

其表格方式如图 7.51 所示：点击图标方式右上角“表格方式”，即可以表格形式查看。

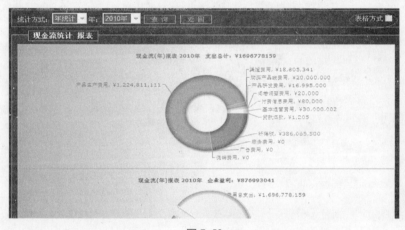

图 7.51

5. 现金流统计

查看现金流统计，即企业按年、月统计的企业各项资金流收入、支出情况。

以年统计为例，其图表方式如图 7.52 所示。

图 7.52

其表格方式如图 7.53 所示：点击图标方式右上角"表格方式"，即可以表格形式查看。

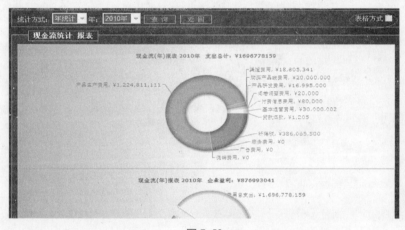

图 7.53

6. 波士顿矩阵

波士顿矩阵是由美国著名的管理学家、波士顿咨询公司创始人布鲁斯·亨德森于1970年首创的一种用来分析和规划企业产品组合的方法。

我们要了解的是，波士顿矩阵的核心在于，要解决如何使企业的产品品种及其结构适合市场需求的变化，只有这样，企业的生产才有意义。同时，如何将企业有限的资源有效地分配到合理的产品结构中去，以保证企业收益，是企业在激烈竞争中能否取胜的关键（图7.54）。

图7.54

7. 产品库存量统计

查询产品当前库存可销售量。当库存量为0时，不会产生销售，库存量在每月1日更新，即当月的生产量，下月开始销售。

查询产品库存量（图7.55）。

图7.55

（六）市场统计

市场统计是对整个行业市场竞争的结果统计。在查看竞争结果时，有的数据要付费才能查看，为方便用户查看结果，系统简化付费方式，一个月仅需付费一次，便可不分内容不分次数地查看结果统计。

付费查看表明在现实的营销活动中有些商业情报必须经过第三方调查机构才能获得，不能免费获得。

1. 市场竞争信息

查看市场竞争信息：包括企业可用资金统计排行、企业销售额统计排行、企业知名度统计、企业净利润排行、广告设计查询、产品市场占有率统计、产品美誉度统计排行（图7.56）。

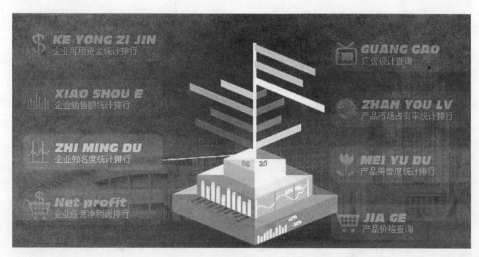

图 7.56

（1）企业可用资金统计排行

统计一个行业中各个企业当前的可用资金，查看需支付市场信息费用（图7.57）。

排名	企业名称	CEO	可用资金
1	梅赛德斯奔驰	演示学生2	9,101,422,452.9
2	溢润汽车有限公司	演示学生7	7,583,637,561
3	捷达	演示学生4	5,136,125,833.33
4	林肯家族	演示学生5	4,557,779,538.66
5	北京比亚迪F8	演示学生3	2,797,808,400
6	汽车	演示学生1	1,930,553,383.74
7	博瑞祥通汽车	演示学生6	1,876,321,467.76
8	中国发发发	演示学生8	609,183,512.27

图 7.57

（2）企业销售额统计排行

按月、分区域统计各个企业的月销售额，查看需支付市场信息费用（图7.58）。

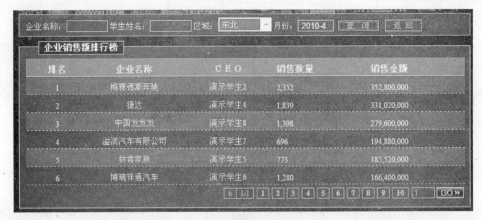

图 7.58

（3）企业知名度统计

统计各企业各月、各区域知名度情况，查看需支付市场信息费用（图 7.59）。

图 7.59

（4）企业净利润排行

按月统计的各个企业的月净利润排行，查看需支付市场信息费用（图 7.60）。

图 7.60

（5）广告设计查询

查询各企业设计的企业、产品广告内容，查看需支付市场信息费用（图 7.61）。

图 7.61

（6）产品市场占有率统计

按月统计各区域中各企业各产品的销售量、销售额以及市场占有率，查看需支付市场信息费用（图 7.62）。

图 7.62

（7）产品美誉度统计排行

统计各企业所有产品各区域、各月美誉度情况，查看需支付市场信息费用。

（8）产品价格查询

查询各个地区中各企业所有产品的市场销售价格，查看需支付市场信息费用（图 7.63）。

图 7.63

2. 企业外部信息

查看企业外部信息，包括以下方面：市场信息查询、市场报告范文、渠道价格查询、促销价格查询、广告价格查询、服务价格查询（图7.64）。

图7.64

（1）市场信息查询

学生按时间段查看市场宏观社会信息、市场行业动态信息、背景案例信息，这些信息是对市场进行的描述，从中可以看到市场的变化动态和经济影响等内容。

背景案例信息方面，系统预设了一些案例，可以按照案例说明来完成营销模拟。教师可根据自己的教学需要设计新的案例，让学生进行任务模拟。

以宏观信息为例（图7.65）。

市场信息类型：宏观社会信息	行业：汽车	关键字：	查询	返回

汽车行业 市场外部信息查询

序号	标题	添加时间	添加人	
1	中消协公布家用轿车消费调查结果	2010-01-01	admin	查看
2	银监会政策调整 鼓励汽车融资租赁业务	2010-01-01	admin	查看
3	汽车产能过剩：盛世危言？	2010-01-01	admin	查看
4	期待三大政策促进汽车产业发展	2010-01-01	admin	查看
5	靠市场细分赢得市场份额	2010-01-01	admin	查看
6	将市场细分进行到底	2010-01-01	admin	查看
7	国内轿车服务体系发展历程	2010-01-01	admin	查看
8	国内新能源汽车需要税收支持	2010-01-01	admin	查看
9	轿车进入客庭的思考	2010-01-01	admin	查看
10	政策下放到地方	2010-01-01	admin	查看

图7.65

（2）市场报告范文查询

市场报告范文列表（图7.66）。

图 7.66

（3）渠道价格查询

查询市场中各区域的渠道类型（4S 店、特许经销、区域代理、总代理、汽车大卖场、代理商）及费用。以 4S 店为例（图 7.67）：

序号	渠道类型	区域	价格(月)
1	4S店	东北	400,000
2	4S店	西北	390,000
3	4S店	西南	390,000
4	4S店	华北	440,000
5	4S店	华东	420,000
6	4S店	华中	450,000
7	4S店	华南	440,000

汽车行业 渠道(区域)价格 列表

图 7.67

（4）促销价格查询

学生查询市场中各区域的促销活动类型（汽车展示、直接降价、承诺差价补偿、赠送油票、赠送礼品、赠送车险、赠送保养卡、各种宣传活动、节日促销）及费用（图 7.68）。

序号	活动类型	区域	价格(天)
1	汽车展示	东北	80,000
2	汽车展示	西北	77,000
3	汽车展示	西南	80,000
4	汽车展示	华北	100,000
5	汽车展示	华东	92,000
6	汽车展示	华中	110,000
7	汽车展示	华南	92,000

汽车行业 促销活动价格 列表

图 7.68

（5）广告价格查询

查询各媒体类型（电视、广播、报纸、杂志、户外路牌、网络媒体）在各区域的媒体名称、发布的广告规格及费用。每种媒体有相应的广告规格及费用，以电视媒体为例（图 7.69）。

序号	广告媒体	广告规格	区域	价格(秒·次)
1	CCTV-1	06:00-08:30	东北	3,500
2	CCTV-1	08:30-12:00	东北	3,000
3	CCTV-1	12:00-13:30	东北	5,000
4	CCTV-1	13:30-18:00	东北	3,000
5	CCTV-1	18:00-18:30	东北	5,000
6	CCTV-1	18:30-19:00	东北	6,000
7	CCTV-1	19:00-20:00	东北	10,000
8	CCTV-1	20:00-21:00	东北	8,000
9	CCTV-1	21:00-22:00	东北	6,500
10	CCTV-1	22:00-24:00	东北	3,000

汽车行业 广告定价 列表

图 7.69

（6）服务价格查询

查询市场中各区域的服务类型（完善详尽的业务咨询、免费定期检测、工时配件优惠、免费维修、两年内免费技术升级、完善的车险、VIP 优惠服务）及费用。以完善详尽的业务咨询为例（图 7.70）。

序号	服务类型	区域	价格(天)
1	完善详尽的业务咨询	东北	5,000
2	完善详尽的业务咨询	西北	4,500
3	完善详尽的业务咨询	西南	5,000
4	完善详尽的业务咨询	华北	5,500
5	完善详尽的业务咨询	华东	5,300
6	完善详尽的业务咨询	华中	5,700
7	完善详尽的业务咨询	华南	5,500

汽车行业 服务活动价格 列表

图 7.70

（七）评分考核

查询本人市场报告得分、市场策略得分、综合得分情况。

以综合得分为例（图 7.71）。

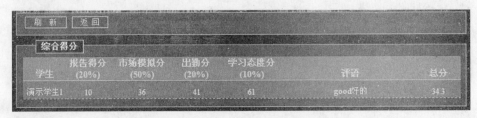

学生	报告得分 (20%)	市场模拟分 (50%)	出勤分 (20%)	学习态度分 (10%)	评语	总分
演示学生1	10	36	41	61	good好的	34.3

图 7.71

（八）企业运作相关信息

1. 金融中心

在金融中心，可以向银行申请贷款，根据贷款周期的不同，利率有所不同。具体利率值请查看贷款利率表。

贷款列表（图7.72）。

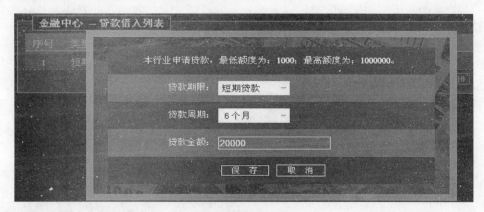

图 7.72

（1）申请贷款：贷款金额分别有最低、最高的额度，学生根据企业自身状况填写贷款期限、贷款周期、贷款金额，点击保存（图7.73）。

图 7.73

（2）偿还贷款：申请下来的贷款信息显示在贷款借入列表中，状态为"欠还"，偿还贷款则需在选中状态下点击"偿还贷款"（图7.74）。

图 7.74

（3）查看贷款利率：点击"查看贷款利率"，显示当前行业短期、中长期贷款月、年度利率（图7.75）。

图 7.75

（4）删除记录：已还状态下的贷款记录可删除，选中状态下点击"删除记录"即可。尚未偿还的不能删除。

2. 资本运作

在企业经营中，学生可以向其他企业发送投资请求、向其他企业投资、偿还投资，收到其他用户投资请求，可以通过请求或者拒绝请求（图 7.76）。

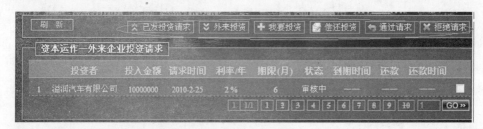

图 7.76

以向其他企业投资为例，点击"我要投资"，填写投向企业名称、贷款周期、投向金额、利率，点击"保存"，向其他企业投资成功（图 7.77）。

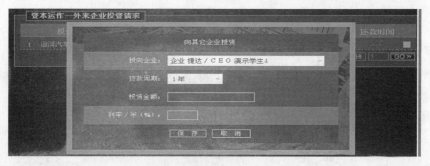

图 7.77

3. 财务报表

显示当前企业的财务状况，现金流量、资产负债及利润，系统同时提供财务报表的相关知识。

现金流量表（图 7.78）。

现金流量表　资产负债表　利润表

编制单位：霖捷克　　2028年度　　单位：元

项目	金额
一、经营活动产生的现金流量：	0.00
销售商品、提供劳务收到的现金	0.00
收到的税费返还	0.00
收到的其他与经营活动有关的现金	0.00
现金流入小计	0.00
购买商品、接受劳务支付的现金	0.00
支付给职工以及为职工支付的现金	939200.00
支付的各项税费	0.00
支付的其他与经营活动有关的现金	0.00
现金流出小计	939200.00
经营活动产生的现金流量净额	-939200.00
二、投资活动产生的现金流量：	0.00
收回投资所收到的现金	0.00
取得投资收益所收到的现金	0.00
处置固定资产、无形资产和其他长期资产所收回的现金净额	0.00
收到的其他与投资活动有关的现金	0.00

图 7.78

资产负债表（图 7.79）。

现金流量表　资产负债表　利润表　相关知识

编制单位：汽车　　填表日期：2010年　单位：元

资产	年初数	期末数	负债和所有者权益（或股东权益）	年初数	期末数
流动资产：	0.00	0.00	**流动负债：**	0.00	0.00
货币资金	0.00	4010800.00	短期借款	0.00	0.00
短期投资	0.00	0.00	应付票据	0.00	0.00
应收票据	0.00	0.00	应付帐款	0.00	0.00
应收股利	0.00	0.00	预收帐款	0.00	0.00
应收利息	0.00	0.00	应付工资	0.00	0.00
应收帐款	0.00	0.00	应付福利费	0.00	0.00
其他应收款	0.00	0.00	应付股利	0.00	0.00
预付帐款	0.00	0.00	应交税金	0.00	0.00
应收补贴款	0.00	0.00	其他应交款	0.00	0.00
存货	0.00	0.00	其他应付款	0.00	0.00
待摊费用	0.00	0.00	预提费用	0.00	0.00
一年内到期的长期债券投资	0.00	0.00	预计负债	0.00	0.00
其他流动资产：	0.00	0.00	一年内到期的长期负债	0.00	0.00
流动资产合计	0.00	4010800.00	其他流动负债	0.00	0.00

图 7.79

利润表（图 7.80）。

4. 杜邦分析图

杜邦分析图可以起到绩效评估的作用，它是利用几项主要的财务比率之间的关系综合地分析企业财务状况的方法。

利用财务比率进行综合财务分析，可以了解企业有关方面的财务状况，内部各种因素相互依存、相互作用，进行系统的相互关系的综合分析，能比较全面地、系统地反映企业财务状况全貌及其相互间各因素的影响关系（图 7.81）。

现金流量表 资产负债表 利润表 相关知识

编制单位：汽车　　填表日期：2010年　　单位：元

项目	上年数	本年累计数
一、主营业务收入	0.00	0.00
减：主营业务成本	0.00	0.00
主营业务税金及附加	0.00	0.00
二、主营业务利润（亏损以“-”号填列）	0.00	0.00
加：其他业务利润（亏损以“-”号填列）	0.00	0.00
减：营业费用	0.00	0.00
管理费用	0.00	939200.00
财务费用	0.00	0.00
三、营业利润（亏损以“-”号填列）	0.00	0.00
加：投资收益（亏损以“-”号填列）	0.00	0.00
补贴收入	0.00	0.00
营业外收入	0.00	0.00
减：营业外支出	0.00	0.00
四、利润总额（亏损以“-”号填列）	0.00	0.00
减：所得税	0.00	0.00
五、净利润（亏损以“-”号填列）	0.00	0.00

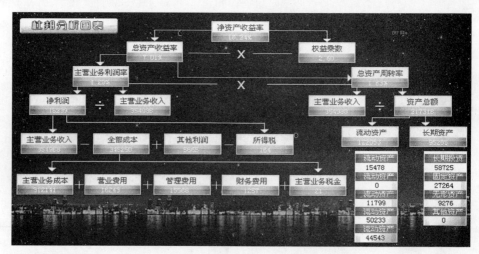

图 7.80

图 7.81

思考与讨论

通过创业综合实训模拟你有哪些收获？这对你以后的创业有什么样的帮助？你觉得还有哪些地方值得进一步加强？

第八章　网上开店与营销

通过在网上注册网店，实现创业者的自主经营、自负盈亏的经营模拟，真正实现模拟与现实的结合，培养学生对创业的理解，了解相关的法规政策，具备一定思维能力，通过相关的创业模拟操作，对创业有真实的感受，基本熟悉创业所有的过程和相关知识技能。

第一节　网上开店概述

自己开公司做老板是许多人的梦想。然而，自己开公司需要不菲的资金，需要全身心的投入，需要办公场所等，因此，大部分人望而却步。随着网络技术的发展，网上开店给人们提供了一个实现梦想的契机。网上开店没有开工厂、办公司那么多复杂的程序，不需要那么多资金。同时，网上开店上手容易，利润也不小，关键就看你自己是否能把握住这个机会。

一、网上开店的最基本条件

（一）基本物质条件

网上开店最大的好处就是不需要太多的资金，只要你拥有一台能够上网的电脑，就可以开始启动你的老板梦想。

同实体店铺相比，网上店铺是虚拟商店，不需要昂贵的店铺租金，也不需要存货、仓库等，也不需要雇请营业员，只需抽空上网看看订单就可以了。可以说，只要有上网的条件，任何人都可以在网上开家小店，包括在校的学生和上班的白领。

让我们来计算一下网上开店最低的投入资金，如果是一位公司白领，甚至不用自己购买电脑，这就省下了最基本的资金投入。在网店开始的阶段，也没有必要购买数码相机，向朋友借一部就可以解决问题，你需要的仅仅就是投入进货资金。事实上，不少在校学生开始开办网上店铺的时候，连这个投资都省略了。他们的运作方式是等对方邮寄来货款之后自己再去进货。再加上现在很多网站为了提高人气，对网店暂时实行免费政策，可以说前期投入的资金为零。

网上开店最基本的硬件是电脑和网络接入，但如果你想配置齐全，还可以增加以下一些数码产品。

1. 数码相机和扫描仪

扫描仪的作用不是很大,而数码相机则是最基本的装备。因为货物在上"网络货架"之前,一般都需要对其进行拍照,然后再上传照片到店铺上。照片使买家有了更加直观的感受和了解,也使物品更受关注。没有照片的货物很难"出货",因为没有照片这种直观的"货品",商品很难引起买家的注意,而且还会让买家怀疑该物品是否存在。

2. 电话

电话也是网上开店的常用工具,因为网络联系受制于电脑而无法随时进行,而电话、手机则可以解决这个问题。

3. 网络通信工具

网络通信工具有许多免费的选择,比如电子邮箱、网上即时通信工具,包括 MSN、QQ、新浪 UC 及网易泡泡等都是可以免费利用的资源。

4. 手续费

网上开店还需要支付的费用就是网站收取的手续费,这包括登录费、交易服务费和月租费。根据所卖商品的不同和所卖方式的不同,这三种费用产生的数目也不同。现在很多网站,比如淘宝网,虽然目前是免费的,但是考虑到网站的长远发展,将来可能会收取少量的费用。比如易趣网的店铺月租费用根据等级的不同收取费用也不同:普通店铺完全是免费的,高级店铺为 25 元/月,超级店铺为 50 元/月。对于刚刚开始创业的个人来说,一个普通的店铺就足够了。

总之,网络发展为广大创业者提供了一个很好的创业契机。低投入、低风险、高回报是网络开店的一大特色。

(二) 时间条件是兼职也可以经营网店

开网店,首先不需要自己专有办公场所,所以不需要专人值班;其次网店不需要那些烦琐的手续,也不会占用太多的时间。在下班之后,完全有时间和精力照顾好网店。网店的进货、销售及宣传各个环节都可以利用网络来完成,所以下班后,只需要花上两三个小时就可以轻松完成网店的工作。

实际上很多开网店的卖家都是利用自己的业余时间来淘金。他们有的是正在上学的学生,有的是在公司工作的白领等。利用业余时间,他们不但没有影响本职工作,还锻炼了自己的能力,同时也赚了钱。

(三) 你自身条件是否适合网上创业

你是否适合网上创业?在进行网上开店经营之前,你必须仔细思考这个问题。要在网上开店,需要有足够的上网时间和创业激情。另外,从个人的职业特点也可以衡量自己是否适合网上创业。

1. 企业管理者

对于小型企业,网上开店无可厚非是一种必然的选择。名不见经传的中小企业,要想把自己的产品送进商场的大门是非常困难的。如今。网络店铺给他们提供了一个广阔天地,解开了中小企业产品"销售难"的死结。不受地理位置、经营规模、项目等因素的制约，在网上能充分展现自身优势，实现与知名大品牌平等的展示机会，而且还可以将生意做到全球。

2. 一般的企业白领

网络开店不需要太烦琐的手续，企业白领一般都具有比较空闲的时间，而且办公室都有网络可以使用，这就决定了他们可以有空闲来兼职。另外，一般的白领都具有相当好的眼光，这对他们经营网店有很好的促进作用。如果把网店作为兼职来做，一不影响工作；二也可以锻炼自己的能力。从经济角度来看，对自己、对家庭也多开辟了一个发财的渠道。实际上，不少人在网上店铺的收入不断增长之后，甚至会辞职来专门经营网店。

3. 拥有货源的人

网上开店的一个必要因素就是要有货源，对于拥有货源的人来说，到网上开店算是资源的充分利用了。如著名品牌的直销人员，他们借助网络，扩大销售范围，增加销售额，更直观地体现了自身的资源优势。

4. 需要处理手中旧货的人

每个人都会有一些物品像鸡肋，食之无味，弃之可惜。对于他们来说，网上商店就像跳蚤市场，可以用来交易各种旧物品。当然，以前的跳蚤市场的交易是面对面的，而现在科技进步了，人们通过网络就可以完成二手物品的交易。

5. 初次创业者

现代社会中，很多人的梦想就是自己创业，但面对形形色色的压力和风险，往往又望而却步。对于这类人群而言，通过网上开店开始自己的创业生涯，无疑是个很好的选择。网上开店资金要求很低，风险小，经营十分灵活，如果经营得好不但可以赢得第一桶金，而且有可能利用网络创出一番天地。即使无法通过网络开店获得理想的利润，也可以从中获取宝贵的创业经验，为将来的发展奠定基础。而且，经过一段时间的网上开店，会结识很多人，获得很多信息，可能还会对以后的销售有所帮助。

6. 拥有自己实体店的人

许多有实体店面的经营者在网上开家分店，把潜在的客户拓展到网上，增加一个销售渠道。网上开店为这类人群提供了一个广阔的天地，不受地理位置、经营规模、项目等因素限制，只要上网就能够实现资源共享，实体店在网络上与知名大品牌实现了平等，而且还可以开展全球经营。当然不是所有拥有实体店的经营者都适合在网上开店，这要取决于他们的经营范围，如销售日常用品、蔬菜的实体店就不适合在网上开店，而销售化妆品、手机、书籍等的实体店就非常适合开网上店铺。

7. 大学生

大学生的最大特点是网上时间充分。众所周知，现在的大学生课余时间比较充裕，而且大学生求知欲比较强烈，十分适合网店这种新的商业类型。缺点则是实际经营能力比较欠缺。但是即使作为一种人生阅历，开办网店对大学生来说也很大益处。开办网店可以让他们获得经营、管理、沟通上的很多经验和感悟。现在，越来越多的在校大学生加入了网上开店创业的潮流。

拥有自己实体店的人。网上开店，虽然绕开了很多环节，但是如果你自己具有很充足的货源，无疑可以在网络店铺中占领先机。因为网络相关成本不高，这些人开办网上店铺，很快就能取得显著的效果。拥有自己的实体店，在宣传方面，很容易能让网上购买者产生信任感。网上商店能增加实体店的影响，同时还能要拓宽客源，这类人开网店，如果经营得体，就不是赢利与否，而是赢利多少的问题了。

9. 网虫

很多人痴迷于网络游戏或者网聊聊天，实际上，如果在网络游戏或者聊天的同时，自己开个小店的话，一方面可以满足娱乐的需要，另外还可以过老板的瘾，即使赚不了多少钱，起码锻炼了能力。网虫因为上网时间多，就可以找到更多的客户资源，可以将售后服务等做得更细致，可以说是一举多得。

10. 自由职业者

网上开店的店主中有一部分是为了某种爱好和兴趣而开店。这部分人大多是自由职业者。不少自由职业者喜欢上网冲浪，他们开设网络店铺并不在意自己的东西能卖出多少钱，而是希望那些平时逛街所觅来的东西同样会有人欣赏和喜爱。其目的是通过开店来充实生活，寻找一些志趣相投的朋友。因此，这类人投资风险较小，还可以以此为契机拓宽社会圈子，为今后的发展作铺垫。

开办网店谁都希望能够获得丰厚的回报，但同时也要看清楚自己的长处，看自己是否有足够的资本来做这件事。网络开店，需要大量的上网时间，每天至少有 1 小时，当然，时间越多越好，收获也会越大。商机是诱人的，每个人都可以尝试，但是尝试之前一定要权衡清楚，看清楚适合自己的路。

二、网上开店的优势

（一）投资少，回收快

实体店铺开店的费用大概包括月租、雇工费、税费和各类杂费。前期包括门面的转让费或保证金、办证费用、进货费用。一项针对中国中小企业的情况调查显示，个人实体店铺的平均费用至少为 5 万元，多则几十万元。而网上开店的建店成本非常小，不用去租门面，不用囤积货品，只要有一台能上网的计算机就可以开张了。网上有大量的交易平台，如易趣、拍拍、淘宝等，卖家只需要支付极低的租金或免费就能拥有一家网上店铺，同时租金不会因为营业面积的增加而增加，投资者也不用为延长营业时间而增加额外的费用。

（二）不需要占用大量资金

在创业初期，实体店铺面临很大的风险，进货资金少则几千元，多则数万元，不仅占用大量的资金，而且占用创业者大量时间和精力。而网上店铺则不需要占用大量资金，完全可以在有了订单的情况下再去进货，因此网上店铺能做到进退自如。传统店铺如果不想继续经营时，得先把原来囤积的货物处理掉，而网上店铺因为存货很少，也就没有这个包袱，随时可以更换品种，或者改行做别的生意。

（三）营业时间不限

网上店铺延长了商店的营业时间，一天 24 小时、一年 365 天不停地运作，无须专人值班看店，都可以照常营业。传统店铺的营业时间一般为 8 ~ 12 小时，遇上坏天气或老板、店员有急事也不得不暂时休息。网上店铺则节省了人力方面的投资，不用雇用帮手，店主完全可以在享受生活的同时把自己的网上小店打理得井井有条，还避免了因为来不及照看店铺而带来的损失。同时，营业时间不受限制，消费者可以在任何时间登录、购物。网上开店在交易时间上的全天性和全年性，使得交易成功的机会大大增加。

（四）地域限制小

网上店铺不受经营地点的限制。网店的流量来自网络，开店者不用担心如何选地址，也不用为繁华地段高昂的租金而烦恼，不管客户的距离有多远，在网络上，客户一样可以很方便地找到需要的商品。网上店铺的消费群体突破了地域的限制，变得无限广阔。网上店铺所面向的是全国乃至全球的消费者，这个潜在市场是单个商店，甚至是大型商场都无法相提并论的。只需要商品有特色，经营得法，网上店铺每天都将带来成千上万的客流量，大大增加了销售收入。

三、钻石级店主经验谈

大多数年轻人都想当老板，可是因为受困于资金问题而无法付诸实践。自从有了网络交易平台，想当老板的年轻人不再存在资金问题了。只要在某个平台申请一个账户，开个网络店铺就可以轻松实现老板梦了。开店铺容易，可是经营店铺并不如想象中的那么简单，下边是钻石级店主的经验之谈。

（一）把自己的店铺装修好，给人耳目一新的感觉

一个与众不同的店标、有个性的店铺分类、赏心悦目的图片及宝贝描述都能吸引买家，并从感官上刺激他们的购买欲望，从而最终达到交易。若你想开个服装店，给店铺进行装修是必不可少的。像卖家"大城小爱"的店铺就装修得非常不错。店铺地址：http：//store. taobao. com/shop/view __ shop. htm？__ 。进入其店铺后你首先看到的是装修精美的店铺首页。动感十足的新商品介绍和别具一格的店铺分类。在这个店铺里你想找到哪类服饰，只需要轻轻点击不同的服饰分类图标即可找到你想要的东西。

（二）宣传很重要，它是网店的看家宝

和实体店一样，网店也需要宣传。店主可以在淘宝论坛上发帖子、跟帖来宣传自己的店铺。见到好帖就进去顶一下，而且在发帖子之前事先想好自己的帖子到底会不会有人来看，都是哪些人来看。此外推广宣传不能仅限于淘宝论坛。这里全是形形色色的卖家，大家都是来卖东西的，所以购买欲望比其他人会弱一些。店主可以充分利用聊天工具、邮箱、各种各样的论坛等来宣传自己的店铺和商品。除了在论坛上发帖子来宣传自己的店铺之外，卖家还可以树立良好的口碑，通过买家来为自己宣传，如他们可以把你的产品向朋友推荐或在评价里写上很好的评语。

（三）寻找物美价廉的货源，这是网店得以生存的重要环节

货源的好坏直接影响店铺的利润，所以作为卖家在货源的选择上应该谨慎、认真

地挑选合适的商家供货。选择货源的方式多种多样，像直接找代理、到批发市场进货等，当然，物美价廉是最理想的。为了找到物美价廉的好货源，卖家陈某基本上都是遵循以下原则进行的。通过查看不同批发商的报价选择自己认为最合适的。刚入行的卖家资金短缺、不想增加压货的风险，卖家陈某建议可以去阿里巴巴、淘宝、批发市场寻找小批量批发商，或者直接代销。

（四）科学管理自己的店铺

店铺管理主要包括商品管理、客户管理和账务管理。为了保障店铺的信誉，店主必须经常清点库存，以免顾客在拍下宝贝后无法及时发货。这样我们需要花费很多工夫来弥补没有及时清点库存而带来的麻烦。要是遇到好顾客还好，万一遇到不讲理的顾客，给一个差评损失就大了。有经验的卖家知道，生意大多做的是回头客，所以要建立一个客户档案以便于管理顾客，并在适当时候给他们礼物或问候，通过小小的举动为自己留住老顾客，而且这样一来老顾客还会介绍很多新顾客，仅此简单的举动，生意就会顺利得多。

四、网上开店销售项目选择

（一）哪些商品适合网上销售

在决定到底该卖什么时，除了要考虑自己的财力外，还要全面考察看看到底哪些产品适合在网上卖。从理论上讲，只要具有了商品的属性就可以在网络上销售，其实不然，在网上销售的产品具有如下几个特点的才适合在网上销售。

1. 新、奇、特

生活中不容易买到或者买不到的产品，像直接从国外带回来的产品、外贸订单等。

2. 体积小

便于邮寄，降低购买成本的物品。

3. 附加值较高

价值应该高于单件商品的运费，否则就不适合在网上销售。

4. 价格较合理

相比网下的价格便宜，以相同的价格在网下能买到的话，就不会有人在网上购买。

5. 具有独特性、时尚性

与众不同，紧跟时尚潮流，具有个性的商品很容易成为抢手货。

6. 网上可商定价格和数量

不必亲眼见到实物，通过网上的了解就可以确定购买。

7. 用户范围相对宽泛

大多数人都会选择的产品。

8. 知识型产品

属于智力密集型的产品，如图书、电脑软件等。

9. 能被普遍接受的产品

产品具有较高的可靠性，其质量、性能易于鉴别，一旦发生质量纠纷容易解决。

目前，网上交易量比较大的商品主要是手机、服装、服饰、化妆品、家居饰品、珠宝饰品等。不过随着时间、环境、消费观念的变化，适合在网上销售的产品也会发生变化。其实，不管卖什么网上网下都差不多，寻找有竞争力的产品是成功的关键。此外，提供良好的服务，保证物美价廉，并遵循交易规则，一定能赢得更多人的青睐。

（二）客户决定大热商品

什么商品最能热卖，答案很简单：客户喜欢的东西，才是最好卖的商品。所以在考虑卖什么的时候，要根据自己的兴趣和能力，切忌涉足自己不熟悉和不擅长的领域，同时还要考虑你所面临的客户的喜好。只有确定了目标顾客，了解了他们的爱好，才能从他们的需求出发选择商品，并结合时尚潮流来选择商品的种类。目前，我国的主流网民具有年轻化、时尚化这两个特征。所以选择商品的时候，一定要注意是否能够满足他们猎奇的心理。同时，也可以从网民的职业分析来入手，比如，对于广大的大学生网民，他们的思想开放，接触并接受新事物比较快，对于网上开店购物这种便捷的购物方式比较认同，所以在选择商品的时候就要考虑学生的需求，比如书籍、服装等，在商品风格上也要注意他们的审美。

大部分网民都是白领或者准白领，根据这个基本特征，就可以确定自己应该如何经营，到底应该撒下大网、打主流，还是独辟蹊径。这些都需要根据实际情况来具体分析。可以肯定的是，特色店铺到哪里都是受欢迎的，如果能寻找到切合时尚又独特的商品，如自制饰品、玩具 DIY、服饰定做等商品或服务，将是网上店铺的最佳选择。

另外，商品自身的特点也对销售有制约作用。一般而言，商品的价值高，收入也高，但投入相对较大。对于既无销售经验，又缺乏原始资金的创业族来讲，确实是不小的负担。一旦销售不畅，商品就会积压，这对网店经营者的资金流会形成严重的威胁。网上交易地域范围广，有些体积较大、较重而又价格偏低的商品是不适合网上销售的，因为在邮寄时商品的物流费用太高，如果将这笔费用摊到买家头上，势必会降低买家的购买欲。

在网上开店，除了可以卖物品外，还可以进行物品的代购服务，通过赚取手续费赢利。

（三）寻觅好货源的渠道

1. 依靠批发市场

普通批量批发市场的商品价格一般比较便宜，这也是经营者选择最多的货源地。从批发市场进货一般具有以下特点：

（1）进货时间、数量自由度很大；

（2）品种繁多、数量充足，便于卖家挑选；

（3）价格低，有利于薄利多销。

新手卖家一定要多跑地区性的批发市场。在北京的网店经营者，可以多跑西直门、秀水街、红桥；在上海可以多跑跑襄阳路、城隍庙等。多与批发商交往，不但可以拿到很便宜的批发价格，还能熟悉行情。通过和一些批发商建立良好的供求关系，能够拿到第一手的流行货品，而且能够保证网上销售的低价位。这不仅有利于商品的销售，而且有利于卖家很快地积累信用。

2. 与实体店合作

网店的开办者一般都没有自己的实体店，这样很难与大的地区代理商打交道。但可以与实体店合作，利用他们的现有资源，从他们那里拿到比较实惠的价格。比如，网上一些化妆品卖家与高档化妆品专柜的主管很熟，可以在新品上市前抢先拿到低至7折的商品，然后在网上按专柜9折的价格卖出。因为化妆品售价较高，利润也相应更加丰厚。与实体店合作主要有以下几个方面的好处：

（1）质量高、档次高；

（2）具有很强的竞争性；

（3）利润高；

（4）有利于利用网上无地域的差异提高价格；

（5）不会积压货物，可以随时换货。

与普通批发市场相比，虽然这种和实体店合作的产品档次高、价格高，不利于积累信用，但这种商品的利润远比普通批发市场进的货要高得多。可以按照经常性的打折时段定期与打折商场或厂家进行联系，建立一种长期的合作关系，为店铺的经营寻找一个稳定的货源地。

3. 关注外贸产品

货源的寻找不仅局限于国内，还可以利用网络的无国界来销售国外品牌。国外的世界一线品牌在换季或者节日前夕，价格非常便宜，可直接和国外的厂家联系。如果卖家在国外有亲戚朋友，可请他们帮忙，拿到诱人的折扣价在网上销售。即使售价是传统商场的4~7折，也还有10%的利润，多的甚至高达40%的利润。目前，这种销售方式正被一些留学生所青睐。

外贸产品因其质量、款式、面料、价格等优势，一直是网上销售的热门品种。很多在国外售价上百美元的名牌商品，网上销售仅有几百元人民币，两者的差别非常大，也正是这种价差为网店经营者的赢利奠定了基础，也使众多买家趋之若鹜。在网店经营中比较有名气的日本留学生"桃太郎"店铺，其经营的是日本最新的化妆品和美容营养保健品，通过航空运输送到国内甚至世界其他国家。其化妆品新鲜时尚，而且比国内专柜上市更快、更便宜，因而收到追捧。此外，一些美国、欧洲的留学生也在网上出售"LV""GUCCI"等顶级品牌的服饰与箱包产品，其利润均在30%以上。现在已经有很多依靠外贸产品打出品牌和特色的网店。易趣网的"大风外贸"、"51clothes外贸流性服饰"等信用度超过2 000点的大卖家都是以外贸服饰起家的。新的网上创业者如果有熟悉的外贸厂家，可以直接从工厂拿货。在外贸订单剩余产品中也有不少好东西，这些商品的款式常常是明年或现在最流行的，而价格只有商场的4~7折，市场潜力不可小觑。

4. 搜寻民族特色工艺品

民族工艺品价值很高，而且数量极其有限，有的甚至是国宝。虽然现在已有不少人在网上卖民族特色工艺品，且民族艺术品存在地区性强，知名度低的缺点，但所具备的优点是其他产品无法取代的，这足以使它在琳琅满目的商品中脱颖而出。网络店主之所以愿意让这类产品来充实自己的店铺，不仅是因为它们稀有、能够吸引人的眼球，而且还具有以下一些产品无法取代的特点。

（1）具有很强的个性

在国内外，个性化早已成了现在的青少年争相追逐的潮流。他们大多标新立异、标榜个性，这使民族工艺品有着一个庞大的需求市场。

（2）富有丰富的文化底蕴

文化底蕴只能品味，是独一无二的，它是其他产品无法模仿、复制和取代的。

（3）富含淳朴气息

民族工艺品富含着淳朴的气息，具有让人们远离大都市的纷扰、回归自然的少数民族独有的气息。

（4）奇特

不管是在网上还是网下，奇特产品永远不会过时。虽然民族工艺品已经成了一些店主选择的对象，但是它具备奇特的特点，依然能占有一定的市场份额。

（5）富有民族特色和地域特色

民族工艺品表现了民族的内涵，而且还有很强的地域性，因为每个民族都有自己特有的语言、风俗、服饰和文化习惯。

5. 二手闲置与跳蚤市场淘金

在自己的网店出售二手闲置物品是网商的起跑点之一。虽然二手物品具有不合时宜、无法保证品质、价格低廉、不可退换和不能经营等缺点，但它还是具有许多适合在网上销售的优点。

（1）二手闲置物品不用担心压货

二手闲置物品本来就是买来之后放在那里没有用的东西，卖不掉也无所谓。若卖掉了不仅可以腾空空间，而且还可以挣点小钱。

（2）有利于改掉浪费的习惯

一旦把二手闲置物品处理掉之后，很多人都能认识到自己冲动购物的不良习惯，所以以后购物的时候会再三考虑，坚决不买可有可无的东西。

（3）物尽其用，为他人行方便

也许对你来说，有些二手闲置物品是没有用处，但是对有些人来说，也许正是他们寻觅了好久而不可得的东西。

（4）货源弹性大、经营方向不是固定不变的

二手闲置物品很容易就可以得到，除了自己本身有的之外，还可以收集亲戚朋友的。而且这种货源根本不考虑固定的经营方向，因为收集到什么就卖什么，而且成本低。但是这类二手商品是无法退换的，不容易评估价值，质量也无法保证。

6. 寻找品牌积压库存

品牌商品在网上是备受关注的分类之一。很多买家都通过搜索的方式直接寻找自己心仪的品牌商品。由于销售战略和销售方法的限制，加上企业为了控制销售成本考虑，或者是由于其他一些原因，品牌厂家推出某新款后会产生一定的积压和库存。如果你能经常淘到积压的品牌服装、鞋等货物，拿到网上来卖一定会从中赚取不少利润。

这主要是因为品牌积压库存有其自身的优势。

（1）质量好、市场竞争力强；

（2）需求量大、市场前景好；

（3）利用网络的地域性差异提高价格。

有些品牌商品的库存积压很多，一些商家干脆把库存全部卖掉给专职网络销售卖家。不少品牌虽然在某一些地域属于积压品，但由于网络无界限的特性，完全可以使它在其他地域成为畅销品。如果你有足够的砍价本领，能以低廉的价格把他们手中的库存吃下来，一定能获得丰厚的利润。

7. 深入换季、节后、拆迁与转让的清仓库

常逛街的朋友很容易就会发现，随处可见"拆迁、清仓赔本大甩卖"等标语。难道这些实体店的店家真的是在换季、节后、拆迁与转让的时候赔本清仓卖吗？其实不然，在很多情况下，它都是商家搞的一种促销活动。然而，在实际生活中，确实存在商家因换季等原因而清仓的良机。因为这个时候他们回本了或者是赚够了，剩下的能卖多少就卖多少，根本无关紧要。在这种时候，对网店的店主来说确实蕴涵着无限商机，尽管如此，但是在进货的时候也要小心谨慎，像以下几类产品最好不要大量进货：

（1）日用品

日用品随处可见，在超市也很容易购买到。若在网上购买算上邮寄费用后与在超市购买的成本差不多，买家肯定是不愿意的，他们更愿意在超市购买，因为觉得那样更有质量保障。此外，网上经营日用品的随处可见，而且销售量都不是很大。所以遇到这类产品换季、节后、拆迁与转让清仓的时候，最好少进或不进，以免销不出去。

（2）高科技产品

这类产品更新换代快，价格变化也快，所以最好还是少进货，小心为好。

（3）有效期短的商品要谨慎

这类产品期限短，若进多了还没有等到你卖完就过期了，肯定是不适合多进的。像服装、装饰品等可以考虑在别人处理的时候多进些货。

虽然换季、节后、拆迁与转让清仓商品有诸多的缺点，但是只要小心谨慎，充分了解市场还是能赚到钱，并赢得信誉的。

第二节　网店的注册

一、实训目的

该实验项目是根据经济管理类人才培养要求，社会经济发展的趋势，结合现代实验技术，满足学生创业实践的需要而设计的。培养创业者正确心态：要创业，要摆正心态，正确确定创业目标。创业目标：大学生网上创业不能把目标定位于赚多少钱，而应是创造多少价值通过网上开店的实验项目设置，有效地利用了现代科学技术在实验教学中的利用，它拓展了实验资源，注重亲历、亲为、亲身感受和勇于进取，承担

责任的实验教学，有利于学生综合实践能力、适应社会的能力培养。加强了学生与社会的联系，满足了一部分学生的创业需要，节省了有限的实验教学经费，是一条值得探寻的道路。

二、实训准备

网上开店是我们目前可以实施的一个创业模拟实验项目，它有成熟的技术手段，成型的创业模式为我们开设此项目提供了条件。体现了创业模拟项目的科学性、系统性、创新性、可操作性、实验技术可支撑性等特性。

三、实训内容

（一）网上开店基本流程

网上开店其实非常简单，和实体店铺一样，网上开店也需要选择店址、装修店铺、进货、交易、推广等环节，如图 8.1 所示。

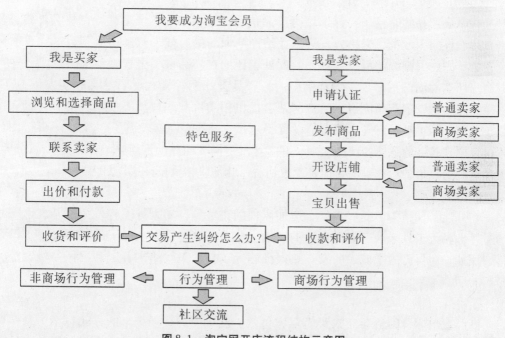

图 8.1　淘宝网开店流程结构示意图

1. 考察市场，确定店铺经营范围

网店的商品决定网店所面对的顾客群，也决定了网店的商品销售范围，进而在最初就决定所开的网店是否会赢利。任何一个卖家都需要考虑，如何突出自己小店的特色，使自己的市场产生壁垒，防止竞争对手的恶意竞争。网上开店要靠商品说话，要提供别人所不能提供的商品或者服务，采取产品差异化策略。

2. 选择开店平台或网站，并在选定的网站开设网上店铺

目前，有很多网站提供开店功能，而且很多都是免费服务。作为店主要考虑的无

外乎网站是否收费、浏览量是否大、人气是否高等。所以，选对可以开店的平台非常重要。和实体店铺一样，如果选对了会带来滚滚利润。目前，浏览量比较大、人气量比较大、人气高的网络平台主要有淘宝、易趣和拍拍。

3. 为店铺进货

进货渠道决定了店铺商品的价格和质量，而这也正是网上开店赚钱与否的最大决定因素，有好的进货渠道才能保证网店的商品价格，也只有好的进货渠道才能保证网店商品的质量，才能保障网店顾客的回头率和网店的信誉。这两者也是决定网店经营状况的关键因素。而好的发货方式又可以节省商品配送上的花销。低价进货、控制邮寄成本非常重要，店主必须注意这一点。至于进货的渠道可以在各地的批发市场、网站或找厂家直接进货等。

4. 装饰店铺

给产品做漂亮的分类、给店铺做新颖的图标、给店铺配置背景音乐等都是装饰内容。

5. 产品登录并上架，开始卖货

在登录产品的时候，要详细填写产品信息，包括名称、产地、所在地、价格、邮寄费用、性质、数量、交易方式等。在给产品取名的时候尽量面面俱到，这样买家任意搜索其中的关键词就可找到产品。此外，还要在产品说明里详细地描述产品，写上令买家怦然心动的话。为了增加吸引力，产品最好配置具有说明意义的高质量图片。值得注意的是设置产品价格，通常网站会提供拍卖价和一口价等项目。很多设置几元起拍的都是为了吸引人气，拍卖价设置得越低，前来的人就会越多。至于一口价，卖家可以根据自己的意愿、产品成本，并参考网上同类商品的定价来给自己的产品定价。虽然这种一口价的形式很活，但是卖家切忌一味地哄抬价格，这样只会适得其反。

6. 推广店铺

在开店初期，为了提高人气、增加店铺的浏览量，卖家可以到各大网站、论坛或通过各种聊天工具来推广宣传自己的店铺。此外，也可以发动网下的各种渠道进行宣传，比如，向自己的亲戚、朋友、熟人推荐等。有的人就非常善于利用任何机会推荐自己的店铺。

7. 网店交易

商品卖出后，网站会通知买卖双方付款、发货等。至于交易的方式也很灵活，可以当面交易，也可以通过网络直接进行交易。汇款的方式更是多种多样，当面交易的当然可以一手交钱一手交货，关键看买卖双方如何谈。此外，还可以通过网上银行转账、邮局电汇、银行汇款或者是网店所在的网络特有的支付方式，像淘宝的支付宝、易趣的安付通等，相对来讲，通过支付宝、安付通这种方式付款的话买卖双方的利益都可以保证，不会上当受骗。

8. 评价或投诉

交易成功，卖家发货买家收到货后确认到货并给出评价，包括好评、中评和差评。一个好评即一个信誉，中评不计信誉，一个差评就要扣掉一个信誉。

9. 售后服务

有些产品是有保障等售后服务的，如电脑、手机、鞋等需要保修 1 年或者 3 个月的就一定要严格遵守承诺给买家提供服务。

（二）网上开店平台简介

网上开店需要选择一个好平台，普通的方式是通过大型网站注册会员进行售卖。创业者通过注册成为某大型网站注册会员，然后依靠其网站的平台设立店铺，期间创业者需要支付某些费用，需要依赖该网站的影响力。因此，选择符合销售物品特点的大型网站对于创业者的创业之路至关重要。

在人气高的网站上面注册建立网店，与在其他网站上注册经营相比可以省去相当一部分的宣传费用，这是一笔开支的节省，从另一个角度来看，是一个利润的来源。因此，对于大型网站的选择，十分重要，这也是网上开店的过程中比较重要的一步。

最近几年，国内这类提供网上开店服务的网站蓬勃发展，尤其是美国电子商务公司 eBay 注册易趣，使国内此类市场异常活跃。同时，在国内发展起来的淘宝网在网上开店这方面也占有巨大的市场份额。除此以外，也存在其他的一些小型网站。以下就列举几个大型的网站，介绍这些网站的背景及特点，创业者需要根据自己的特点综合分析选择网站，创业之路便会事半功倍。

1. 淘宝网简介与特点

淘宝网（www.taobao.com）是国内领先的个人交易（C2C）网上平台，2003 年 7 月由全球最佳 B2B 网站阿里巴巴投资 4.5 亿元创办。淘宝网自成立以来，迅速扩大影响，致力于成为有志网上交易的个人最佳网络创业平台。

淘宝网的起步虽然晚，但发展很快，尤其是当易趣开始收费的时候，淘宝网用免费政策吸引了大量卖家。据中国互联网络信息中心（CNNIC）《2006 年中国 C2C 网上购物调查报告》中显示，淘宝网已经获取了中国 C2C 市场 67.3% 的份额。

淘宝网的特点是提供免费注册、免费认证、免费开店服务，并承诺至少 3 年内不收取费用。

2. 易趣网简介与特点

易趣网（www.eachnet.com）1999 年 8 月由邵亦波及谭海音创立于上海，提供 C2C（个人对个人）与 B2C（商家对个人）的网络平台的搭建与服务。2002 年 3 月，易趣获得美国最大的电子商务公司 eBay 的 3 000 万美元的注资，并同其结成战略伙伴关系。2003 年 6 月，eBay 向易趣追加了 1.5 亿美元的投资。2004 年 9 月 17 日，易趣与美国 eBay 顺利实现了平台对接。

至此，eBay 易趣的中国用户可以直接与 eBay 全球包括三十多个国家和地区的一亿多用户进行网上交易，从而为中国的卖家提供了无限商机。目前易趣网具有 350 万注册用户，已经对注册用户开始收费，在易趣开办网店人气最高的要上缴相关费用。

易趣网是全球最大的中文网上交易平台，同时易趣也是中国最早提供网上开店服务的购物网站之一，在易趣网上注册网上商店免费，但是需要支付商品的底价设置费、物品登录费、交易服务费和广告增值服务费。

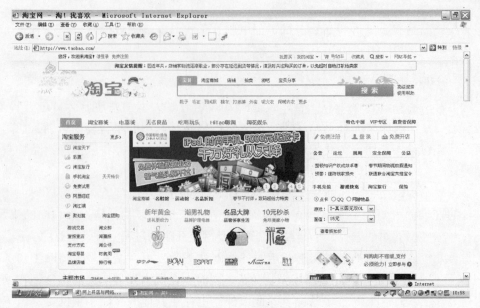

图 8.2　淘宝网

图 8.3　易趣网首页

3. 腾讯拍拍网简介与特点

腾讯拍拍网（www. paipai. com）是腾讯旗下的电子商务交易平台，网站于 2005 年 9 月 12 日上线发布，2006 年 3 月 13 日宣布正式运营。

拍拍网依托于腾讯 QQ 超过 4 亿的庞大用户群以及 1.7 亿活跃用户的优势资源，具备良好的发展基础。目前的注册卖家总数超过 100 万，增长速度位居行业之首；拥有在线商品数超过 200 万件，用户总数超过 900 万。拍拍网运营满百天即已进入"全球网站流量排名"前 500 强（据 Alexa 数据），并且创下电子商务网站进入全球网站 500 强的最短时间纪录。试运营至今，拍拍网的总体增长率高达 1 285%，是国内发展最快的电子商务网站。

图 8.4　拍拍网

基于腾讯公司构建一站式"在线生活"的理念，拍拍网对 C2C 赋予了全新的内涵——"沟通达成交易"。腾讯 QQ 及其成熟的社区形成了拍拍网独特的核心竞争力，QQ用户群体已成为拍拍网最具潜在需求的买家群体。基于这种良好的商业氛围及用户对于多元化交易的需求，拍拍网首次提出了"在线商圈"的创新概念。拍拍网一直致力于降低中国电子商务的门槛，让电子商务像水和电一样进入寻常百姓家中。

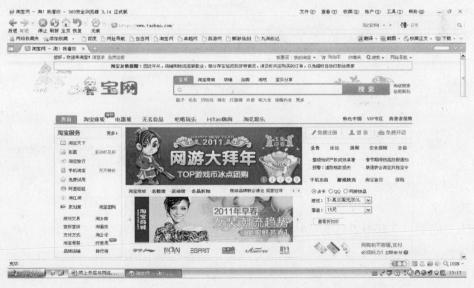

图 8.5

拍拍网的最大优点就是拥有腾讯 QQ 庞大的用户群，人气旺盛，目前拍拍网开店也是免费的。

依托人气旺盛的网站开店有好处，也有坏处，坏处就是容易让你的网店淹没在众多网店的海洋之中；选择小的网站，虽然人气不够旺盛，但是在同一个网站中，却比较容易"露脸"。所以有心的朋友要根据自己的具体情况，做出对自己最有利的选择。

（三）淘宝开店实训

1. 成为淘宝会员

要在淘宝上开店和购物，首先要注册成为淘宝会员。注册淘宝会员只需要根据提示即可获取淘宝通行证——淘宝会员账号。下面就来讲解如何在淘宝网上注册淘宝会员账户，具体操作如下：

（1）打开浏览器窗口，在地址栏中输入 http：//www.taobao.com，打开淘宝网首页，如图 8.5 所示。

（2）单击"免费注册"，进入图 8.6 所示界面，在"会员名"文本框中输入会员名，确认会员名是否可用。

图 8.6

（3）输入以上步骤后，在打开的激活邮件网页中，根据提示完成注册，获取自己注册成功的用户名和密码。

2. 使用会员账户

除了第一次注册淘宝会员外，系统将自动以会员的身份进入淘宝首页，以后每次登录淘宝网页，在其中进行交易时都需要使用已经注册成功的淘宝会员名和账号信息。

（1）下面以使用淘宝会员账号为例，讲述使用会员账户的方法，具体操作如图 8.7所示。

（2）单击"登录"按钮即可进入淘宝网页，如图 8.8 所示。

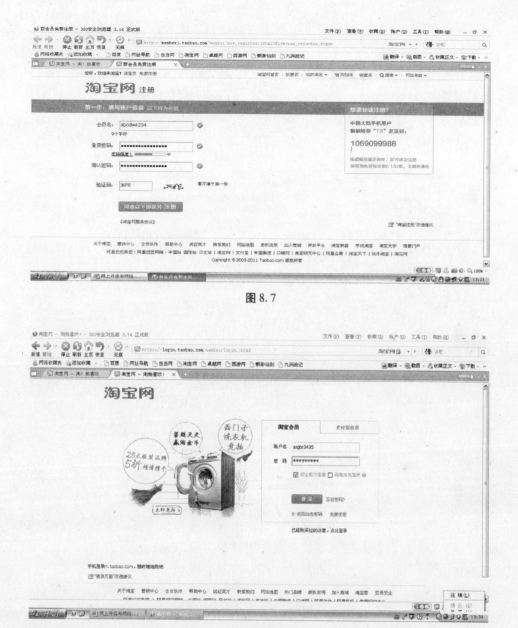

图 8.7

图 8.8

3. 开通支付宝

目前除了淘宝和阿里巴巴外，支持支付宝交易服务的商家已经超过 33 万家，涵盖了虚拟游戏、数码通信、商业服务等行业。这些商家在享受支付宝服务的同时，更是拥有了一个极具潜力的消费市场。

支付宝是淘宝网用来支付现金的平台，买家看中商品后，把钱打到支付宝账户中，然后支付宝通知卖家发货，买家收到货后，通知支付宝，支付宝再把钱转给卖家。用支付宝进行交易，用户可以放心地在网络中进行商务活动。买家支付成功后，如果卖家没有发送货物，或者买家对收到的货物不满意，买家可以通过支付宝申请退货，并与卖家协商退款，支付宝会把货款退还到买家的支付宝账户中。在交易过程中，买家不会受到任何经济损失。

支付宝解除了买卖双方的后顾之忧，实现了最大限度的交易安全。同时，支付宝也是卖家和买家的私人银行，支付货款、提款、设置商品红包都需要用到支付宝。

（1）进入"支付宝注册"页面，见图8.9。

图8.9

（2）进入后，完成注册信息，支付宝账户注册成功。

4. 发布商品

在淘宝网注册成为会员和开通支付宝后，接下来就可以发布商品到店铺了。在建立好店铺后，为了吸引更多的顾客前来浏览店铺的宝贝信息，还需要装修店铺，包括装修和美化店铺、网店宣传技巧和淘宝助理批量发布商品。

在淘宝网开店，必须至少发布10件以上的商品。在申请到店铺前，这些商品当做单品出售；申请到店铺后，就可以把它们放入店铺中出售。如果没有通过个人实名认证和支付宝认证，可以发布宝贝，但是宝贝只能发布到"仓库里的宝贝"中，买家是看不到的，只有通过认证，才可以上架销售。

（1）进入发布商品的页面，在"请选择宝贝发布方式"页面中，选择"一口价发布"，如图8.10所示。

图 8.10

（2）在选择"一口价"发布后，选择要发布宝贝的类目，如图 8.11 所示。

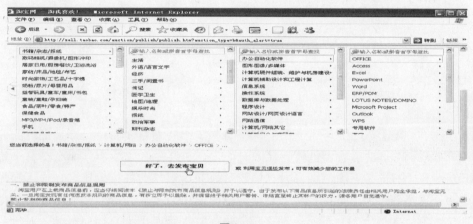

图 8.11

（3）在打开的网页中，根据提示输入发布宝贝的交易类型、宝贝数量、宝贝类型、宝贝标题等信息，如图 8.12 所示。

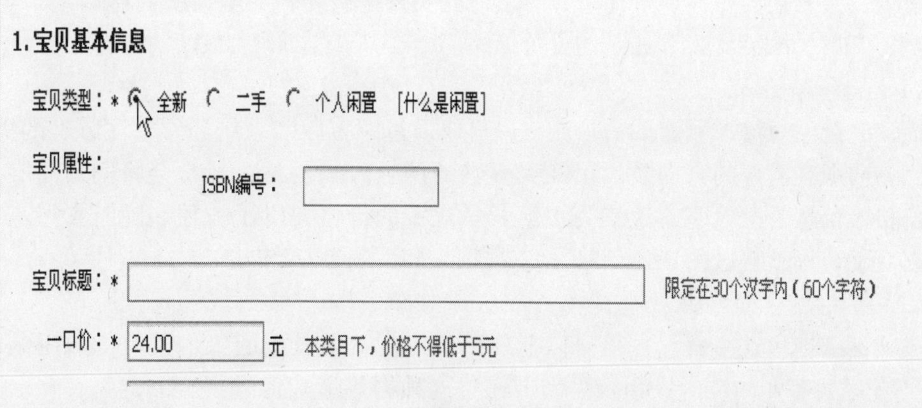

1.宝贝基本信息

宝贝类型：*　● 全新　○ 二手　○ 个人闲置　[什么是闲置]

宝贝属性：

　　　　　ISBN编号：

宝贝标题：*　[　　　　　　　　　　　　　　　] 限定在30个汉字内（60个字符）

一口价：*　[24.00]　元　本类目下，价格不得低于5元

图 8.12

宝贝发布成功，如图 8.13 所示。网店中宝贝的发布时间也是很有讲究的。发布的时机好坏将影响宝贝的排名情况，选择恰当的时间发布宝贝能最大限度地让宝贝展示给买家，无形中增加交易的机会。商品一定选择在黄金时段内上架，在具体操作中，

图 8.13

可以从 11：00～16：00，19：00～23：00，每隔半小时左右发布一个新商品。为何不同时发布呢？因为同时发布，也就容易同时消失，如果分开来发布，那么在整个黄金时间段内，你都有即将下架的商品，这样就可以获得很靠前的搜索排名，为店铺带来的流量也会暴增。每天都坚持在两个黄金时段内发布新宝贝，这样做的原因还是很简单，每天都有新宝贝上架，那么一周之后，也就每天都有下架，周而复始。对于宝贝数量多的卖家，在其他时间段内，你都为宝贝获得了最佳的宣传位置。

5. 合理确定网上店铺商品的价格

确定商品的合理价格是非常重要的。如果商品价格过高可能导致商品无人问津，如果过低，买家还要跟你讨价还价，有可能到头来是微利，甚至会没有利润。

网上开店的产品应采取如下的定价策略：

（1）竞争策略

应该时刻注意潜在顾客的需求变化，可以通过顾客跟踪系统经常关注顾客的需求，保证网站向顾客需要的方向发展。在大多数的网上购物网站，经常会将网站的服务体系和价格等信息公开申明，这就为了解竞争对手的价格提供了方便。随时掌握竞争者的价格变动，调整自己的竞争策略，时刻保持产品的价格优势。

（2）捆绑销售的秘诀

其实捆绑销售这一概念在很早以前就已经出现，但是引起人们关注的原因是由于1980 年美国快餐业的广泛应用。麦当劳通过这种销售形式促进了食品的购买量。这种策略已经被许多精明的企业所应用。我们往往只注意产品的最低价格限制，却经常忽略利用有效的手段，去减少顾客对价格的敏感程度。网上购物完全可以通过购物车或者其他形式巧妙运用捆绑手段，使顾客对所购买的产品价格感觉更满意。

（3）特有的产品和服务要有特殊价格

产品的价格需要根据产品的需求来确定。但某种产品有它很特殊的需求时，不用更多地考虑其他竞争者，只要去制定自己最满意的价格就可以。如果需要已经基本固定，就要有一个非常特殊、详细的报价，用价格优势来吸引顾客。很多企业在开始为自己的产品定价时，总是确定一个较高的价格，用来保护自己的产品，而同时又宁可在低于这个价格的情况下进行销售。其实这一现象完全是一个误区，因为当顾客的需求并不十分明确时，企业为了创造需求，使顾客来接受自己制定的价格，就必须去做大量的工作。然而实际上，如果制定了更能够让顾客接受的价格，这些产品可能已经非常好销了。

（4）考虑产品和服务的循环周期

在制定价格时一定要考虑产品的循环周期。从产品的生产、增长、成熟到衰落、再增长，产品的价格也要有所反映。

（5）品牌增值与质量表现

一定要对产品的品牌十分注意，因为它能够对顾客产生很大的影响。如果产品具有良好的品牌形象，那么产品的价格将会产生很大的品牌增值效应。在关心品牌增值的同时，更应该关注的是产品给顾客的感受，看它是一种廉价产品还是精品。

6. 开店

（1）上传 10 张图片后才能开设自己的店铺。点击"我的淘宝"——"已买到的宝贝"，如图 8.14 所示。

图 8.14

（2）进入后，点击左边的"免费开店"，如图所示 8.15。

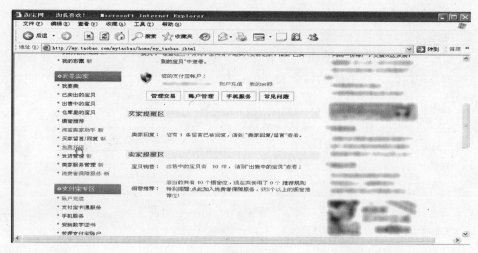

图 8.15

（3）完成店铺信息填写后，开店成功。

第三节　拍摄吸引眼球的商品图片

一、网店需要的图片

一张好图胜千言，有经验的卖家都明白这个道理。很多店主都想有清晰、漂亮的好图片来宣传自己的货品。网店不同于实体店，因为网店买家无法看到真实的实物，所以只有通过照片来看了。为了提高浏览量、增加成交率，卖家就应该在图片上下一番苦功了。在拍摄的时候，网店的图片无外乎以下三个方面的要求。

（一）突出主题

这一点毋庸置疑，在拍摄的时候尽量突出主题，背景则要简单，不要把所有的图片都填充到一张图片里，若确实需要可以把图片放在宝贝描述里面。看图 8.16 的几个例子：

图 8.16

上图的 4 件物品相比较而言，"R1 果敢翡翠 A 货翡翠手镯 A/缅甸翡翠 A 货手镯/翡翠玉镯子玉手镯"的效果图比其他几个都要好一些，这与其突出主题、选择背景简单不无关系。

（二）注意图片的放置、拍摄方式

拍摄的图片无外乎分两种：长方形和正方形。在这两种形状中，实物最好是居中间或者是黄金分割点，如下图 8.17 所示。

图 8.17

（三）图片应该统一大小

每个网站都有自己的规则，所以图片的大小要符合网站的标准，否则，不是上传不上去，就是模糊不清。不管是长方形的图片，还是正方形的图片，最好大小统一，这样比较美观整齐。

长方形的实物商品图如图 8.18 所示：

图 8.18

正方形的实物商品图如图 8.19 所示：

图 8.19

二、选择拍摄器材

拍摄器材的选择最主要的就是选择好的数码相机。现在的数码产品不断推陈出新，面对着琳琅满目、品种繁多、样式新颖的数码相机产品，究竟哪一款更适合我们呢？很多人对此产生了疑问。下面大致说说数码相机的种类。

第一类：像素不高，价格从几十元钱到几百元不等的简易相机。

第二类：目前数码相机中的主流产品，价格在 1 000～5 000 元之间。它的主要使用对象是那些喜欢拍摄生活或者旅行照的普通摄影消费者。

第三类：价格在 5 000～10 000 元之间。这一类数码相机适合摄影爱好者进行摄影创作。

对于拍摄网络商品来说，使用目前主流的数码相机就足够了。另外，在购买的时候，也有一些需要注意的方面。比如，不少相机拍出来的相片都有偏色的弊端，原因是多方面的，其主要原因是许多朋友在选购数码相机时非常注重像素、镜头、光学变焦和价格等硬性指标，面对相机的成像质量却重视不够。不要以为数码相机的像素高就能拍摄出清晰的相片来，相片的清晰度包括对原色彩的还原度，优秀的数码相机能将图像的色彩非常真实地还原出来，而且有些数码相机的像素尽管很高，但拍摄出来的相片不是偏红就是偏绿、偏黄。

如何了解自己想购买的数码相机的拍摄效果呢？可以从以下几个方面入手，轻松地解决这几个问题。

（一）尽量购买专业厂商生产的数码相机

影响相机的成像效果除了像素、镜头等因素外，主要的因素还是厂商在成像质量方面的整体技术水平。目前，在相机整体成像技术做得比较专业的有佳能、富士、奥林巴斯、尼康、索尼等。所以如果想购买到成像效果好的数码相机，还是应该选购这些专业品牌。

（二）购买时要在电脑里观看

在选购数码相机时，相信许多朋友都会随便拍摄几张，在数码相机的液晶屏上看过后觉得效果可以就算了，其实这种方法是不正确的，因为数码相机的液晶屏很小，效果好坏并不能很清楚地看出。正确的方法是拍出来后在电脑屏幕上确认，并注意看相片有没有偏色，最好能手拿被拍摄的原物进行对照，这样才能看出真正的效果。因此，要尽量到有配备电脑的经销处购买。

（三）认真做好试拍工作，严把"进口"关

很多人在试拍时可能会随便拍几张人像和物像，这种方法过于草率，也不能测出数码相机的成像质量。现介绍一种试拍方法，找一张报纸作为被试拍的对象，分别找来蓝色、红色、黄色、紫色的物品做准备。然后，将其中任何一种颜色的物品放在白纸的旁边，确保彩色物品的颜色能映射到白纸上，在将欲购数码相机的白平衡和其他参数调整好，开始试拍，直至将几种颜色的物品分别搭白纸来试拍完毕。最后，在电脑屏幕上观看试拍出来的相片效果，仔细看看有没有偏色。一般情况下，如果数码相机的成像质量好的话，只要调整好白平衡和其他参数，试拍出来的效果是不会有偏色的，如果成像质量不好，则蓝色物品搭配白纸拍摄时会偏蓝色，红色物品搭配白纸拍摄时会偏红色，以此类推。

三、拍摄精美商品图片的招数

在网上开店的卖家都知道，网上卖东西靠的就是店主展示的图片和全面细致的描述。为了顺利将网店经营下去，卖家当然要拍摄出最好的图片。其实，拍摄一张好的商品图片没有想象中的那么难。只要掌握好技巧，一样可以拍出精美的、令卖家怦然心动的图片。据网上的钻石卖家透露，拍好商品图片的关键要注意以下几个方面：

（一）要做好拍摄前的准备工作

一般人认为做好拍摄前的准备工作就是有物品和照相机就可以了。其实不然，除了相机和三脚架以外，还需要一个详细的拍摄计划，有了这个拍摄计划，选好拍摄背景，并把所要拍摄的图都分门别类地排好，这样拍摄时就不会混乱，起到事半功倍的效果。

（二）要注意拍摄质量

为了保证拍摄质量，最好把要拍摄的物品擦拭干净，不要在上边留有灰尘、指纹、纤维等。

（三）选择拍摄环境

拍摄环境的选择和被拍摄物品的大小有一定的关系。在拍摄大物品时，选择露天环境，利用自然光来拍摄效果最理想。虽然自然光颜色偏暖，但它适合表现物品。利用自然光拍摄时，最好让阳光斜照在物品上方，并用一张反光板来补光。值得注意的是在强光直射时，最好不要拍摄，否则会出现很强的明暗对比。此外，店主也不要选择黄昏和阴天拍摄，因为黄昏适合拍摄风景，而不是物品；阴天因为颜色不断变化、不利于拍摄。

在拍摄小的物品时，可以自己制作一个摄影棚。比如，用白纸贴在纸箱的内壁上，铺上背景布，买几盏节能灯，摄影灯罩等就可以做一个简易摄影棚，切记使用灯具的时候一定要有灯罩，这样灯光颜色才能一致。此外，还要根据物品的大小不断调节灯光强度，体积越大灯光就应越强。

（四）选择合适的道具

道具主要是为了烘托物品，所以在选择道具时最好不要过分夺目耀眼，让其喧宾夺主，分散画面主体。比如，你要拍摄水晶项链吊坠，不要选择任何道具，最好直接选择纯色背景，并把该物品悬空拍摄，这样水晶项链的吊坠最吸引人的独特造型就能拍摄出来。若拍摄银耳环等银饰类物品，最好选择柔软的绸缎或者木块、石头等来烘托。

（五）后期处理

若为了使拍摄好的照片达到最好的效果，我们需要用图片编辑软件如 Photoshop、光影魔术手等软件来全面处理其对比度、亮度和清晰度等。

除了以上几点外，我们还应该注意拍摄姿势。一般的标准姿势有跪拍、立正拍摄等。跪拍的时候，手、肩自然下垂，不要拱肩或耸肩，右膝则张开着地。为了利用膝盖来支撑负责机身的左手，一定要让左膝抬起呈高跪姿，让左膝起到辅助稳定的作用。立正拍摄就是右手负责稳定机身、按快门的动作，左手负责机身和镜头的重量。上身和跪拍时的姿势一样，而双腿则要并紧，像立正一样。

四、分类拍摄技巧与实例

网上的商品琳琅满目、种类繁多，下面主要介绍几种常见商品的拍摄技巧。

（一）箱包

箱包的拍摄最主要的就是在拍前将包包塞得鼓鼓的就可以了。在拍摄的时候，可以直接把包包放在桌上、椅子上，从不同的侧面展示其效果，也可以采用模特背着的方式，这样拍都是为了让买家通过不同的面来了解包包，便于看清楚效果。

（二）首饰

首饰的品种、造型繁多，所以在拍摄的时候只要突出其精美、别致即可。例如，要拍出水晶的玲珑剔透，玉器则要拍出其反光面，等等。

（三）服饰

服饰拍摄一般有穿拍、挂拍、平放三种形式。不管是何种方式拍摄衣服一定要平整、整齐、干净。在拍摄服饰前，最好把各类衣服进行分类，然后根据不同的类别一次性调整好相机即可。

（四）鞋子

鞋子最重要的就是把其美感恰如其分地表现出来，女鞋的跟也不例外。运动鞋拍的时候不要放得太正，当鞋子成45度角倾斜的时候是最美的，皮鞋成45度倾斜，并展现出鞋子的全貌。

五、使用图片编辑软件美化网上店铺商品图片

在淘宝中编辑宝贝图片，用得最多的图片处理工具有两种，这里重点介绍光影魔术手的使用，因为它更加方便和简单，使用用途广。

（1）光影魔术手是一个对数码照片画质进行改善及效果处理的工具软件；

（2）光影魔术手简单易懂，易用，不需要任何专业的图像处理技术，就可以制作出专业胶片摄影的色彩效果；

（3）对于在淘宝开店的掌柜，光影魔术手给我们商品图片的美化提供了更实在的应用。

表8.1

软件名称	优点	缺点
光影魔术手 Neoimaging	绿色软件，简单，易用，不需要任何专业的图像技术，能够满足绝大部分照片后期处理的需要，批量处理功能非常强大，足够胜任淘宝商品图片的处理。	功能不够全面，部分图片处理任需要借助 Photoshop 才能完成。
Photoshop	是世界上公认的最好最全面的图片设计软件，该软件具有界面友好，图像处理功能强大等优点。	操作复杂，需要比较专业或者熟练地操作技巧，软件文件大，安装时间较长。

（一）图片大小的调整

表8.2

根据大众显示器分辨率的设置	根据淘宝网站对商品图片限制设置
800＊600 的分辨率	图片大小限制在 120K 以内
1 024＊768 的分辨率	在 1 024＊768 的情况下只能显示 940 的宽度
建议大家制作图片的时候宽度选择范围最好在 500PX ~ 700PX。这样的大小在以上各个分辨率下都是能完整显示图片的，避免显示图片不全造成成交失败。	

（1）安装好光影魔术手后——点击"打开"——选择要编辑的图片。

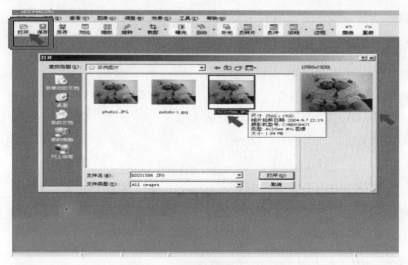

图 8.20

（2）打开图片之后选择"图像"——点击"缩放"。

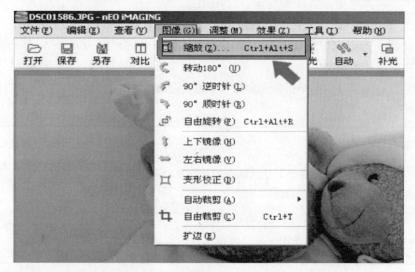

图 8.21

（3）点击"缩放"后弹出"调整图像尺寸"编辑框。设置图片的宽度和高度后，一定要勾选下边的"维持原图片长宽比例"选项；也可以在旁边的"快速设置"中选择固定的尺寸大小。

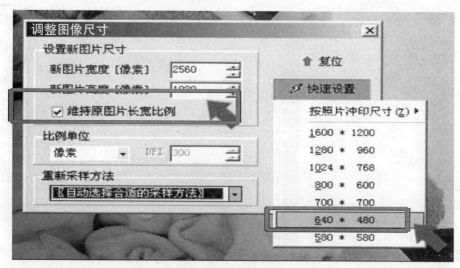

图 8.22

（4）设置完毕后点击"开始缩放"。

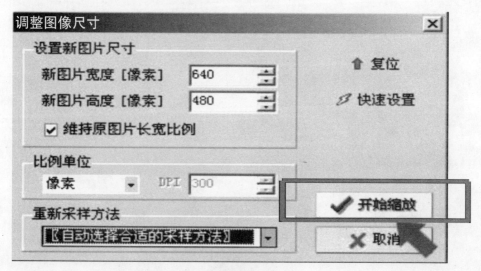

图 8.23

（二）图片亮度色彩等的调整

（1）曲线调整功能（调整图片的亮度与暗度）。建议用这个功能。点击上边工具栏中的"调整"——点击"曲线"——弹出编辑框。

用鼠标左键点击编辑框中的"斜直线"，往上点击会使图片变亮，往下点击会使图片变暗。而往上移动并非使整个图片都变得很亮，例如图中的小熊在变亮的同时眼睛还是很黑的，整个图像很协调很自然，"曲线"的功能是提升图片整体的对比度和亮度。

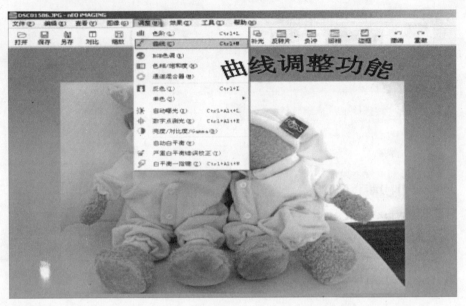

图 8.24

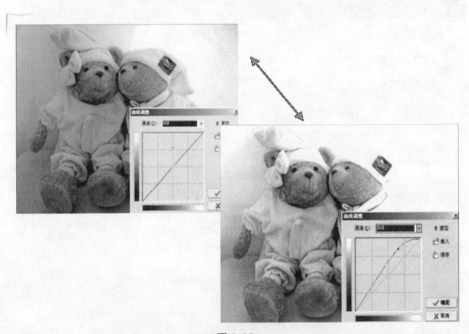

图 8.25

（2）色阶调整功能（调整图片的亮度与暗度）。通过"色阶"调整的编辑框中的 3 个小三角形就可以调整，"曲线"比"色阶"调整更加灵活。

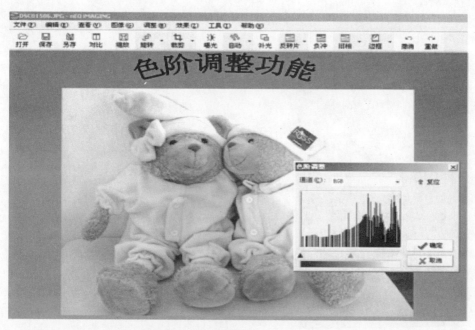

图 8.26

（3）亮度和对比度调整功能。点击"调整"——"亮度/对比度"。

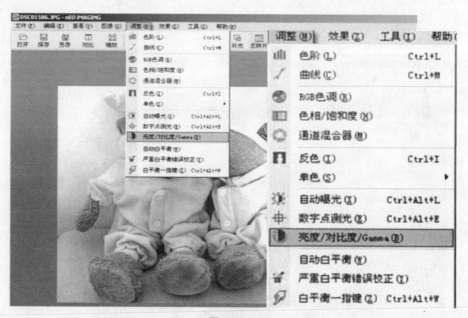

图 8.27

（三）图片白平衡调整

图片的白平衡是指物体颜色会因为投射光线颜色产生变化，在不同光线的场合下拍摄出的照片会有不同的颜色。例如钨丝灯（电灯泡）照明的环境拍出的照片可能偏黄，一般来说，照相机没有办法像人眼一样会自动修正光线的改变。下边的图片就显示了在不同颜色光线下的不同图像。

图 8.28

遇到照片的颜色偏色怎么办？可能会产生顾客纠纷等。调整白平衡的方法：点击"调整"——"白平衡—指键"。

图 8.29

对白平衡偏差大的地方，如图 8.30 所示，就可以点击下边的"强力纠正"，如果白平衡偏差不大的，就只需要点击"轻微纠正"。

图 8.30

（四）锐化图片提高清晰度

点击"效果"——"模糊与锐化"——"精细锐化"。

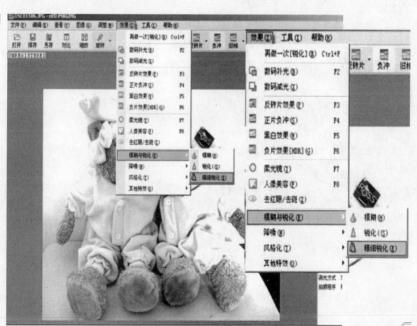

图 8.31

使用"精细锐化"使图片中的小色块提高反差，导致人们视觉上看起来变精细了。
"精细锐化"适用于毛绒玩具、帆布包等，而不适用丝绸、光滑面料等。

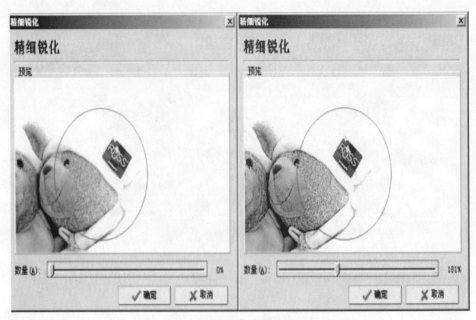

图 8.32　锐化前后的两者对比

图 8.33

（五）给图片加边框

　　点击"工具"——可以选择"轻松边框"、"花样边框"、"撕边边框"、"多图边框"、"水印"。选择边框的原则是要简单、大方，不要选择很花哨的边框，这样会影响图片效果。

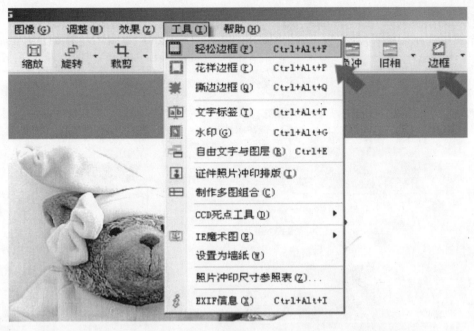

图 8.34

"多图边框"可以展示宝贝的细节或者把相关的商品放在一起比较。制作"多图边框"的注意事项：①尽量将相关的商品图片放在一张图片上；②选择适合自己商品的多图边框；③注意图片不要太大，否则容易引起应用时因打不开或者打开速度慢，而引起顾客的不耐烦。

图 8.35

（六）给图片加水印（水印包括图片和文字）

使用"水印"可以防止自己已经做好的图片被其他的店家盗用（特别是其他店家和自己销售的东西一样的情况下，宝贝图片就一定要使用"水印"）。

（1）点击"工具"——"文字标签"。

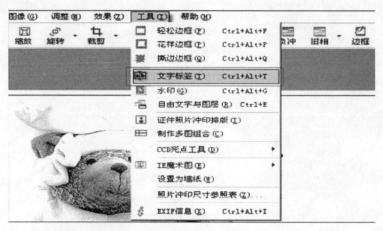

图 8.36

（2）点击"文字标签"后——可以同时或者分别选择 5 个标签选项，可以设置文字字体，颜色也可以自己选择，位置的选择一般建议大家使用在图片中央。

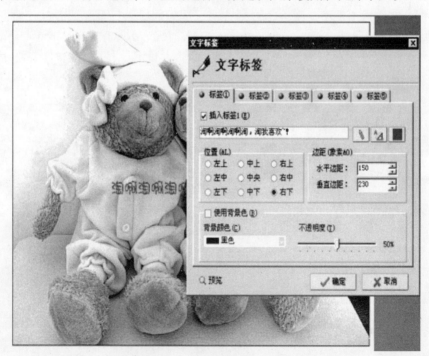

图 8.37

（3）点击"工具"——"水印"，可以在图片中添加其他图片作为水印。

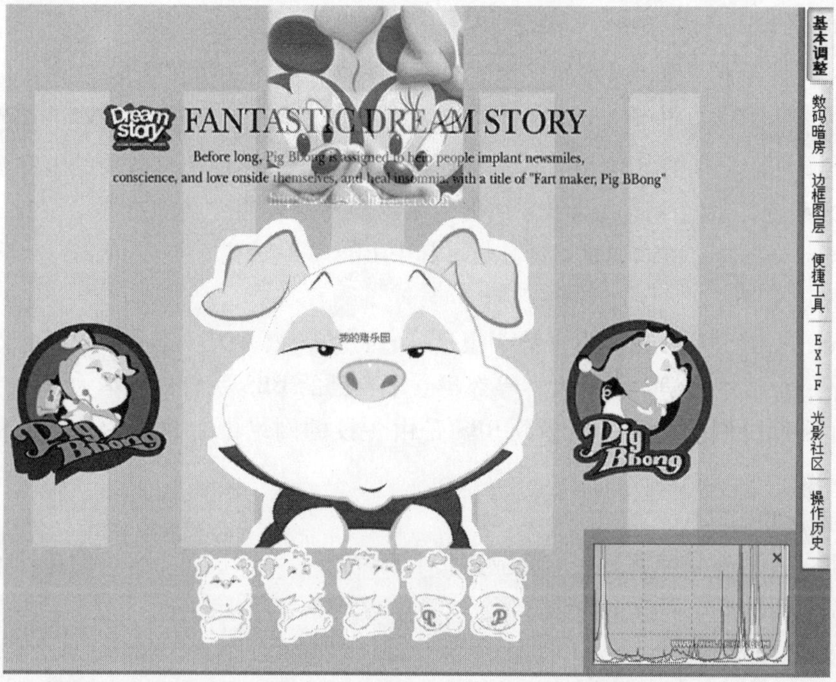

图 8.38

第四节　扩大店铺知名度

要想让自己的网店脱颖而出，就要考虑如何打出自己的知名度。花钱做广告，效果确实立竿见影，但付出的资金也大。实际上，网络上有各种免费的宣传手段，利用论坛及网络通信软件，如 QQ、MSN、电子邮件等，只要手法适宜，完全可以让你的网店人气不衰。

一、搜索引擎、BBS 论坛、博客推广

有些人在购物之前，会直接到大的搜索网站直接进行搜索，若你的店铺或者产品相关信息在搜索结果中出现的话，显然会增加店铺浏览量的。所以除了论坛、电子邮件、各种聊天工具进行宣传外，搜索引擎、博客也是推广自己店铺的选择。

（一）搜索引擎

比较大的搜索引擎有百度、Google、雅虎、搜狐等。在每个搜索网站建立自己数据的方法差不多，这里主要介绍在百度建立自己数据库的方法。直接打开百度 http：//www.baidu.com 的网页，在网站"登录"处输入自己的店铺，即店铺的网址，填写验证信息，提交即可。同时也可以在 Google、雅虎、搜狐等建立数据链接。遵循登录提

示、登录规则就可在这些网站建立自己的数据信息。

(二) BBS 论坛——搞宣传的好地方

BBS 翻译成中文为"电子布告栏系统"或者"电子公告牌系统"。BBS 是一种电子信息服务系统。它向用户提供了一块公共电子白板，每个用户都可以在上面发布信息或者提出看法。早期的 BBS 由教育机构或研究机构管理，现在多数网站上都建立了自己的 BBS 系统，供网民通过网络来结交更多的朋友，表达更多的想法。目前，国内的 BBS 已经十分普遍，可以说是不计其数。其中 BBS 大致分为 5 类。

1. 校园 BBS

校园 BBS 自建立以来，发展势头很迅猛，目前，很多大学都有了 BBS，几乎遍及全国上下。像清华大学、北京大学等都建立了自己的 BBS 系统，清华大学的水木清华深受学生和网民们的喜爱。大多数 BBS 是由各校的网络中心建立的，也是私人性质的 BBS。

2. 商业 BBS

这里主要是进行有关商业的商业宣传、产品推荐等，目前，手机的商业站、电脑的商业站、房地产的商业站比比皆是。

3. 专业 BBS

这里所说的专业 BBS 是指部委和公司的 BBS，它主要用于建立地域性的文件传输和信息发布系统。

4. 情感 BBS

主要用于交流感情，是许多娱乐网站的首选。

5. 个人 BBS

有些个人主页的制作者在自己的个人主页上建立了 BBS，用于接受别人的想法，也有利于与好友进行沟通。

可见 BBS 论坛不但地域特点明显，同时对网民的职业、爱好区分十分清楚。这就形成了一个很好的投放广告的场所，你可以轻易地看出哪个论坛的人是你潜在的顾客。

(三) BBS 论坛的宣传技巧

BBS 论坛也有很多个，国内的比如几个大的门户网站的论坛，包括新浪论坛、网易论坛，还有一些有名的社区论坛，比如西祠胡同、天涯论坛及著名高校的论坛。要想了解这些论坛的受众层次，不妨自己到这些论坛看看，这样才能做到有的放矢。利用论坛进行宣传，首先必须找到适合自己产品宣传的论坛。将商品的目标群体进行细分，然后根据细分商品去寻找合适的论坛进行宣传。一般来说，论坛宣传一是要选择有自己潜在客户存在的论坛；二是要选择人气旺的论坛，但是人气太旺也有弊病，因为帖子很快就被其他帖子淹没了；三是要选择有签名功能的论坛；四是要选择有链接功能的论坛；五是要选择有修改功能的论坛。

就目前而言，BBS 论坛的商业气息并不浓郁。在论坛宣传，一定要有策略，给人以巨大的亲和力；如果商业性质太明显，或者宣传手法十分霸道，则会失去宣传效果。

二、QQ、MSN、电子邮件推广

（一）QQ

QQ 是目前国内使用人数最多的即时聊天工具，随着腾讯自身的不断发展，各种服务和产品的不断推出，QQ 正受越来越多人的喜爱，从小学生到大学生，到上班族中的年轻人，甚至是中老年人。这构成了庞大的使用群体，如果能很好地利用这个载体进行宣传，效果将是不可估量的。

首先，打开 QQ 的个人设置，把自己的详细资料改一下，把自己的网站地址写上，把自己的宣传口号写上。在个人简介里，可以比较详细地介绍自己的网店。其次，QQ 群的设置中把自己的名字写得有点特色能吸引人，把群的名片重新设置。宣传的时候，也可以利用 QQ 群发工具，将有用的信息或是共同感兴趣的信息通过群发工具发送，只要是诚心发送的信息最终会产生效果。

（二）MSN

MSN 是网络销售不可忽视的一个工具，最大的好处是其客户群大多是公司白领，这些人恰好构成了电子商务的主流。MSN 是微软的通信软件，类似腾讯 QQ。使用 MSN 可以通过文本、语音、移动电话甚至视频对话适时地同朋友、家人或同事联机聊天。可以通过传情动漫和动态显示图片表现自己，或即时地共享照片、文件、搜索更多内容。还可以通过移动设备与自己的联系人聊天，MSN 可以通过微软 Hotmail 的邮箱用户登录，无须申请独立的用户名。与国内用户最多的通信软件 QQ 相比，MSN 更实用，而 QQ 的娱乐功能要强一点。而且 MSN 升级的速度很快，全球的使用者数量早已跃居第一。对于想从事国际电子商务的网店开办者来说，是一个很有用的工具。

在打开 MSN 的工具菜单选项后会弹出一个对话框，在个人信息这一栏的"我的个人信息"里面输入网店的简称和名字、网店的地址；在"键入让联系人看到的信息"框里输入网店的最新广告信息，这样你与顾客们聊天的时候，顾客就可以看到，起到广告宣传的作用。

（三）电子邮件推广

在网络时代，每个人都拥有自己的电子邮件，利用电子邮件发送新闻、网页或者电子报，是最准确而迅速的广告宣传手段。在网店销售的开始及结束，向顾客发送邮件也是售后服务的手段之一。发送电子邮件，首先要准确地选择客户群，如果对方对你的商品不感兴趣，那么你辛苦制作的电子报就会被当做垃圾邮件。电子邮件标题要引起用户注意或突出主题，同时也要力求吸引力、简单明了、不要欺骗人。内容方面，最好采用 Html 格式，排版一定要清晰，如果广告目的是促销或活动，那么标题最好带有"免费"、"大奖"等字眼，虽然老套，但却有一定的成效。邮件群发的广告效果是非常有效的，而且成本不高，最适合个人及小店宣传使用。

（四）联合促销推广

联合促销是指两家或更多企业，相互借用资源，进行联合促销。这种联合促销实际上因为是战略联盟的一种——战略营销联盟，一种双赢的促销伙伴关系。联合促销其实是一种策略，体现在操作中就是一种方法，它更多地体现在组织形式上的创新。因此，如果策划得力，控制到位，联合促销可以从多方面起到良好的效果。

联合方式上，可以有以下几种方式：一是横向联合。它是同类网店根据需要，本着利益共享、风险共担的原则进行的合作。同类网店在市场争夺过程中，难免会有利益冲突，但精明的网店经营者仍可在竞争中找到合作的机会，通过相互借势，实现优势互补；二是纵向联合。即网店与它的上游供货商和下游物流企业一道合作，联合促销；三是跨行业联合。这是不同的行业商品经营者进行的合作促销，这种促销活动可以增加不同行业人员购买自身商品的可能性，有利于扩大顾客群体。

思考与讨论

1. 简述淘宝网开店的操作流程。

2. 写出网上开店可以选择的网站。

3. 写出你正在或准备网上经营的产品的论证报告（不少于500字）。

4. 好网店离不开好物流，写出网店主要的送货方式及优缺点。

5. 推广店铺是网上开店日常维护管理中非常重要的一项工作，写出线上推广和线下推广的绝招。

6. 写出你的网店商品的定价原则。

7. 你会怎样处理顾客的换货或退货？

8. 你的货源问题是怎么解决的？写出对此的理由。

参考文献

[1] 陈丰. 创业培训核心教程 [M]. 北京：中国劳动社会保障出版社，2006.

[2] 凡禹. 创业前三年——创业期赢利模式设计与管理细节大全 [M]. 北京：企业管理出版社，2007.

[3] 桑郁. 5 万元创业实战手册 [M]. 北京：新华出版社，2010.

[4] 姜彦福，张帏. 创业管理学 [M]. 北京：清华大学，2010.

[5] 魏玉彪. 零资本创业 [M]. 重庆：重庆出版社，2010.

[6] 电脑报. 小老板开店创业必读 [M]. 重庆：电脑报电子音像出版社，2010.

[7] 曹胜利. 大学生创业：高校素质拓展教程 [M]. 北京：北方联合出版股份公司万卷出版公司，2009.

[8] 傅晓霞. 创业案例精编 [M]. 上海：上海财经大学出版社，2008.3.

[9] 林光，等. 创业学 [M]. 北京：清华大学出版社，2008.

[10] 桂曙光. 创业之初你不可不知的融资知识：寻找风险投资全揭秘 [M]. 北京：机械工业出版社，2010.5.

[11] 唐华山. 为什么做豆腐生意总赚钱 [M]. 北京：人民邮电出版社，2010.3.

[12] 国际劳工组织北京局. 创办你的企业（SYB）[M]. 北京：中国劳动社会保障出版社，2003.

[13] 熊飞. 创办一个企业 [M]. 北京：机械工业出版社，2005.

[14] 丁栋虹. 创业管理 [M]. 北京：清华大学出版社，2006.

[15] 辛保平. 步步为赢 [M]. 北京：清华大学出版社，2006.

[16] 邓平安，邓纯仁. 浅析我国高校创业教育存在的主要问题 [J]. 成功（教育），2010（11）.

[17] 施冠群，刘林青，陈晓霞. 创新创业教育与创业型大学的创业网络构建——以斯坦福大学为例 [J]. 外国教育研究，2009（6）.

[18] 王群. 预创业：高校创业型人才培养模式新探索 [J]. 福州大学学报（哲学社会科学版），2010（1）.

[19] 李霆鸣. 新加坡创业教育的成功经验及其启示 [J]. 科技信息（科学教研），2008（3）.

[20] 周兆农. 美国创业教育对我国高等教育的启示 [J]. 科研管理，2008（S2）.

[21] 刘敏. 法国创业教育研究及启示 [J]. 比较教育研究，2010（10）.

[22] 桂敏. 中国高校创业教育的现状研究与构建模式的思考 [D]. 武汉：武汉理工大学，2008.

［23］叶琦．基于就业创业角度的浙江大学生创业园建设研究［D］．中国社会科学院研究生院, 2010.

［24］欧晓峣, 蒋璟萍．大学生创业教育讲座［M］．北京：知识出版社, 2002.

［25］林文伟．大学创业教育价值研究［D］．上海：华东师范大学, 2011.

［26］http：//cy. ncss. org. cn（全国大学生创业服务网）.

［27］http：//www. chinadxscy. com（中国大学生创业网）.

［28］http：//www. studentboss. com（大学生创业网）.

［29］http：//www. qncye. com/（青年创业网）.

［30］http：//business. sohu. com.

［31］http：//www. youshang. com.

［32］http：//www. rs66. com/a/5/index. html

图书在版编目(CIP)数据

创业综合模拟实训教程/张永智,罗勇主编．—成都:西南财经大学出版社,2011. 11(2013. 8 重印)

经济管理实验实训教材

ISBN 978 - 7 - 5504 - 0481 - 6

Ⅰ.①创…　Ⅱ.①张…②罗…　Ⅲ.①企业管理—技术培训—教材　Ⅳ.①F270

中国版本图书馆 CIP 数据核字(2011)第 236148 号

创业综合模拟实训教程

主编:张永智　罗　勇

责任编辑:于海生

助理编辑:高小田

封面设计:杨红鹰

责任印制:封俊川

出版发行	西南财经大学出版社(四川省成都市光华村街55号)
网　址	http://www. bookcj. com
电子邮件	bookcj@ foxmail. com
邮政编码	610074
电　话	028 - 87353785　87352368
印　刷	郫县犀浦印刷厂
成品尺寸	185mm×260mm
印　张	17.25
字　数	390 千字
版　次	2012 年 2 月第 1 版
印　次	2013 年 8 月第 2 次印刷
印　数	2001—5000 册
书　号	ISBN 978 - 7 - 5504 - 0481 - 6
定　价	32.80 元